饭店经营管理

主　编　陈文捷　吕　璇
副主编　冀东怡　黄荣娟　赵　赞　夏　天

高等教育出版社·北京

内容提要

本书系统介绍了饭店经营管理的基本理论与基本知识，内容主要包括饭店管理概述、饭店资源管理、饭店业务管理、饭店服务管理、饭店信息与安全管理、饭店投资与筹备管理，教材内容贯穿饭店经营与管理的全过程。结合饭店的发展现状，本书增加了饭店定制化服务、智慧饭店和饭店安全保障系统等内容。

本书内容系统、全面、新颖，知识性、实用性强。既可作为高等院校饭店管理及旅游管理专业的教材，也可作为饭店经营人员和从业人员的参考书。为方便教学，本书配备了电子课件等教学资源。

图书在版编目（CIP）数据

饭店经营管理／陈文捷，吕璇主编.--北京：高等教育出版社，2019.8

ISBN 978-7-04-052080-4

Ⅰ.①饭… Ⅱ.①陈… ②吕… Ⅲ.①饭店-经营管理 Ⅳ.①F719.2

中国版本图书馆 CIP 数据核字（2019）第 104025 号

饭店经营管理

FANDIAN JINGYING GUANLI

策划编辑 张 卫　责任编辑 张 卫　封面设计 张雨微　版式设计 徐艳妮

插图绘制 李沛蓉　责任校对 马鑫蕊　责任印制 赵义民

出版发行	高等教育出版社	网　址	http://www.hep.edu.cn
社　址	北京市西城区德外大街4号		http://www.hep.com.cn
邮政编码	100120	网上订购	http://www.hepmall.com.cn
印　刷	大厂益利印刷有限公司		http://www.hepmall.com
开　本	787mm×1092mm 1/16		http://www.hepmall.cn
印　张	11.75		
字　数	290千字	版　次	2019年8月第1版
购书热线	010-58581118	印　次	2019年8月第1次印刷
咨询电话	400-810-0598	定　价	35.00元

本书如有缺页、倒页、脱页等质量问题，请到所购图书销售部门联系调换

物 料 号 52080-00

前 言

随着国内外酒店行业日新月异的发展，在酒店管理专业人才的培养过程中，很多新的知识、新的管理经验、新的服务都需要在教材中体现出来。“饭店经营管理”课程是旅游与酒店管理专业的必修课程。虽然国内对该课程的教学和实践已有一些研究，但如何增强教学的理论性和实用性却一直是困扰教育工作者的难题。本书由长期从事酒店管理专业教学和研究的高等院校教师共同编写，他们不断与饭店企业管理人员进行沟通交流，从经验总结、实际研究、理论提升的角度对本书进行定位和写作，探索理论与实践能力的培养，更加明确教育目标，也侧重于理论与实际的结合。

本书具有下列特色。

1. 体系创新，重点突出

本书采用全新的编写体例，每一章首先给出学习目标，然后按知识能力要求循序渐进地进入正文，使学生明确课程知识要点，做到重点突出。每一章都设有课前案例和相关阅读栏目，以扩充学生知识。为了满足课堂教学和教师备课的需要，每个章节都有一定数量的习题和案例分析题，同时也有助于学生对所学内容进行总结和消化。

2. 任务引领，项目教学

本书以饭店实际工作内容为引领，通过展示和分析大量源自饭店工作第一线的经典案例，使学生掌握饭店业务的工作流程。

3. 重视能力，工学结合

本书力图在学生掌握专业知识和技能的基础上突出项目化教学，重点训练学生运用所学专业知识解决实际问题的能力，实现“教、学、做”一体化，从而提升学生的实际操作能力。

4. 立足行业，重视需求

本书在征求多位饭店业专家意见的基础上，参照饭店行业标准，对饭店业务的工作流程进行分析，做到与饭店行业企业需求接轨。

本书由广西大学商学院陈文捷教授负责总体策划、统稿和定稿。编写分工为：第一章由陈文捷完成；第二章由赵赞（广西大学）、夏天（广西水电职业技术学院）完成；第三章由黄荣娟（河池学院）完成；第四章由吕璇（广西工商职业技术学院）完成；第五章由冀东怡（广西大学行健文理学院）完成；第六章由陈文捷完成。

参与本书写作和校对工作的还有王晓迪（广西水电职业技术学院）、高雪（广西大学商学院2016级研究生）。

在本书的编写过程中，参考了大量国内外专家、学者和企业人士的相关论著和文献，同时也得到了许多同仁的帮助，特别是高等教育出版社的支持，在此表示衷心的感谢。

由于时间紧并限于我们的学术水平和实践经验，不足和疏漏之处在所难免，恳请广大读者不吝赐教。

陈文捷

2019 年 6 月于广西大学

目　录

第一章

饭店管理概述

学习目标

1. 掌握饭店的基本含义和功能
2. 熟悉饭店的发展历史、等级和分类方法
3. 掌握饭店产品的内容和特点
4. 熟悉饭店组织结构的类型
5. 了解饭店集团的优势,熟悉世界著名的饭店集团
6. 熟悉饭店管理的特点、内容和基本方法

课前案例

全世界最著名的矿泉水

气派豪华、灯红酒绿的中餐厅里,顾客熙熙攘攘,服务员小姐在餐桌之间穿梭忙碌。一群客人走进餐厅,引座员立即迎上前去,把客人引到一张空餐桌前,让客人各自入座,正好10位坐满一桌。服务员小方及时上前给客人一一上茶。客人中一位像是主人的先生拿起一份菜单仔细翻阅起来。小方上完茶后,便站在那位先生的旁边,一手拿小本子,一手握圆珠笔,面含微笑地静静等候他的点菜。那位先生先点了几个冷盘,接着有点犹豫起来,似乎不知点哪个菜好,停顿了一会儿,便对小方说:"小姐,请问你们这儿有些什么好的海鲜菜肴?""这……"小方一时答不上来,"这就难说了,本餐厅海鲜菜肴品种倒不少,但不同的海鲜菜档次不同,价格也不同,再说不同的客人口味也各不相同,所以很难说哪个海鲜特别好。反正菜单上都有,您还是看菜单自己挑吧。"小方一番话说得似乎头头是道,但那位先生听了不免有点失望,只得应了句:"好吧,那我自己来点。"于是他随便点了几个海鲜和其他一些菜肴。当客人点完菜后,小方又问道:"请问先生要些什么酒和饮料?"客人答道:"一人来一罐青岛啤酒吧。"客人又问:"饮料有哪些品种?"小方似乎一下来了灵感,忙说道:"本餐厅最近进了批法国高档矿泉水,有不冒气泡的和冒气泡的两种,你们可以尝一下啊!""矿泉水?"客人感到有点意外,看来矿泉水不在他的考虑范围内。"先生,这

可是世界著名的矿泉水呢。”客人一听这话，觉得不能在朋友面前丢了面子，便问了一句：“那么哪种更好呢？”“那当然是冒气泡的那种好啦！”小方越说越来劲。“那就再来10瓶冒气泡的法国矿泉水吧。”客人无可选择地接受了小方的推销。

服务员把啤酒、矿泉水打开，冷盘、菜肴、点心、汤纷纷上来，客人在主人的盛情之下开始用餐。最后，当主人一看账单，不觉大吃一惊，原来1 400多元的总账中，10瓶矿泉水竟占了350元，他不由嘟哝了句：“这矿泉水这么贵啊！”“那是世界上最好的法国名牌矿泉水，卖35元一瓶是因为进价就要18元呢。”账台服务员解释说。“原来如此，不过，刚才服务员没有告诉我价格呀。”客人显然很不满意，付完账后怏怏离去。

（资料来源：陈文生.酒店管理经典案例（第二版）[M].福建：福建人民出版社，2017）

思考题

1. 客人为何会选择价格昂贵的矿泉水？
2. 饭店都有什么功能？

第一节　饭店的含义、类型与等级

凯宾斯基饭店的经营理念：充分满足客人

“第一选择”是凯宾斯基的经营宗旨。凯宾斯基的经营理念是：充分满足客人。为了充分满足客人的需要，凯宾斯基推出了“金钥匙”全能服务项目。通过金钥匙服务，凯宾斯基集团在“充分满足客人”的经营理念的指导下，以其最先进的设施和最优良的服务为宾客提供了休闲、度假、差旅的良好去处，这从其所获得的非凡成就中可见一斑。

凯宾斯基提出，“凯宾斯基让客人感受独特体验的住宿场所”。凯宾斯基是最早提供免费宽带和无线上网服务的饭店之一。借由中央关键客户信息系统，一位在北京凯宾斯基饭店住过的爱吃香蕉的客人，在第一次抵达德国、入住德国凯宾斯基饭店后，可能惊讶地发现自己水果盘里的香蕉竟然比旁边其他人的多。

同时为了体现客人的重要性，饭店开发出了一系列礼宾服务项目。凯宾斯基强调，关键是让员工能够理解社会变化的速度之快，竞争之残酷。如果只是停留在过去的速度上，不能转变自己，就将被时代淘汰。给客人提供最好的服务，凯宾斯基才能成为客人的第一选择。

（资料来源：王永挺，刘宏兵，盖玉洁.饭店经营管理案例精粹[M].成都：电子科技大学出版社，2017）

一、饭店的概念和功能

（一）饭店的概念

饭店（Hotel）一词原本来源于法语，是指18世纪前后招待贵宾的法国乡间别墅，欧美国家在发展饭店业的过程中沿用了这一名称。我国自20世纪80年代初真正开始发展现代意义上的饭店以来，就沿用了这一称呼。Hotel 在中文里可表达的意思有很多，包括饭店、宾馆、山庄、招待所等。这些称呼可以从不同的角度来描述饭店，并且带有一定的时代烙印。但是无论如何称呼，饭店的本质都是一样的，都是为宾客提供旅居住宿服务的企业。

饭店，是以建筑物及建筑物上的设施、设备为凭借，为旅游者的旅行提供住宿、饮食、娱乐、购物、公共信息和其他委托代办服务的综合性服务性企业。旅游饭店包括在中国境内开办的各种经济性质的饭店，含宾馆、饭店、度假村（以下简称饭店）等。《大不列颠百科全书》称“饭店，是在商业性的基础上向公众提供住宿，也往往提供膳食的建筑物”。通常饭店应该具备以下四个条件。

（1）饭店已是一个建筑物或由很多建筑物组成的接待设施。

（2）它必须是经政府批准的，能够提供住宿设施，也往往提供餐饮和其他高水平服务的设施。

（3）它的服务对象是公众，主要是外出的旅游者，也包括半永久性居住的人。

（4）在市场经济条件下，饭店是实行独立核算、自负盈亏、以营利为主要经营目的商业性企业。

（二）饭店业的地位和作用

随着社会的发展、交通的便利，人们经常有机会外出旅游、探亲、度假，或外出进行文化交流、经商等活动，饭店就为这些旅行者的住宿、餐饮、娱乐等活动提供了条件。随着世界旅游业的发展和国际交往的增多，饭店业作为第三产业在国民经济中的地位日趋重要，在促进国民经济的发展方面起到不可或缺的作用。

1. 饭店是旅游业的重要支柱之一

饭店是旅游业发展的物质基础，它为旅游者提供旅游活动中餐饮、住宿、娱乐的场所。除此之外，现代饭店还为人们提供了保健、社交、会议、消遣与购物的场所。各种饭店市场定位和饭店性质不同，其提供的服务项目在保证基本的住宿和餐饮的基础上，还有各自特定的服务项目。如度假饭店的休闲项目，会议中心的会展设施项目，公寓式饭店的物业服务等。饭店以一种特殊的商品形式，吸引人们用较多的货币，去享受在家庭和其他地方享受不到的东西。由于饭店主要以提供各种优质服务来获得盈利，这就促进了旅游业的发展，并直接起到了拉动消费、促进就业、扩大内需等方面的作用。作为旅游业中的重要一环，饭店与旅行社、旅游交通一起被称为旅游业的三大支柱，是旅游供给重要的构成要素。

2. 饭店是国家外汇收入的重要来源之一

现代饭店是一种不需要出口的商品外贸经营方式，它的创汇率在某种程度上比商品出口的创汇率高。资料表明，饭店业的收入往往占旅游业总收入的一半以上，它是创造外汇收入的重要部门。饭店业的发展水平，往往标志着接待地区、接待国家旅游业的发展水平。

3. 饭店可以带动其他行业的发展

饭店是一个综合性的服务行业，不仅需要一定数量的服务人员，还需要各种完善的配套设施，如游泳池、健身房、酒吧、高尔夫球场等。所以，它的大规模发展势必带动社会上其他行业，如建筑业、装潢业、轻工业、电器业、食品加工业等行业的发展，由此产生的饭店收入的乘数效应，可以对所在地区国民经济产生非常大的影响。

4. 饭店为社会创造直接和间接的就业机会

饭店需要管理人员和服务人员，按我国目前饭店的人员配备状况，平均每间客房配备 1.5~2 人，若新建一座 300 间客房的饭店，将创造 450~600 个直接就业机会。同时，其他行业为饭店提供设备、家具、食品、装修等商品也需要大量的人力，这就提供了间接的就业机会。根据国际统计资料和我国近年来的实践经验，高档饭店每增加 1 间客房，可以直接和间接为 5~7 人提供就业机会。

5. 饭店是文化交流、科学技术交流、社交活动的中心

饭店的客人是来自世界各地的各界人士，他们的来访促进了文化艺术、科学技术的交流。同时，现代饭店中设施设备的引进，现代管理技术的运用，也促进了科学技术的交流。除此之外，饭店提供的娱乐场所也促进了社交活动的发展。

二、饭店的类型

饭店业由各种类型、各种等级的饭店组成。世界各国具体执行饭店分类的机构各不相同，有的是政府部门，有的是行业协会，也有的是与旅游业、饭店业相关的公司或机构，但它们通常都是根据饭店市场及宾客特点、饭店计价方式、规模大小、建筑投资费用、饭店企业形式等特点对饭店进行分类，然后公布各类饭店经营效果的有关数据，以对饭店的经营管理起指导作用。

（一）根据饭店市场及宾客特点分类

按饭店市场及宾客特点分类，一般把饭店分为商务型饭店、长住型饭店、度假型饭店、会议型饭店、汽车饭店和机场饭店。

1. 商务型饭店

商务型饭店也称暂住型饭店。多位于城市中心地区，以接待商务客人、旅游客人及因各种原因做短暂逗留的其他客人为主。商务型饭店适应性广，在饭店业中占有较大比例。以接待商务客人为主的饭店一般比较豪华、舒适，服务设施齐备，交通及通信便利，通常设有商务中心、各类会议厅室、宴会厅等，还设有商务套房及行政楼层。

2. 长住型饭店（公寓饭店）

长住型饭店主要接待住宿期较长、在当地短期工作或度假的客人或者家庭。长住型饭店与客人通常需要签订一个租约。其建筑布局与公寓相似但又有区别，客房多采用家庭式布局，以套房为主，配备适合客人长住的家具和电器设备，通常都有厨房设备供客人自理饮食。服务讲究家庭式气氛，特点是亲切、周到、针对性强。饭店的组织、设施、管理较其他类型简单。

3. 度假型饭店

度假型饭店传统上以接待游乐、度假的客人为主。此类饭店多位于海滨、山区、温泉、海岛、森林等地。开辟各种娱乐体育项目，如滑雪、骑马、狩猎、垂钓、划船、潜水、冲浪、高尔夫球、网球等活动来吸引客人，因此这些度假地区及活动的吸引力是一个度假型饭店成功与否的关键。各种度假村、疗养型饭店亦属此类。

4. 会议型饭店

会议型饭店主要接待对象是各种会议团体。客人平均每天消费额一般高于度假客人。会议型饭店通常设在经济发达的城市，或交通便利的旅游胜地。饭店一般会设置足够数量的多种规

格的多功能厅,其中多功能厅可根据客人需要用作会议厅、舞厅或宴会厅,有的饭店还设展览厅。会议型饭店除应具备相应的住宿和餐饮设施以外,还必须具备会议设备,如投影仪、录放像设备、扩音设备、先进的通信与视听设备,接待国际会议的饭店还需要具备同声传译装置。会议型饭店一般都配备工作人员帮助会议组织者协调和组织会议各项事务,提供高效率的接待服务。

5. 汽车型饭店

汽车型饭店常见于欧美国家公路干线。早期此类饭店设施简单,规模较小,有相当一部分仅有客房而无餐厅、酒吧,以接待驾车旅行者投宿为主。现在,有的汽车型饭店不仅设施方面大有改善,而且趋向豪华,多数可提供现代化的综合服务。

6. 机场饭店

机场饭店以一些大型航空公司的机组人员和乘客为接待对象,一般设在机场附近,对饭店的设备要求不高。

（二）根据饭店计价方式分类

根据饭店计价方式分类,有欧式计价饭店、美式计价饭店、修正美式计价饭店、欧陆(大陆)式计价饭店和百慕大计价饭店。

1. 欧式计价饭店

欧式计价饭店的客房价格仅包括房租,不含食品、饮料等其他费用。世界各地绝大多数饭店均属此类。

2. 美式计价饭店

美式计价饭店的客房价格包括房租以及一日早、午、晚三餐的费用。目前,尚有一些地处偏远的度假型饭店仍属此类。

3. 修正美式计价饭店

修正美式计价饭店的客房价格包括房租和早餐以及午餐或晚餐的费用,以便宾客有较大的自由安排白天活动。

4. 欧陆(大陆)式计价饭店

其房价包括房租及一份简单的欧陆式早餐,即咖啡、面包和果汁。此类饭店一般不设餐厅。

5. 百慕大计价饭店

此类饭店的房价包括房租及美式早餐的费用。

（三）根据饭店的规模分类

按照饭店的规模大小,通常将饭店划分为小型饭店、中型饭店和大型饭店。

1. 小型饭店

一般指拥有标准客房数在300间以下的饭店。这类饭店的设施和服务能满足宾客的基本需求,一般价格较为便宜,多为经济型饭店。

2. 中型饭店

通常指拥有300~600间标准客房的饭店。这类饭店设施齐备、精良,服务项目齐全,价格适中、合理,是一般旅游者较喜欢选择的饭店。

3. 大型饭店

一般指拥有600间以上标准客房、服务项目比较齐全、设施比较豪华的饭店。通常大型饭店都是豪华级饭店。随着世界旅游业的快速发展,许多中小型饭店也不断扩大规模而成为大型饭店。

(四)根据建筑投资费用分类

按照饭店建筑投资费用多少,可以将饭店划分为中低档饭店、中档或中档偏上等级的饭店和豪华级饭店。经济型饭店是近些年新兴的饭店类型,虽然其建筑投资费用比较低,但是客房配置一般属于中档。所以在这里我们可以单独介绍经济型饭店,而不把它归为中低档饭店。

1. 中低档饭店

根据国际饭店建筑投资标准,中低档饭店一般每个标准间的建筑投资费为2万~4万美元,其中包括建筑材料,室内装饰,各种设备、用具、陈设的费用,另外也包括建造中所需的各种技术和人员训练费用。此类饭店每个标准间的建筑面积为$25m^2$。

2. 中档或中档偏上等级的饭店

一般每个标准间的建筑投资在4万~6万美元的饭店,大多为中档或中档偏上等级的饭店。客房有舒适的卫生间、彩电、音响系统、中央空调系统、写字台、沙发、壁画等。此类饭店每个标准间的建筑面积为$36m^2$。

3. 豪华级饭店

一般每个标准间的建筑投资在8万美元以上的饭店为豪华级饭店。客房内除了中高档饭店所具有的设施外,还应有计算机、国际直拨电话、名人字画、豪华卫生间、室内按摩浴池、豪华(包金)灯具、"付费点播"电影电视节目及呼唤安全电话等。此类饭店每个标准间的建筑面积为$47m^2$。除客房面积外,走廊楼梯、电梯占客房建筑面积的25%。

4. 经济型饭店

经济型饭店的概念在国外发展历史较早,诞生于20世纪60年代的美国。它最初由汽车旅馆发展而成,如今在欧美发达国家已经成为了一种比较成熟的饭店业态。最初,经济型饭店被称为B&B饭店,即Bed and Breakfast饭店,以提供住宿(Bed)和早餐(Breakfast)为主,来满足饭店顾客住宿和餐饮的基本要求。通常,此类饭店在价格上比星级饭店便宜很多,但是客房和早餐质量却与星级饭店相差不远。故对于仅要求住宿和早餐的顾客而言,这种饭店的性价比很高。所以,又称其为"Economy Hotel"或者"Budget Hotel"。我国引入这种饭店业态时,才沿用了这种说法,称之为"经济型饭店"。

对于经济型饭店的概念,目前仍未有一种公认的、严谨的结论。这是因为,经济型饭店中的"经济"原本就是一种特定的、相对的、动态的标准,而难以像星级饭店一样,用严格规范的行业标准来要求。国外对经济型饭店的划分主要以价格为标准。根据经济型饭店的特点和中国的实际情况,经济型饭店的定义可以概括为:以大众旅行者和中小商务者为主要服务对象,以客房为唯一或核心产品,价格低廉(一般在300元人民币以下)、服务标准、环境舒适、硬件上乘、性价比高的现代饭店业态。其特点是价格适中,基本设施齐全、干净、方便、舒适。

经济型饭店作为一种新兴业态,是经济发展和社会生活的产物。它完全区别于面向社会上流阶层的全服务饭店,是服务大众阶层,为满足一般平民的旅行住宿提供有限服务的。其基本特征有以下5点。

(1) 产品的有限性。经济型饭店紧扣饭店的核心价值——住宿,以客房产品为灵魂,减除了其他非必需的服务,从而大幅度削减了成本。一般来说,经济型饭店只提供客房和早餐,一些有限服务饭店还提供简单的餐饮、健身和会议设施。

(2) 产品和服务的优质性。与一般社会旅馆不同的是,经济型饭店非常强调客房设施的舒适性和服务的标准化。清洁卫生、舒适方便的特点是社会旅馆所不具备的。

(3) 产品价格的适中性。相对于高档饭店动辄上千元的房价,经济型饭店的价格一般在人民币300元以下,一些青年旅舍和汽车旅馆只收取几十元至一百元。

(4) 有自己特定的客源市场。经济型饭店的目标市场是一般商务人士、工薪阶层、普通自费旅游者和学生群体等。而高档饭店往往以高级商务客人、高收入阶层、公费旅客为主要目标市场。

(5) 一般采取连锁经营的方式。通过连锁经营达到规模经济,提高品牌价值。这种经营方式也是经济型饭店区别于其他星级饭店和社会旅馆的一个明显特征。

中国经济型饭店的发展现状

随着美国大众消费的兴起及公路网络的发展,汽车旅馆开始出现,为平民的出游提供廉价住宿服务。从20世纪60年代初到80年代末,经济型酒店进入蓬勃发展期。酒店数量在迅速增长的同时,连锁经营开始取代传统的分散经营模式,单体酒店开拓出快速发展的扩张路径。同时,品牌化连锁经济型酒店开始了国际化发展。其后十年,经济型酒店进入市场成熟期。在步入21世纪之后,经济型酒店进入了新一轮快速发展期,主要表现为经济型酒店在发展中国家的市场开拓以及本土品牌的发展。

20世纪90年代,经济型饭店的概念开始进入中国。第一个经济型饭店品牌"锦江之星"于1996年推出,携程网和首旅集团于2002年共同推出"如家"快捷品牌,次年美林阁推出"莫泰MOTEL168"品牌,2004年格林豪泰品牌成立,同年美国"速8"和法国雅高旗下"宜必思"等国际品牌也开始进入中国,"7天""汉庭"等知名经济型连锁酒店品牌也在同一时期开始发展。其后,中国经济型饭店进入了飞速增长阶段。

"2018中国连锁酒店品牌规模30强"中,如家酒店、汉庭酒店、7天酒店、格林豪泰、锦江之星、维也纳酒店、都市118、尚客优、城市便捷、全季酒店位列前十(见表1-1)。统计数据显示,截至2018年1月1日,经济型酒店营业数为32 444家;客房数2 009 738间,客房同比增长9.95%。

表1-1　2018年中国饭店集团规模排名

排名	品牌名称	所属集团	总部所在地	客房数/间	门店数/个	市场占有率
1	如家酒店	首旅如家酒店集团	北京	241 202	2 319	7.43%
2	汉庭酒店	华住酒店集团	上海	223 121	2 244	6.88%
3	7天酒店	锦江国际酒店集团	上海	213 729	2 468	6.59%

续表

排名	品牌名称	所属集团	总部所在地	客房数/间	门店数/个	市场占有率
4	格林豪泰	格美酒店集团	上海	151 154	1 733	4.66%
5	锦江之星	锦江国际酒店集团	上海	127 570	1 075	3.93%
6	维也纳酒店	锦江国际酒店集团	上海	113 493	749	3.50%
7	都市 118	都市酒店集团	山东	78 504	1 368	2.42%
8	尚客优	尚美生活集团	青岛	68 179	1 280	2.10%
9	城市便捷	东呈国际集团	东莞	66 943	746	2.06%
10	全季酒店	华住酒店集团	上海	53 054	390	1.63%

当前我国经济型酒店增速放缓，亟须转型升级。由于中产消费群体的崛起，消费升级导致顾客需求发生很大的变化，酒店提供的服务能否满足新型消费者个性化、多元化、移动化、体验化、社群化的需求，对经济型饭店是极大的挑战。另外随着竞争的加剧，饭店行业呈现集团化、巨头化、资本化、品牌化、连锁化竞争格局；优质饭店物业日益的稀缺，人工租金能耗成本的上涨，产品的老化，使得经济型饭店行业面临不断洗牌和新一轮的转型突破。其次，经济型饭店经历过高速发展期，存量大，一二线城市品牌连锁化率较高，但 RevPAR 增速放缓，投资回报率偏低，需要寻找新的发展路径，从发展模式上进行变革创新，例如，在一二线城市重新定位并专注细分市场，适当进行产品优化升级，或利用饭店共享资源，增加延伸服务链，提供增值服务收入等多途径进行有益探索；三线以下城市品牌连锁化程度相对较低，市场渠道下沉，抓住中国城镇化过程中的饭店品牌产业升级机会，积极面对经济型饭店主战场的决胜之机。

（资料来源：中商情报网）

（五）根据饭店企业形式分类

按照饭店的企业形式，可以分为独立经营饭店、饭店公司、饭店自联组织、饭店企业集团四种类型。

1. 独立经营饭店

独立经营饭店指由个人或企业、组织独立拥有并经营的单个饭店企业。国际饭店业中，就饭店的数量而言，绝大部分（约为 80%）属于独立经营饭店，并且其分布主要集中在欧洲和北美。但是，由于独立经营饭店均为小型企业，所以就饭店客房数而言，独立经营饭店的客房数仅占全球饭店业客房总数的 30%。

独立经营饭店是比较传统的饭店企业形式，其特点是单独、分散地存在于各个城市和地区，独立地进行营销活动和管理活动，不以任何形式加入任何经营管理联盟，也不属于任何饭店集团。独立经营饭店的经营管理相对简单，协调容易。在饭店行业整体上供大于求、竞争激烈的今天，独立经营饭店在与规模庞大的饭店集团的竞争中日益显得势单力薄。独立经营饭店的市场辐射能力低、影响面窄，在扩大企业知名度和美誉度上先天不足，较难在国际市场上形成品牌效应。

2. 饭店公司

饭店公司是由多个饭店组成的专业饭店公司，一般都拥有一个或多个品牌，同时采用各种不同经营方式,因而又称为联号或连锁饭店公司。饭店公司的经营方式一般有以下几种。

(1) 自营,即由公司直接经营所属饭店。

(2) 委托管理,即由公司按委托合同管理其他个人或公司的饭店。

(3) 特许经营,即由公司授权特许经营的饭店,如假日、马里奥特、希尔顿、凯悦、森丹特、国际精品等公司均属此类饭店。

饭店公司是国际饭店业的主力军。在现代饭店市场上,饭店公司通常采用多品牌战略,根据市场上出现的新需求,创建不同风格、不同等级、不同类型的饭店品牌,以全面满足市场,扩大盈利区域。

3. 饭店自联组织

饭店自联组织指由大批独立拥有、独立经营的饭店企业出于营销等共同目的自愿参加组成的饭店联合组织,目的是对抗大饭店公司的竞争。饭店自联组织在保持各饭店产权独立、自主经营的基础上,实行统一订房、质量标准和公认的标志,并进行联合宣传、促销和互送客源。饭店自联组织通常称为饭店代理公司(Representative Companies)或饭店联合体(Consortia)。美国的最佳西方国际(Best Western International)和法国的 Logis de France 曾是此类组织的主要代表。

4. 饭店企业集团

饭店企业集团是指同时经营本公司品牌饭店及其他品牌饭店并从事其他行业经营的公司,实际上是一种联合大公司或多种经营公司。此类公司近年来通过收购兼并规模迅速扩大,改变了国际饭店业的面貌。如在 2016 年以 136 亿美元的价格并购了喜达屋酒店与度假村国际集团的万豪国际集团,是目前全球最大的连锁酒店集团,旗下拥有 30 个酒店品牌。在酒店业国际权威杂志《HOTELS》公布的 2017 年度"全球酒店集团 325 强"排名中,万豪国际集团占据第一位,拥有饭店 6 333 家、客房 1 195 141 间。

(六) 绿色饭店

绿色饭店是指运用环保健康理念,坚持绿色管理,倡导绿色消费,保护生态和合理利用资源的饭店。其核心是在为顾客提供符合环保、健康要求的绿色客房和绿色餐饮的基础上,在生产运营过程中加强对环境的保护和资源的合理利用。

绿色饭店是一种新的理念,它要求饭店将环境管理融入经营管理之中,以环境保护为出发点,调整饭店的发展战略、经营理念、管理模式、服务方式,实施清洁生产,提供符合人体安全、健康要求的产品,并引导社会公众的节约和环境意识、改变传统的消费观念、倡导"绿色"消费。它的实质是为客人提供符合环保要求的、高质量的产品。同时,在经营过程中节约能源、合理利用资源、减少排放、预防环境污染,并不断提高产品质量。绿色饭店是一种方向和目标,是一个不断发展的概念。

1. "绿色饭店"的含义

"绿色饭店"可以简单翻译为"Green Hotel",但国际上又把"绿色饭店"翻译为"Eco-efficient Hotel",意为"生态效益型饭店"。由于"Eco"也是"Economy"的前缀,这个单词隐含着"经济效益"的含义,意思是充分发挥资源的经济效益。如今,人们通常把与环境保护、防止污染相关的事物冠之以"绿色"称号,由此绿色产品、绿色产业、绿色科技、绿色职业等纷纷涌现。

为指导现阶段的实践,本书把绿色饭店定义为:以可持续发展为理念,坚持清洁生产,倡导绿色消费,保护生态环境的饭店。其核心就是在生产经营过程中加强对环境的保护和对资源的合理利用。绿色饭店的创建、实施与保持,是一个不断发展的过程;在实施过程中应与饭店其他管理体系的运行相协调,是一个与饭店各方面的发展相互促进的过程。

2. 创建绿色饭店的具体要求及特征

(1)"绿色饭店"的整体要求有以下几方面。

① 饭店的建设对环境的破坏最小。

② 饭店设备的运行对环境的影响最小(即设备消耗的能源与生产过程中产生的废气、废水、废渣污染最小)。

③ 饭店的物质消耗最低。例如,目前五星级饭店日用水量为 2 000~2 200m^3,这一用水量还有很大的节约空间。

④ 饭店提供满足人体健康要求的产品。

⑤ 饭店积极参与社会的环境保护活动。

(2)绿色饭店有三个基本特征——安全、健康、环保。

安全,是绿色饭店的一个基本特征。西方国家提出绿色环保的动因,是因为20世纪50至60年代,在发达国家出现了一系列环境污染公害事件,严重破坏了生态环境,进而危害了当地居民的生命安全。因此,安全在任何时候都是我们讨论绿色概念的一个基本因素。在饭店中,影响安全的因素主要是公共安全和食品安全这两个方面。

健康,重点是指给消费者提供有益于健康的服务环境和绿色餐饮。在食品进货方面,饭店要强化进货渠道的把关,加强对供应商的管理,实施让消费者看得见的原材料进货明细责任制度。食品原材料一定要有当地食品卫生检验检疫证明,蔬菜一定要进无污染的绿色蔬菜。在食品储存方面,冷冻和冷藏完全分离,对食品的冷冻要有具体限制时间,对装修尽可能选用对消费者无害的绿色建材。这些都有具体要求。

环保,在绿色饭店中主要包括三个方面的内容:减少浪费,实现资源利用的最大化;在饭店建设和运营过程中,对环境的影响和破坏最小;饭店的物质消耗和能源消耗最低。

3. 创建绿色饭店的思路

随着人们环保意识的增强和对生活质量提高的企盼,以及面对国际上绿色饭店的迅猛发展和我国绿色饭店建设滞后的现状,走节约、环保之路,创建绿色饭店已是当务之急。为此,我们宜采取如下举措。

(1)实施4R原则,节约自然资源。

① 减量原则(Reducing)。饭店用较少的原料和能源投入,通过产品体积小型化、重量轻型化、包装简朴化的途径,做到既降低成本又减少垃圾,从而实现既定的经济效益目标和环境效益目标。据国外统计,高级饭店每天每间客房产生垃圾1.5千克,每个客人每餐产生垃圾0.91千克;中档饭店每天每间客房产生垃圾0.77千克,每个客人每餐产生垃圾0.65千克。由此可见,饭店越高档、消费量越大,产生的垃圾就越多。

② 再使用原则(Reusing)。饭店应贯彻物尽其用的原则,在确保不降低饭店设施和服务标准的前提下,物品要尽可能地反复使用,把一次性使用变为多次反复使用或调剂使用,延长物品的使用期,推迟重置时间,凡能修理的就不要更新换代,绝不要轻易丢掉。例如,用印有饭店名称和标志的小型肥皂取代小包装的一次性肥皂。

③ 再循环原则(Recycling)。就是在物品完成其使用功能后,将其回收,重新制成可利用的资源——再生物质。饭店应设专人负责物品回收工作,不但要求员工回收物品,而且鼓励旅客参与。如2006年上海废玻璃量达9万吨,仅有2.5%被回收,这足以说明废物回收再生利用的潜力很大。

④ 替代原则(Replacing)。为了节约资源、减少污染,饭店使用无污染的物品包括天然材料制品或再生物品,作为某些物品的替代物。如以布质洗衣袋替代塑料洗衣袋。

(2) 转变观念,通力合作,推进创建绿色饭店的进程。

我国政府对环境保护越来越重视,饭店如果污染环境,破坏生态平衡,轻者罚款、重者停业,更不利的是消费者对污染环境、破坏生态平衡的饭店难以有好印象,社会公众和新闻媒体更会群起而攻之。因此,绿色经营策略是饭店必不可少的一种经营策略。这种经营策略已经得到国内外消费者的认同——《绿色饭店评定标准》中明确了绿色饭店4个方面的内容:采取节约能源的措施,降低能源消耗;提高环境保护意识,减少排污、排废,实施垃圾分拣;减少一次性用品和不可降解物品的消耗,减少洗涤量;提供绿色产品和绿色服务,倡导绿色消费观念。

(3) 培养绿色员工。

为了实现饭店的最高目标绿色化,饭店必须制定承担环境和社会责任的目标和策略。饭店的员工对于绿色饭店的形成具有极其重要的作用。因此,饭店除了设专门(绿色)环保管理人员之外,还应进行全员环境教育。通过培训培养绿色员工,使得员工具备绿色意识,积极贯彻实施饭店的绿色措施。

(4) 推出绿色产品,提供绿色服务。

绿色产品是指那些符合“绿色标志”(Green Label)要求的产品。绿色产品可分为两大类:一类是“绝对绿色产品”,是指那些具有改进环境条件的产品。如饭店使用的空气净化设备、保健服务等。另一类是“相对绿色产品”,是指那些可以减少对环境的实际或潜在损害的产品。如绿色食品、绿色燃料等。

(5) 吸引绿色消费者。

绿色消费,是指以可以持续的和承担环境与社会责任的方式进行消费。凡进行绿色消费的人,则被称为绿色消费者。

客人是饭店的特殊合作伙伴,即饭店应把客人视为环保的合作伙伴。为此,饭店应向客人宣传饭店的环保设计和创意;饭店为客人提供绿色产品与服务,让客人认识它、了解它并购买它,而且在消费过程中体现绿色消费的精神,摒弃传统消费模式,减少浪费,让有限的资源发挥最大的功用。绿色消费将成为21世纪的消费主流,加入绿色消费队伍是一种超前的行为,符合现代文明。

(6) 创建绿色企业文化。

饭店企业文化是现代企业的一个子系统,是企业价值的一种体现。创建绿色企业文化关键在于企业最高领导层。具体地说,饭店或饭店公司最高领导人必须转变观念:一是要转变环境问题与饭店发展无关或关系不大的观念;二是要转变环境投资会增加饭店负担,影响饭店经济效益的观念。有关资料表明,环保投入产出之比为1∶6。饭店应该在长期经营战略中非常注重社会生活质量的提高,关心社会问题,积极参与生态环境保护、节约能源、节约资源、合理控制使用有限的社会资源,避免浪费。饭店采用此种经营策略,可以极大地提高饭店的社会价值,让饭店的价值观得到更广范围消费者的理解、领略与接受,进而赢得他们的好感和认同,使饭店的企业形象定位与消费者对饭店的价值期待结合得更紧密、更准确,使饭店对社会有更大的贡献。

4. 绿色饭店实施过程中的几个问题

许多饭店在创建绿色饭店活动中,比较重视节约物质、降低消耗、降低经营成本并取得显著成绩,但在提高饭店产品质量、提供更多的绿色产品方面成效不大。究其原因,主要存在以下方面的认识问题。

(1) 对绿色客房的认识。

客房的质量由客房的设施设备、家具、服务形式和环境质量构成。各饭店在创建"绿色"活动中注意了节能降耗,而忽视了客房内的环境质量。客房环境质量主要指客房内的空气质量、噪声和光环境。

(2) 对废弃物管理的认识。

随着城市的迅速发展,城市人口的高度集中,以及人们的生活习惯逐渐由"节约型"向"抛弃型"转变,城市的垃圾问题越来越对环境造成严重的威胁,而饭店平均每人每天所产生的垃圾要比城市居民高出很多,在创建"绿色"活动中,许多饭店都开始对废弃物进行管理,并且取得了一定的成效,但与欧洲许多国家相比还有一定的差距,特别是消费者还没有自觉地认识到这个问题。所以,在创建"绿色"活动中,不但要做好对废弃物的管理工作,更要引导客人适量消费。

(3) 对绿色消费的认识。

绿色消费的含义有两个方面的内容:一是购置商品时关注商品在生产、使用、废弃时对环境的影响问题;二是在消费过程中关注环境保护的问题。前者称为绿色产品消费,后者称为绿色消费行为。

综上所述,创建绿色饭店是旅游可持续发展的需要,是与国际饭店业接轨的需要,是满足日益增多的绿色消费者的需要。创建绿色饭店也是开源节流的重大举措之一,有利于降低经营成本、增强市场竞争力、赢得更多的客源。创建绿色饭店可使饭店的环境效益、经济效益和社会效益三者相统一。

山峦中的绿色乌托邦

两位和平主义者 Andres Hammerman 和 Michelle Kirby 怀着"成为环境保护和生态旅游先锋,永远超越预想"的信念,在安第斯山脉中创建了自己心目中的"理想乌托邦"。他们通过自己的研究和探索建立起来的"肥料厕所"和"零浪费"模式如今已声名远播,并广受赞誉。在这里,化肥厕所不用水,而是用煤炭。路线跨越 2 500~3 800 m 海拔,因此可领略到山中多种不同微观气候的瞬息变化。路线的主题或是参观当地奶酪工厂,或是欣赏 Rio Toachi 峡谷的美景,或是观赏前印加文化废墟的奇观,或是漫步雨雾森林。

(资料来源:根据网络资料整理)

三、饭店等级制度

(一) 世界饭店的等级制度

随着国际饭店业的迅速发展,不仅饭店的种类千差万别,而且饭店的规模、功能结构多种多样，许多国家和地区，特别是旅游业发达的国家和地区，都对饭店划分了等级。饭店等级是指一家饭店的豪华程度、设施设备水平、服务范围、服务质量的级别。如果饭店没有等级，客人到一个陌生的地方，往往无法做出合适的选择。因此，许多国家的政府部门和饭店协会通过制定统一标准来对饭店进行严格分级。

目前国际上采用的饭店等级制度与表示方法大致有以下几种。

1. 星级制

星级制是把饭店根据一定的标准分成的等级分别用星号（★）标示出来。比较流行的是五星级别，星越多等级越高。这种星级制在世界上采用得最为广泛。

2. 字母表示法

许多国家将饭店的等级用英文字母表示，即 A、B、C、D、E 五级，A 为最高级，E 为最低级。有的虽是五级却用 A、B、C、D 四个字母表示，最高级用 A1 或特别豪华级来表示。

3. 数字表示法

用数字表示饭店的等级，一般采用豪华表示最高级，继豪华之后由高到低依次为 1、2、3、4、5，数字越大，档次越低。

（二）中国旅游饭店的等级制度

我国接待外宾的饭店早先采用原商业部的标准，把高等级饭店分为特级、一级、二级、三级，特级最高。为了促进我国旅游业尽快与国际接轨，适应国际旅游业发展的需要，与大部分国家旅游饭店等级制度接轨，1988 年原国家旅游局在世界旅游组织专家、西班牙旅游企业司司长费雷罗先生协助下，制定并于 1988 年 8 月 22 日颁布了《中华人民共和国评定旅游涉外饭店星级的规定和标准》，该标准于 1988 年 9 月 1 日开始执行。

原国家技术监督局于 1993 年 9 月 1 日批复，正式发布了编号为 GB/T 14308—1993 的《旅游涉外饭店星级的划分及评定》，该标准于 1993 年 10 月 1 日起执行，自此这一行业标准上升为国家标准。原国家旅游局于 1997 年 10 月 17 日首次对 GB/T 14308—1993 标准进行修订，新标准于 1998 年 5 月 1 日正式开始实施，2003 年又再次对《旅游涉外饭店星级的划分及评定》实施 GB/T 14308—2003 标准进行了较大调整，2006 年又补充了《星级饭店访查规范》LB/T 006—2006 并开始实施。随着国内外旅游业和饭店业形势发展的需要，我国仍将进一步修订和完善这一标准。目前，中国旅游饭店星级标准（GB/T 14308—2010）已经实施，其主要内容包括适用范围、规范性引用文件、术语和定义、星级划分及标志、总则五部分。

旅游饭店星级的划分与评定（节选）

1. 范围

本标准规定了旅游饭店星级的划分条件、服务质量和运营规范要求。

本标准适用于正式营业的各种旅游饭店。

2. 规范性引用文件

下列文件对于本文件的应用是必不可少的。凡是注日期的引用文件,仅注日期的版本适用于本文件。凡是不注日期的引用文件,其最新版本(包括所有的修改单)适用于本文件。

GB/T 16766 旅游业基础术语

GB/T 10001.1 标志用公共信息图形符号 第1部分:通用符号

GB/T 10001.2 标志用公共信息图形符号 第2部分:旅游设施与服务符号

GB/T 10001.4 标志用公共信息图形符号 第4部分:运动健身符号

GB/T 10001.9 标志用公共信息图形符号 第9部分:无障碍设施符号

GB/T 15566.8 公共信息导向系统 设置原则与要求 第8部分:宾馆和饭店

3. 术语和定义

下列术语和定义适用于本标准。

旅游饭店(Tourist Hotel)。以间(套)夜为单位出租客房,以住宿服务为主,并提供商务、会议、休闲、度假等相应服务的住宿设施,按不同习惯可能也被称为宾馆、酒店、旅馆、旅社、宾舍、度假村、俱乐部、大厦、中心等。

4. 星级划分及标志

(1) 用星的数量和颜色表示旅游饭店的星级。旅游饭店星级分为五个级别,即一星级、二星级、三星级、四星级、五星级(含白金五星级)。最低为一星级,最高为五星级。星级越高,表示饭店的等级越高。(为方便行文,“星级旅游饭店”简称为“星级饭店”)

(2) 星级标志由长城与五角星图案构成,用一颗五角星表示一星级,两颗五角星表示二星级,三颗五角星表示三星级,四颗五角星表示四星级,五颗五角星表示五星级,五颗白金五角星表示白金五星级。

5. 总则

(1) 星级饭店的建筑、附属设施设备、服务项目和运行管理应符合国家现行的安全、消防、卫生、环境保护、劳动合同等有关法律、法规和标准的规定与要求。

(2) 各星级划分的基本条件见附录A,各星级饭店应逐项达标。

(3) 星级饭店设备设施的位置、结构、数量、面积、功能、材质、设计、装饰等评价标准见附录B。

(4) 星级饭店的服务质量、清洁卫生、维护保养等评价标准见附录C。

(5) 一星级、二星级、三星级饭店是有限服务饭店,评定星级时应对饭店住宿产品进行重点评价;四星级和五星级(含白金五星级)饭店是完全服务饭店,评定星级时应对饭店产品进行全面评价。

(6) 绿色环保。倡导绿色设计、清洁生产、节能减排、绿色消费的理念。

(7) 突发事件应急处置。星级饭店应增强突发事件应急处置能力,突发事件处置的应急预案应作为各星级饭店的必备条件。评定星级后,如饭店营运中发生重大安全责任事故,所属星级将被立即取消,相应星级标志不能继续使用。

(8) 饭店整体性。评定星级时不应因为某一区域所有权或经营权的分离,或因为建筑物的分隔而区别对待,饭店内所有区域应达到同一星级的质量标准和管理要求。

(9) 饭店开业一年后可申请评定星级,经相应星级评定机构评定后,星级标志使用有效期为三年。三年期满后应进行重新评定。

（以下内容省略）

（资料来源：中华人民共和国文化和旅游部网站）

第二节 饭店发展历程

相关阅读

如家酒店的发展历程

从2002年6月创建到2006年10月上市，短短四年时间，如家快捷酒店集团以惊人的发展速度开创了传统酒店行业的一片蓝海，成为我国经济型酒店的领跑者。2002年6月，首都旅游国际酒店集团联手携程旅行服务公司共同投资组建了如家酒店集团。如家酒店品牌从引进到如今的发展、壮大，主要经历了四个主要阶段，分别为前期探索阶段、快速扩张阶段、筹备上市阶段、发展壮大阶段。

首先是前期探索阶段。由于缺乏经营酒店的相关经验，如家在整合利用自己现有资源的基础上，主要借鉴国外经济型酒店成熟的经营模式。从2001年底直至如家第一家样板店——北京如家酒店诞生，如家完成了自身从概念到设计的全部过程。

其次是快速扩张阶段。有了前期的积极探索和经验积累，如家开始进入了快速扩张阶段。在2002年半年的时间内就开了4家连锁店，展示出良好的发展势头。在这一发展阶段，如家首先以“直营店”为酒店发展的重点，通过直营店来扩大规模和提升品牌。

再次是筹备上市阶段。融资上市成为如家高层领导的最高战略，也是如家创始人的最终目标。2005年1月，如家CEO加速了如家上市的进程。2006年10月26日，如家快捷酒店股票在美国纳斯达克成功上市。

最后是发展壮大阶段。2008年12月，如家酒店连锁正式更名为如家酒店集团，并推出和颐酒店——中高端商务品牌。虽然如家快捷与和颐酒店服务的对象不同，但是“和颐”是如家酒店集团在品牌方面一个新的积极尝试，同时也可以作为“如家快捷”的品牌延伸，可以起到提升集团知名度、创造更多利润的作用。

（资料来源：根据网络资料整理）

一、世界饭店业的产生和发展

人类的旅行活动古已有之，为旅行者提供食宿的各种设施经历了漫长的发展历史。从古希腊和罗马时期至今，其发展进程大体经历了古代客栈时期、大饭店时期、商业饭店时期和现代新型饭店时期四个发展阶段。

（一）古代客栈时期

客栈，是现代意义上旅馆的雏形，主要是指11—18世纪的乡间或路边的小客栈、小旅馆，为过往的旅行者提供住宿。其中以15—18世纪较为盛行，并以英国和法国的客栈最为发达。客栈，英国称为Inn，美国称为Tavern，一般是指位于乡间或路边的、主要供过往客人寄宿的小客店，是现代旅游饭店产生的雏形。早期的客栈，从设施上看，规模比较小，设备设施简陋。一般是在一幢大房子内开设几个房间，内设大床铺，旅客们挤在一起睡。从服务上看，客栈仅仅为过往旅客提供吃饭和睡觉，价格十分低廉。从经营上看，客栈都是单家独户经营，客人住宿的房舍往往就是家庭住宅的一部分，也无须专门的管理和服务人员。

（二）大饭店时期

18 世纪末至 19 世纪末是饭店业发展史上的大饭店时期，又称豪华饭店时期。18 世纪后半期，随着工业革命的到来，西欧、北美等一些国家相继成为工业化国家，现代旅游业也在英国以托马斯·库克组织的一次禁酒大会和包价旅游为标志而产生。于是，适应现代工业化发展和经济贸易发展的需要，饭店业发展从古代客栈时期过渡到大饭店时期。

这一时期的饭店主要分布在铁路沿线、海港附近，面向王公贵族、上层阶级、公务旅行者。大饭店时期的特点是：规模大、设施豪华、服务正规，具有一定的接待仪式和礼节。这一时期的代表饭店有 1794 年开业的纽约都市饭店、1829 年开业的波士顿特里蒙特大饭店、1832 年开业的纽约阿斯特饭店等。其中，特里蒙特（Tremont）大饭店被称为第一座现代化饭店，为整个新兴的饭店行业确立了明确的标准。这一时期的代表人物是瑞士人里兹（Caeser Ritz 1850—1918 年），他首先提出“客人永远是对的”的经营理念。

（三）商业饭店时期

商业饭店时期为 20 世纪初到 40 年代末，约 50 年的发展时期。这一时期的饭店主要布局在城市中心、公路边，面向公务旅行者。商业饭店时期的特点是：设施方便、舒适清洁、安全实用，不刻意追求豪华奢侈，服务简单、健全，讲究经营艺术、改善管理，注意质量标准化。这一阶段是饭店业发展的重要阶段。这一阶段从各方面奠定了现代饭店业的基础，使饭店业发展成为一个重要行业。该阶段具有代表性的饭店有 1908 年建造的斯塔特勒（Statler）饭店。这一时期的代表人物是美国人斯塔特勒（Eoosworth Statler，1863—1928 年）。他创造了“在一般公民所能负担的价格之内提供必要的舒适与方便、优质服务与清洁卫生”的“平民化、大众化”的饭店。

（四）现代新型饭店时期

自 20 世纪 50 年代开始，饭店业进入现代新型饭店时期。第二次世界大战结束后，随着世界范围内的经济恢复和繁荣，随着人口的迅速增长，特别是现代科学技术的进步，交通条件大为改善，为外出旅游创造了条件；劳动生产率显著提高，又增加了人们的可支配收入，于是外出旅游和享受饭店服务的需求迅速扩大，从而推动了饭店业的大发展，这一时期成为饭店业发展的黄金时期。这一时期的饭店主要布局在城市中心、旅游胜地、公路边、机场附近，面向大众旅游市场。现代新型饭店时期的特点是：规模扩大，连锁经营和饭店集团占据了越来越大的市场；设施类型多样化，服务综合性强，可提供住宿、饮食、旅游、通信、商务、康乐、购物等服务。

二、中国饭店业的产生和发展

在中国，最早的饭店设施可追溯到春秋战国或更古远的时期。中国的唐、宋、明、清时期被认为是饭店业得到较大发展的时期。19 世纪末，中国饭店业进入近代饭店业阶段，但此后发展缓慢。直到20世纪70年代末,中国推行改革开放政策以后,饭店业才开始快速发展起来。中国的现代化饭店,其中一些是经过改造的旧饭店,一些是新中国成立以后建造的宾馆、饭店和招待所,另一些则是近20年来兴建的现代化新型饭店。这三类设施组成了目前中国饭店业的主要接待力量。

(一)中国古代饭店设施

中国古代饭店设施以官办驿站、迎宾馆和民间客栈(旅店)为主。它们在中国饭店业发展史上有着重要地位。

现在一般认为,中国古代具有商业意义的旅馆,源于公元前12世纪的商代。自此以后直至清代,中国古代饭店随着时间的推移发生了符合历史阶段规律性的变化,并在这种时间变化中发生了饭店功能性、类型性、规模性等空间形态和结构的变化。

西周是我国奴隶社会发展到极致和开始衰落的转折时期。周武王为巩固朝廷统治,加强与封邑的联系,大力整治驿站交通,修筑驿道,沿途设置"庐、宿、市"等食宿设施,号称"一市二宿三庐"。当时的驿道,每隔三五十里就设有市宿。"市",即集市,在集市中开设的旅馆设施叫"候馆";"宿",即营地,在营地中开设的旅馆设施叫"路室"。候馆和路室都备有住所、饮食、粮草和马匹。两市或两宿之间,还设置了庐。"庐",即房舍,每十里一庐。大致计算,西周时的市、宿、庐应不下300处。

春秋战国时期,旅馆的发展出现了官办的,用于接待使臣、官吏的"诸侯馆";用于接待信使驿吏的"驿亭""传舍";用以接待文人的"养士馆""传舍";用于接待普通商旅的民办旅馆"逆旅""客舍"。中国古代民间最早的商业性旅馆"逆旅"开始在春秋战国时期得到繁荣和昌盛。

秦汉时期的旅馆发展迅速。秦始皇统一六国后,便开始大规模兴建离宫别馆,在秦代短短的12年中所建置的离宫就有五六百处之多,仅在都城咸阳附近就有200余处。著名的阿房宫便是其代表。

魏晋时期旅馆的特点是民间旅馆特别发达。当时曹操为促进贸易和繁荣经济,鼓励、支持发展民间旅馆,主张"逆旅整设,以通商贾",设立"客馆令"。蜀、吴也大力发展交通驿道的"邮亭"和"传驿",从而促进了三国旅馆业的大发展。

隋唐是我国封建社会的全盛时期。隋唐驿站馆驿繁多,在城郊还建有接待外国使臣和各地使者的"四方馆"。隋唐民间旅馆旺盛,馆驿遍天下。韩愈的诗句"府西三百里,候馆同鱼鳞",就是隋唐时旅馆兴旺发达的最好写照。

宋朝时期旅馆十分发达,呈现出前所未有的兴盛局面。在城市内,官办旅馆以接待各国使臣的"馆""驿"为主。宋朝官办旅馆除了用于接待官吏使臣的"政治旅馆"外,还有一些属于营利性的"官屋",也就类似于现在的国有企业。宋朝民间旅馆已在各城市中具有一定的规模,并且有自己的目标市场和客源类型。

明清时期设在城市内的专为各地使臣、商旅提供食宿的官办"会馆",则发展得比驿站、递铺更快。民间旅馆、会馆发展得也比较快。

(二)中国近代饭店业的发展

中国近代饭店业是随着19世纪初外国资本的进入而逐渐发展起来的。这一时期,中国的饭店设施大致可以分为西式饭店、中西结合式饭店两种类型。

1. 西式饭店

1840 年第一次鸦片战争之后，随着一系列不平等条约的签订，西方列强纷纷侵入中国，设立租界划分势力范围，并在租界地和势力范围内兴办银行、邮政、铁路和各种工矿企业，从而导致了西式饭店的出现。西式饭店是列强侵入中国的产物，为其经济文化侵入服务。但在另一方面，西式饭店的出现对中国近代饭店业起到了首开风气的效应，对中国近代饭店的发展起到了一定的促进作用，把西式饭店的建筑风格和服务方式等带到了中国。

西式饭店的特点为：规模大，装饰华丽，风格趋向豪华和舒适，服务日趋讲究文明礼貌。客房分等经营、按质论价，是这些西式饭店客房出租的一大特色。

2. 中西结合式饭店

西式饭店的出现，刺激了中国民族资本向饭店业投资。因而从民国开始，各地相继出现了一大批有“半中半西”风格的新式饭店。一改传统的中国饭店大多是庭院式或园林式，并且以平方建筑为多的风格特点，中西结合式饭店多为营造楼房建筑，有的纯粹是西式建筑。饭店内高级套间、卫生间、电灯、电话等现代设备，餐厅、舞厅、高档菜肴等应有尽有。饮食上除了供应中餐以外，还以供应西餐为时尚。

中西结合式饭店不仅在建筑上趋于西化，而且在设备设施、服务项目、经营体制和方式上受到西式饭店的影响。从此，输入近代中国的欧美式饭店业的经营观念和方法逐渐中国化，成为中国近代饭店中引人注目的成分。

（三）中国现代饭店业的发展历程

新中国成立后至 1978 年实行改革开放前，中国的饭店设施以事业接待型为主。大多数饭店实行招待所式服务，部分较好的饭店，作为政府外事接待部门的附属单位，没有独立的经济地位。这一阶段中国饭店业的总体状况可以概括为数量稀少、设施陈旧、功能单一、条件简陋。

改革开放以来，我国经济建设的蓬勃发展和旅游业的兴起，为饭店业的发展带来了前所未有的机遇。在短短 40 年时间里，饭店业发展速度之快、档次之高，实属世界罕见，至今已形成了以 12 000 多家星级饭店为主体，以一大批各种类型的饭店设施为补充的旅游饭店产业。大体上来说，中国旅游饭店业经历了以下几个阶段。

1978—1982 年：起步阶段，出现一批中外合资饭店。

改革开放前，我国没有真正意义上的现代饭店，有的只是计划经济背景下以政府接待为主的招待所，依靠事业单位的政府管理模式进行需求式管理，管理理念落后。改革开放以后，我国开始引进外资和外方管理，出现一批中外合资饭店，开启了我国现代饭店的新纪元，其中包括北京建国饭店、广州白天鹅宾馆、南京金陵饭店等。作为首批中外合资建设的饭店之一，北京建国饭店最早引进境外饭店管理公司——香港半岛管理集团，创造了具有中国特色的建国饭店管理模式——“垂直领导、层层负责、严格管理、奖罚分明、灵活经营、微笑服务”，而南京金陵饭店则成为第一家由中国人自己管理的现代饭店。

在这个阶段中，我国饭店业主要在局部城市始终处于高速增长的状态，但由于发展的基数比较小，全国每年增长的绝对量并不大，总体上处于起步阶段。

1983—1993 年：高速发展阶段，国内外各渠道资金涌入饭店业。

1983 年后，企业经营型的旅游饭店在全国各省如雨后春笋般出现，国际饭店管理品牌也开始登陆中国。1984 年,上海锦江(集团)联营公司成立,中国饭店集团化进入探索阶段。1985 年雅高集团进入中国大陆,此后国际饭店集团纷纷进入中国,我国的饭店营商环境得到改善,本土饭店集团被"松绑"与外国饭店集团享受同等待遇,现代管理思想的引入和各种优惠政策的出台,带来了我国饭店业发展的第一个投资高峰期,饭店数量高速增长,饭店产品体系开始由单一向多元化发展,层级出现明显分化,饭店管理方式开始多元化,整个饭店业处于高速发展阶段。

与此同时,当时的国家旅游局根据形势发展的需要,在全行业推行了星级评定工作。这一标志性事件表明我国饭店管理开始走向企业化和标准化。从此,各饭店围绕着星级标准,把不断完善饭店产品和提供优质服务作为管理的目标。1990 年,广州白天鹅宾馆、广州中国大酒店、广州花园酒店三家最早中外合资经营的酒店成为我国首批五星级酒店。星级评定工作的开展,使中国饭店业从根本上上了一个台阶。饭店业市场竞争的内动力和行业管理部门的外在压力使中国饭店业走过了一个以质的提高为核心内容的发展时期。

1994—2006 年:缓慢增长阶段,旅游业的发展成为主要推动力,同时行业竞争愈发激烈。

该阶段的国内旅游业经济热潮快速崛起,行业内的竞争日益加剧,饭店经营者面临前所未有的市场压力,激烈的市场竞争迫使饭店将管理的重心转向强化内部管理和提高饭店档次与服务水平来增强市场竞争力上来。1997 年原国家旅游局颁布了《旅游涉外饭店星级的划分及评定》国家新标准(基于 1993 年颁布的《旅游涉外饭店星级划分与评定》国家标准修订),强调了质量管理的"标准化、规范化、程序化、制度化"(简称饭店业的"四化")。将优质服务和行为科学管理相结合,引入全面质量管理,推行质量标准化、服务规范化是这个时期我国现代饭店发展的核心。与此同时,我国经济型饭店也诞生了,经济型饭店开辟了新的饭店发展道路,改写了饭店业格局。1996 年首家经济型饭店锦江之星问世,2002 年如家品牌建立,2005 年汉庭、7 天两个品牌相继成立。

2007 年至今:整合转型阶段,饭店业发展呈现多元化。

该阶段是我国现代饭店在新发展、新态势的结构下寻求发展之路的阶段。这一时期的饭店致力于构建系统的饭店管理体系和管理模式,重视品牌内涵建设,增强品牌复制能力,采用新建、兼并、重组和管理等方式。国际品牌、本土传统品牌和地产背景的新兴饭店管理集团三支主要力量主导着我国这一阶段的饭店业发展与饭店管理的变革,我国饭店业开始进入全面国际化转型阶段。

这一阶段随着住宿功能的生活化理念被重视,众筹饭店、洋家乐、精品饭店、主题饭店、民宿、农家乐、长租、短租、途家等一大批泛住宿业态如雨后春笋般出现。在资本运作和消费体验的时代背景下,在共享经济、规模经济的催生下,我国现代饭店业迎来了一场投资方式、营运流程、管理模式、商业模式的洗牌与重构:锦江收购维也纳、铂涛,首旅联姻如家,万达转让饭店给富力。一部分饭店集团开始积极推行一体化战略,并以市场竞争的绝对优势,实现规模经济;一部分集团及饭店则通过组建联盟、跨界融合、收购兼并、战略合作等方式搭建发展平台抱团取暖,如"中国酒店联盟""中国精品酒店联盟"等;而相当一部分单体饭店则经营举步维艰。

此外,随着人口红利逐渐消失,"新生代"员工开始走入职场,我国中产阶级群体的迅速崛起,饭店业面临着内部管理革新与外部市场变化的双重挑战,为顾客提供优质的服务和满意的体验,供给侧改革成为现代饭店企业发展的必然。众多饭店企业开始借助新技术、"互联网+"和"酒店+"的机会,采取了各种形式的供给侧改革。如华住酒店集团采取去前台化、推出 0 秒退房、自助入住等创新举措。

（四）中国饭店业发展现状

旅游饭店业是我国与国际接轨最早、开放步伐最快的行业之一，是中国改革开放的形象和窗口。我国 1979 年建设第一家外资饭店——北京建国饭店；1982 年引进第一家国际饭店管理公司——香港半岛管理集团。目前世界排名前十位的国际饭店管理集团均已进入中国市场。

改革开放 40 年来，中国旅游饭店业的发展取得显著成绩。具体表现在七个方面。

1. 行业规模不断扩大

自 20 世纪 80 年代开始，中国饭店业的产业规模每五年的增长率在 50% 以上。截止到 2018 年第三季度，全国星级饭店统计管理系统中共有星级饭店 10 667 家，是 1978 年全国饭店总数的 100 倍。当前全国旅游住宿单位总量超过 30 万个，工业人员逾 500 万个。随着我国国内外经贸往来日益频繁以及旅游业的快速发展，酒店业的潜在市场不断扩大。但另一方面，我们也注意到，虽然饭店业的投资热度仍然很高，酒店行业的供求关系仍处于供大于求的局面。

2. 饭店类型及产品多样化

我国饭店业经过多年来的发展，其产品与服务逐渐从单一型向多样化演变。近年来，如雨后春笋般崛起的经济型酒店、各类主题酒店等具有较新理念的不同类型酒店与传统意义上的酒店齐头并进，从而为不同市场、不同消费阶层以及不同过夜目的的客人提供了更多选择，进一步丰富了酒店的内涵，但同类产品的差异化不大，部分产品仍缺少创新或者趋于雷同。

从饭店类型的布局来讲，各集团展开了不同类型饭店品牌的布局和扩张，并逐渐形成了三大集团阵营。

（1）全品牌型饭店集团。如锦江国际、港中旅、洲际集团、雅高集团等，它们的饭店品牌覆盖了旅游度假型、会议商务型、中档商务型、经济快捷型等几乎所有的饭店类型。

（2）高端品牌型饭店集团。如开元集团、首旅建国、凯悦集团、万豪、香格里拉集团等，它们的饭店品牌档次定位主要集中在高端五星、四星级饭店，但是类型也以豪华商务、综合会议、度假和主题精品饭店为主。

（3）中低档饭店集团。如格林豪泰、如家、7 天等，它们主要以三星级及以下的经济型酒店作为主营项目。

3. 饭店品牌格局正在形成

不同饭店集团选择不同市场档次定位战略，全面覆盖型、高档集中型和低端集中型品牌格局正在形成。

本土饭店管理集团方面，高星级饭店的发展占据主导地位，四、五星级饭店在本土饭店管理集团中所占比例高达 70% 以上。与此同时，经济型档次饭店只有港中旅、锦江国际等极少数集团的数量有较大增幅。而与之相对的如家、格林豪泰、7 天等经济型集团快速扩张，均已进入全球饭店集团 50 强。而国际饭店管理集团方面，大多数的国际饭店集团还是以中、高端档次饭店为主，只有少数饭店集团是以全档次饭店配备进行全方位发展的，如洲际集团、雅高集团和温德姆集团在中国市场都同时拥有相当数量的顶级五星级酒店和三、四星级的经济型快捷饭店。

4. 行业内部竞争激烈

进入 21 世纪后，我国饭店业经历了一个高速发展阶段，尤其是大量国际饭店集团的进入对于业内影响较为强烈。在对饭店的投资热度不断升温的过程中，新饭店以其软硬件优势而抢占了一定的市场，与此同时，大量的新饭店开业导致老饭店的改造与改进也成为必然，这就使得中国饭店总体竞争态势激烈。加上供大于求的市场现状，导致饭店整体的盈利空间相对缩小。

5. 饭店分布区域不均衡

城市化及市场竞争压力进一步推动我国酒店向二、三线城市布局发展，全国性市场基本形成，但区域发展水平仍然不均衡，地域之间的差异明显。我国北京、上海酒店分布密度极高，其他地区酒店分布密度与地理三大阶梯的概念相契合，呈现板块化分布的特征，不同地域酒店业发展程度差距明显。据有关统计显示，目前我国旅游饭店住宿业主要分布在华东地区，在 2017 年总酒店数达到 132 168 家，占全国酒店数的 32%，在供给量上，占有明显的优势。

6. 专业人才和相关技术仍相对落后

尽管我国饭店业国际化程度日益提升，从业人员整体素质也有所提高，但相对庞大的业界规模来说，具有专业教育背景并且有相对丰富从业经验的中高层管理人员仍然比较匮乏。这也导致了基层服务人员的基本技能以及培训管理等业务水平提高较慢。在信息技术方面，饭店对该领域的重视程度仍然有所欠缺，除预订系统近年来应用开始普及之外，其他涉及饭店各个层面的信息技术的开发和投入亟待加强。因此人才和技术方面，是我国饭店业目前一个相对薄弱的环节。

7. 空间布局不断完善

借助近年来国家对于中西部地区经济发展的大力扶持，在西部大开发、中部崛起等国家战略的指导下，我国饭店业的空间布局已经从原先仅集中在沿海一线城市的格局迈入向中西部城市推进的进程当中。这种空间布局的转变，一方面是市场需求所致，另一方面显现出我国内陆地区饭店业的巨大潜力。

国内经济型酒店向中高端延伸

目前国内经济型酒店市场仍有其发展空间，但经济型酒店集团在发展到一定规模后向中高端延伸是其必然的战略选择。对于一家经济型酒店集团来说，越过高速成长阶段后，其增速放缓，为避免被收购或走向衰落，就要向中高端进行延伸发展。一方面，这是满足客户动态多元需求的需要。经济型酒店集团在发展过程中积累了大量会员，这些会员会有不同的消费情境，如出差、旅行或度假，会选择不同档次和类型酒店。这些会员随着经济能力的改善、社会地位的提升以及家庭状况的变化，其需求会发生变化。向中高端酒店延伸，可为会员或消费者提供更多选择，满足他们不同情境、不同阶段的消费需求，从而可以提升消费者对集团的黏性和忠诚度，更大程度挖掘消费者价值。另一方面，经济型酒店集团以规模制胜，其价值模式是通过规模的扩张实现规模经济效益。扩张到一定规模后，边际效应递减，业绩增长出现拐点，投资回报率下降，向中高端延伸必将成为其新的战略选择。中高端品牌为其开辟新的成长空间，可发挥范围经济效应，实现集团资源共享和资源利用最大化，并促成更大的规模经济效应。特别是在集团采购、人员培训、财务和预订等管理系统的使用、品牌传播等方面。一个比较理想的状态是，在一个好的地段，形成自己的酒店群，所有档次的酒店一应俱全。此外，向上延伸也可为酒店集团拓展项目时提供更多选择，有利于其获得更多项目。

（资料来源：杨宏浩.向中高端延伸，经济型酒店集团的发展逻辑[N].中国旅游报，2017年1月19日）

第三节　饭店产品与组织结构

沙漠度假酒店卖什么

位于智利北部的阿塔卡马沙漠，有一个高档度假酒店。酒店只有52间客房，平均收费659美元/每人/每夜，由“探险”酒店管理经营策略集团经营管理。酒店的卖点在于探险，它的目标市场是探险旅游者。酒店在旅游地为顾客组织了35个探险活动，这些活动包括步行、远足、骑马、登山、攀岩、驾车探险远征等。根据探险游客的平均逗留时间，酒店推出了4天游2 636美元的包价项目。该包价包括4个晚上的住宿、4天的所有饮食及探险旅游活动费用，酒类另外收费。为了安全和管理，每项探险活动最多10人参加。每天在晚餐前，由顾客选择决定第二天的活动内容，酒店相应配上导游兼安全员。在这遥远的沙漠里经营度假酒店，营造一种探险旅游的气氛是非常重要的。针对探险旅游度假者很喜欢放松自己、享受宁静的特点，酒店客房内没有配备电视机和影碟播放机，只有卫星天线连接的电话。在阿塔卡马沙漠酒店听到的声音只有鸟鸣和夏天房间内天花板上老式风扇的呼呼声。厨师长为探险游客准备了清淡、新鲜而可口的菜肴。新鲜的蔬菜、水果都是随着每天的航班运来的，当然这些成本都计算在昂贵的房价内。这家只有52间客房的度假酒店，虽然地理位置远在沙漠边缘，日常供应有着诸多不便，但它们的产品、服务和设计的节目，完全符合其目标市场即探险旅游者的需求。所以他们经营得很成功，业绩十分理想。

（资料来源：马开良.酒店营销实务[M].北京：清华大学出版社，2015）

一、饭店产品

产品一般是指能用于市场交换并能满足人们某种需求和欲望的劳动成果，包括实物、场所、服务、设施等。而饭店为顾客所提供的产品，一般包括有形的设施和无形的服务两种。鉴于饭店的具体特点，我们可以这样定义饭店产品：饭店产品是指宾客在饭店期间，饭店出售的能满足宾客需求的有形物品和无形服务的使用价值的总和。从饭店产品的整体观念来看，饭店产品的概念有四个层次的含义。

（一）饭店产品的内涵

1. 核心产品

饭店核心产品是饭店产品整体观念中最基本、最主要的部分，是指宾客从饭店中得到的最根本利益。这种根本利益表现在宾客在入住饭店过程中希望由饭店解决的各种基本问题，它是宾客需求的中心内容。

解决这一问题时，要注意不同的宾客购买饭店产品所要解决的基本问题是不同的。如经济型和中低档商务客人对饭店的主要需求是便宜、清洁；而豪华和高档宾客追求的是舒适和享受。由于饭店经营管理者善于发现不同宾客对饭店核心产品的不同需求，才会出现各种不同类型、不同功能的饭店。

2. 实际产品

饭店核心产品是指在物质上展现饭店产品的核心利益，使产品的核心利益更容易被宾客识别的一系列因素。如饭店的周围环境、地理位置、建筑特色、设计风格、设施设备的品牌、服务项目和服务水平等。实际产品使饭店核心利益有形化，每个饭店的实际产品都不完全一样，这也使饭店管理者可以根据自己饭店的实际情况进行创新，使自己的饭店和竞争对手的饭店有效区分，形成饭店的个性化特色。

3. 延伸产品

饭店延伸产品是指饭店在宾客购买实际产品和服务时所提供的附加利益。这种附加利益对宾客来说并不是必需的，但它能给宾客带来更多的实际利益和更大的心理满足。因此，饭店延伸产品体现着一种超值享受，对宾客购买实体产品和服务具有一定的影响力，如长住客奖励计划、免费停车场、机场班车等。

4. 潜在产品

潜在产品是为了满足个别宾客的特殊需求而提供的特殊的和临时性的服务。如总台为乘坐飞机的乘客更换登机牌，为带婴儿的家庭提供婴儿车等。

产品设计要讲究“微创新”

“今夜酒店特价”的创始人在复盘时发现，公司在没有进行小范围顾客试验的前提下就照搬了美国的酒店尾房销售模式，由此公司付出了沉重的代价，尽管在发现了营运中存在的问题之后也采取了一系列的补救措施，但全面布局下的成本损失已无法挽回。因此酒店即使找到了全新的市场机会，创业者仍需通过不断试错的试验方法进行各种尝试，虽然在不断摸索改进的过程中可能与最初的产品设计有区别，但最终目的在于能为消费者提供令其满意的产品和服务。酒店要时刻关注顾客需求的变化，同时也要深度挖掘顾客的潜在需求，不断推出新产品、新服务，在此过程中要增加顾客的参与度，一方面保证产品创新的市场适应性，另一方面也会增强顾客的忠诚度。而每一个产品、服务的创新一般都具有周期性，酒店要不断循环创新模式，重叠性地开展下一个创新。

（资料来源：刘静.酒店企业的微创新战略——案例分析与理论建构[J].管理案例研究与评论，2016）

（二）饭店产品的构成

产品是连接买方和卖方的纽带。对于饭店产品，我们可以从买方和卖方这两个方面进行理解。

1. 从饭店角度看

只有现代化的服务设施与以顾客为中心的优质服务的有效结合，才能使饭店产品的品质得到最优体现。从饭店的角度看,饭店产品是有形设施和无形服务的综合,包括以下几个方面。

(1) 饭店地理位置。饭店地理位置的好坏意味着饭店可进入性的强弱,以及交通是否方便,周围环境是否良好。它对于饭店建设的投资额、饭店的客源和经营策略等都会产生很大的影响。现代饭店一般因功能而选择不同的地理位置,例如度假型饭店选址在著名景区附近,商务型饭店选址在市中心和商务区,都是为了更好地为目标客源提供各种方便的服务。

(2) 饭店设施。齐全、舒适的设施是饭店推销产品的重要条件,也是提高宾客满意度的基础保证。但是在不同类型的饭店中,设施规模以及装潢体现的氛围都不一样。

(3) 饭店服务。饭店服务是饭店产品中最重要的部分,也是宾客选择饭店的主要考虑因素之一。宾客对饭店服务的评价通常包括服务内容、方式、态度、速度、效率等方面。目前,饭店服务内容的针对性、服务项目的多样化、服务内容的深度和服务水平的高低已经成为众多饭店竞争的重要内容。

(4) 饭店气氛。饭店气氛是宾客对饭店的一种感受。现代化装饰的豪华设施、中国民族风格(古色古香、园林风格)的饭店建筑,配上不同格调、不同档次的壁画和艺术品,错落有致的花草布置,以及与之相适应的服务员的传统服饰打扮,对各国宾客都有特殊的吸引力。

(5) 饭店形象。饭店通过销售与公关活动在公众中所形成的良好形象,设计饭店的历史(知名度)、经营理念、经营作风、产品质量与信誉度等诸多因素,是最有影响的活广告。

(6) 饭店产品的价格。饭店产品的价格反映饭店产品的形象和质量。价格不仅体现产品真正的价值,也是宾客对产品价值的评估。

2. 从宾客角度看

饭店产品从宾客的角度来讲是一段住宿经历。宾客在饭店这段住宿经历的质量的高低,主要取决于饭店产品的物质形态,如建筑物、家具、食品、饮料,以及其他无形形态,即提供的各种服务,也取决于宾客主观的经验和看法。

宾客的这段住宿经历是一个组合产品。它由三部分构成。

(1) 顾客实际消耗的食品、饮料等物质产品。

(2) 饭店通过建筑物、设施设备、家具、用具等传递给顾客,同时顾客通过触觉、视觉、听觉、嗅觉得到的感觉享受。

(3) 顾客在心理上所感受到的利益,包括地位感、舒适感、满意度和享受度等顾客在住宿、用餐等消费经历中的心理感受。

酒店“延迟服务”的引入

酒店不仅需要为消费者提供舒适的入住条件和可口的菜肴,而且需要为消费者提供温馨、整洁的消费环境和优质的人性化服务。传统的酒店运营模式已然不能有效适应新竞争格局下的行业竞争需求,当酒店业务流程设计与客户需求状态不适应时,酒店将会陷入服务失败的困境,延迟服务模式的引入有助于优化酒店业务流程,令其有更为充裕的服务准备时间,并可凭此为具有个性化需求特征的消费者提供更多优质服务。

(资料来源:王智娜.延迟服务导向的酒店营销业务流程优化策略[J].商业经济研究,2016)

(三)饭店产品的基本特性

根据以上对饭店产品内涵和构成的介绍,我们可以总结出以下7个基本特性。

1. 无形性

饭店的经营活动表现在饭店生产和销售饭店产品。饭店产品是一种无形产品,这是饭店最本质的特点,使饭店区别于生产实物产品的生产性企业,也区别于进行商品流转的商业企业。

饭店产品是饭店在经营过程中为宾客在使用饭店期间提供的饭店使用价值的总和。饭店产品被宾客在饭店就地消费了,这就使饭店产品带有无形性。实物产品的生产者面对的是产品,而饭店面对的是顾客,人与人的直接接触使饭店的人本意识浓厚且直接。饭店的整体形象、使用价值、产品质量、价值分散在产品的各个方面而无法凝聚和集中,这使饭店业务带有很强的综合协调性。

饭店产品的无形性和使用价值的时空分散性,使饭店产品使用价值构成不同于实物产品。饭店产品的使用价值是由三要素所构成的:饭店设备设施和各种产品的使用价值、实物产品的使用价值、服务劳务的使用价值。

2. 时空特性

饭店产品使用价值的产生和存在一定要依赖固定的空间,这些使用价值有很强的时间效用。空间是饭店产品的外壳,是使用价值的组成部分。饭店的空间是不能移动的,这就决定了饭店产品的不可移动性。由此,我们也常常把饭店经营称为出售空间。饭店空间虽是不能移动的,但饭店空间功能可做临时的或永久性的改变。

时间是饭店产品的载体,饭店产品的使用价值是和时间紧密地联系在一起的。从形式上看,没用过的饭店产品的价值和使用价值依然存在,但这个存在是在一个新时段的存在,而上个时段的产品价值和使用价值因未被使用而闲置,是一种损失。因此饭店产品的价值有很强的时间性。

把饭店产品的时间、空间联系起来观察就可以发现,空间和时间是互相联系和交织在一起对饭店产品产生影响的。要使每个时段的每个空间都能产生尽可能理想的效益,关键就在于提高经营管理水平。饭店要实现产品价值,就不能使空间闲置,就要通过营销手段吸引客源,充分利用饭店空间。而这一空间的利用和时间段相联系。饭店在淡旺季、客源不同的情况下,利用价格杠杆调节客流量,就是利用了饭店业务的时空特性。

3. 综合协调性

当宾客进入饭店后,要消费由各个不同部门所生产的使用价值,以宾客的活动为纽带,各相关部门使用价值的综合就形成饭店产品。无论饭店还是饭店产品,都是一个整体,分散在不同空间的不可凝聚的多种使用价值和业务,都包容在一个整体中去满足某一特定对象的需要,这就决定了饭店业务的综合协调性。

饭店业务的综合性是由饭店产品的业务在时空上的分散性、不可凝聚性、多样性、产品独立使用价值的多元性所决定的。因为:其一,各部门独立的业务和使用价值都包含在饭店的整体中;其二,宾客在饭店的消费往往不是单一的,它们得到的服务绝不会是某部门的单一服务;其三,每一部门使用价值的产生和业务的运行都需要涉及其他部门,要和其他部门相联系;其四,各部门之间业务的共进性。所以,饭店业务的运行都是为了给宾客一个满意的饭店产品,这个产品是由饭店各部门共同提供的。

饭店业务的综合性带来了饭店业务的协调性。第一，业务组合和衔接的协调；第二，业务组合的交叉性；第三，各部门业务水平的一致性。

4. 强文化性

饭店必须带有文化色彩，这里的“文化”是指大文化，由地域、民族、政治所决定的人类知识、信仰和行为的整体，它包括语言、思想、信仰、风俗习惯、禁忌、法规、制度、工具、技术、艺术、礼仪、仪式及其他有关成分。饭店产品的强文化性是由以下几个因素决定的：① 饭店服务对象是人；② 饭店生产和销售的无形产品；③ 饭店一定处于具某一文化的地域；④ 市场对文化的需求。

强文化性的表现形式在于：硬件方面主要有建筑物造型和外观环境、外装修，饭店的环境设计和内装修设计，设备设施及用品物品的造型、色彩图案、款式、CI 设计的艺术效果等。软件方面主要有饭店的产品理念和服务理念、饭店的文化理念、服务程序设计、产品及业务设计等。还有饭店的餐饮特别是菜肴是饭店文化的重要方面。

5. 饭店作业的独立性和员工行为的自我约束性

这一特点使饭店的经营管理具有行业的特色，对饭店打造品牌和开拓市场有着重要影响。饭店劳动特点是：体力、脑力相结合，以体力为主；独立操作为主，集体协作为辅。作业方式导致了劳动力有较大的自由空间和较少的外界制约因素。由于宾客需求有很大的随机性，所以员工应有扎实的作业基本功、严谨规范的作业精神、应变自如的能力。

饭店各部门、各岗位间存在广泛的业务和信息联系。员工对信息的认识和处理有赖于员工的自我发挥和自我约束。员工只有先把握自己，才能通过自身去把握业务的协调。

饭店服务是对客服务，饭店的宾客是各种各样的，对客服务的情况也是千变万化的。饭店员工的形象是饭店产品的组成部分，是要直接面对顾客的，保持形象是一个需要努力的过程，也是员工应有的职业习惯。在任何情况下，员工都要能控制自己的情感，控制自己的情绪和行为，以良好的形象、宽阔的胸怀来赢得宾客的满意和信赖。

6. 产品所有权的相对稳定性

饭店产品中的许多产品，如客房产品、康乐产品、服务产品等，不像其他商品那样，一旦商品交换实现，所有权就发生转移，饭店并不出卖商品的所有权，客人买到的仅是一段时间、某一阶段的住宿权利、享受权利和被服务的权利。饭店产品的使用价值就是为顾客提供一定期限的住宿环境，提供一段时间的物质享受和精神享受，房租和客人所付出的费用则是饭店出售产品的使用价值而回收的交换价值。因此，客人在购买饭店产品时只能在限定的时间内进行消费，重复消费是不可能的。

7. 生产与消费的同时性

饭店服务员在提供服务的同时客人就在进行消费，服务员在提供服务时的举止、行为都将影响所提供产品的质量。因此，强调饭店服务操作的规范与标准，保证每一个产品（每一次服务、每一次操作）都是合格的产品，对饭店而言，显得极其重要。

饭店产品的上述特点，要求员工具有较高的服务技能、热情的服务态度，不断提高服务质量，培养忠诚顾客。

相关阅读

杭州香格里拉饭店:用心做好“服务”这道菜

杭州香格里拉饭店在G20杭州峰会期间,全程接待了俄罗斯总统普京及其随行人员300余人,以及中方工作人员150余人。回程后,俄罗斯联邦驻华大使馆以表扬信的方式,高度肯定了全体工作人员的服务工作,为本次接待画上了圆满的句号。而对杭州香格里拉饭店来说,这次成功的经历不仅是一份好看的成绩单。正如销售总监谢敏所说,这是个挑战,更是个机遇。而12天的奋战中,最让他们引以为豪的就是酒店的餐饮服务。

“总统菜单”的杭州味儿

本次接待中,杭州香格里拉饭店餐饮保障团队担负着一项重要的任务,那就是与总统御厨共同拟定菜单。“尽管普京先生对饮食没有过多苛求,一切简单就好。但为了做出品质,做出特色,我们没有丝毫怠慢。”谢敏表示,几个月前,他们就已经开始对各类菜肴进行甄选,除去习俗、口味等特定要求外,他们最看重的就是菜单中体现的杭州元素。“来到杭州,总要吃杭州菜,我们希望杭州菜能够‘走出去’,获得更多认可。”

MarkusRink是杭州香格里拉饭店的行政总厨,对于“总统的饭桌上可以出现什么”,他的意见起着决定性的作用。“9月3日上午十点开始,我们就开始和对方团队讨论普京在饭店期间的菜单。”MarkusRink说:“在这之前,我了解过总统喜欢吃鱼和鸭,因此我们最先提议列入西湖醋鱼,御厨说总统吃的鱼必须是去骨的,最后我们提议把鳜鱼作为原料,肉质鲜嫩,没有细小的骨头,容易食用。”

除了菜品本身外,总统御厨对每道菜配料、用量、出品成盘的要求也十分精细,这给了他们不小的压力。“比如笋干老鸭汤这道菜,汤和鸭的比例,菜里的佐料都有一定的标准。”MarkusRink说,在商定了36道菜以后,他们需要事先一一烧制出来,让御厨团队选择。“欣慰的是,通过努力,我们完成的这36道菜全部被御厨团队选用,口味得到他们的肯定。”

紧急状况也从容

从8月25日开始,为保障与会人员的食品安全,杭州设立了特供食品总仓,所有饭店的食品货源都需要源自于此。而如果宾客的需求不能从特供食品总仓获得,该如何应对?在此次接待服务中,杭州香格里拉饭店就遇到了这样的情况。

9月4日晚上11点,饭店采购部经理陈利国接到临时通知,普京总统要吃烤鸭,由于烤鸭的原料是填鸭,这对于没有准备填鸭的他们来说无疑是一个考验。接到消息后,陈利国直奔饭店并开始联系供应商,“经过多方联系后,终于在次日凌晨一点多找到可以提供原料的供应商,于是他赶紧联系了食品总仓特殊申请了6只填鸭的采购。”为了第二天一早可以拿到鸭子检验,陈利国当晚睡在了办公室的沙发上,第二天早晨6点,鸭子被顺利送去检验,最后按时送到了饭店。

同样的情况还有很多。谢敏表示,由于俄罗斯随行人员的口味以及习惯各不相同,大到食材,小到饮用水的品牌,时常会碰到“他们的需求在我们计划之外”的情况,但最后通过饭店各方积极的协调和沟通,事情都得到了圆满的解决。

24小时不打烊

如果要问峰会期间饭店哪里最忙碌,一定是非宾客就餐区莫属。餐饮服务保障组王冕透露,峰会召开的那几日，宾客就餐区基本日日夜夜灯火通明，无论多晚，他们都会为忙碌的中外籍工作人员敞开大门，端上热腾腾的饭菜。

"由于每位宾客在G20峰会的工作安排、工作性质都不同，因此午饭拖到晚饭时间吃，晚饭拖到半夜吃都是常有的事，而我们要做的就是无论他们什么时间需要服务，我们都能够及时提供，并且始终保持最完美的形象和状态。"王冕同时表示，最忙的时候，他所在的团队一天24小时轮班在岗，他们只能趁着吃午饭和晚饭的时间稍稍休息片刻，之后便要再次精神抖擞地"投入战斗"。

为了给宾客最优质的服务，杭州香格里拉饭店餐饮部一年前就开始对餐厅服务人员进行各项培训，包含礼仪、民俗、语言等各个方面，并做好24小时全天在岗的准备。"事实证明我们的培训是有效的，准备是充足的。尽管餐厅接待体量大，战线长，但并没有出现丝毫差错，反而赢得了宾客的赞许。"王冕说。

谈到G20峰会给饭店服务团队带来的收获时，谢敏表示，G20期间全员上下都绷紧了一根弦，就算当中遇到意外和困难，也都齐心解决，而这种心态和专注不会在G20峰会结束后就消失，而会长久地保持在今后的服务中。"事实证明我们有能力完成如此高规格的接待，那我们就应将这种品质和拼劲保持下去，让它成为常态。"

（案例来源：陶李.杭州香格里拉饭店：用心做好"服务"这道菜[N].中国旅游报，2016-10-20）

二、饭店的组织结构

饭店的组织结构是指根据饭店的经营目标而建立的组织结构形式，从而合理分配饭店人员，明确责任和权力，协调各种关系，促进饭店实现经营目标。

（一）饭店的组织结构的具体模式

饭店的组织结构是决定饭店效率的关键因素，并且随着饭店业的发展而发展。常见的饭店组织结构总体上讲主要有以下三种。

1. 总经理领导下的驻店经理制

总经理对饭店全面负责，并主管主要职能部门，而日常的业务运行则由驻店经理负责。

2. 总经理领导下的副总经理负责制

总经理全面负责，并主管自认为重要的部门，如人力资源部、财务部等，副总经理则按业务专长分管相应部门，分部门对分管理副总经理负责，副总经理对总经理负责。

3. 总经理负责制

所有部门都对总经理负责。

（二）饭店组织结构的组织形式

组织结构可以用来描述组织的框架体系。常见的组织形式有：简单结构（金字塔结构）、直线式结构、职能式结构、直线职能型结构、事业部制组织结构以及矩阵式组织结构。

1. 简单结构（金字塔结构）

简单结构即最高管理层成员由饭店的总经理及助手组成，站在企业整体立场上，对企业进行全面、综合的管理。

2. 直线式结构

直线式组织部门是直接生产产品、提供服务的部门，要求机构简单、权责明确，如饭店中的客房部、餐饮部、前厅部等即属于直线式组织的部门。

直线式结构的优点主要是：结构简单，权责分明，命令统一；组织程序与业务程序简单一致；解决问题及时。其缺点主要是：各级主管的工作极其繁杂，要求管理者具有全面的知识和才能。

3. 职能式结构

职能式结构就是按照基本活动相似或技能相似的要求，分类设立专门的管理部门。

职能式结构的优点主要是：管理职能分工化，可以充分发挥专业人员的作用，使上级集中精力抓大事。其缺点主要是：违反指挥统一原则，形成多头领导，不利于建立责任制，影响管理效能。

4. 直线职能型结构

现有饭店一般的组织结构模式直线职能型结构是目前我国饭店普遍采用的组织形式。这种组织形式是在“直线式”和“职能式”的基础上发展而来的，它吸收了“直线式”对组织控制严密的长处和“职能式”充分发挥专业人员作用的长处，兼有这两种组织形式的优点。

直线职能型结构把饭店部门分为两大类——业务部门和职能部门。业务部门包括前厅部、客房部、餐饮部、娱乐部、工程部；职能部门包括饭店的办公室、人事部、财务部、保安部等。

直线职能型结构的优点主要是：既保持了直线式结构集中统一指挥的优点，又吸取了职能式结构中发挥专业管理部门或专业人员职能作用的长处。其缺点主要是：横向联系复杂；组织程序与业务程序繁杂，信息迂回时间长；最高管理层的管理幅度大；权力过于集中，影响中下层人员的积极性和主动性的发挥，如图 1-1 所示。

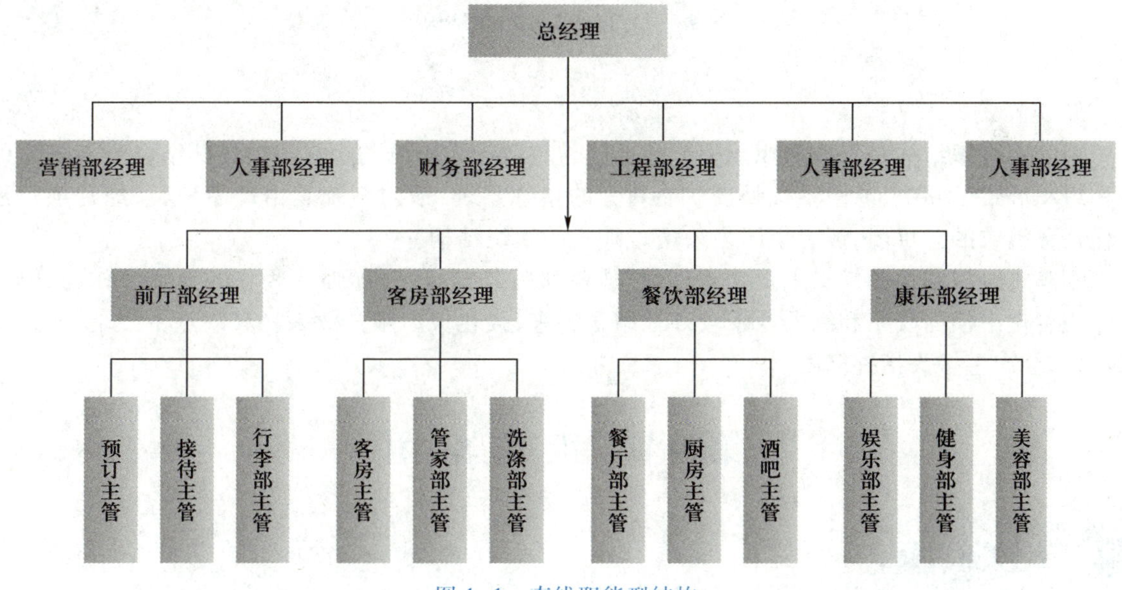

图 1-1　直线职能型结构

5. 事业部制组织结构

采用事业部制组织结构需要具备三个条件：具有独立的产品市场；具有独立的利益；具有足

够的权力,能自主经营。

事业部制组织结构的优点主要是:公司最高领导层不受日常琐事纠缠,可集中精力运筹企业的重大经营决策和发展战略;事业部经营单一产品系列,对产品和销售实行统一指挥,便于根据实际情况灵活地作出决策;事业部领导者和职工的经营观念增强,促使其更加重视经营成果。缺点是:协调事业部横向联系的难度增大;事业部对公司的整体意识减弱,如果处理失当,容易产生本位主义;增加管理人员,增大管理费用。事业部制组织结构如图 1-2 所示。

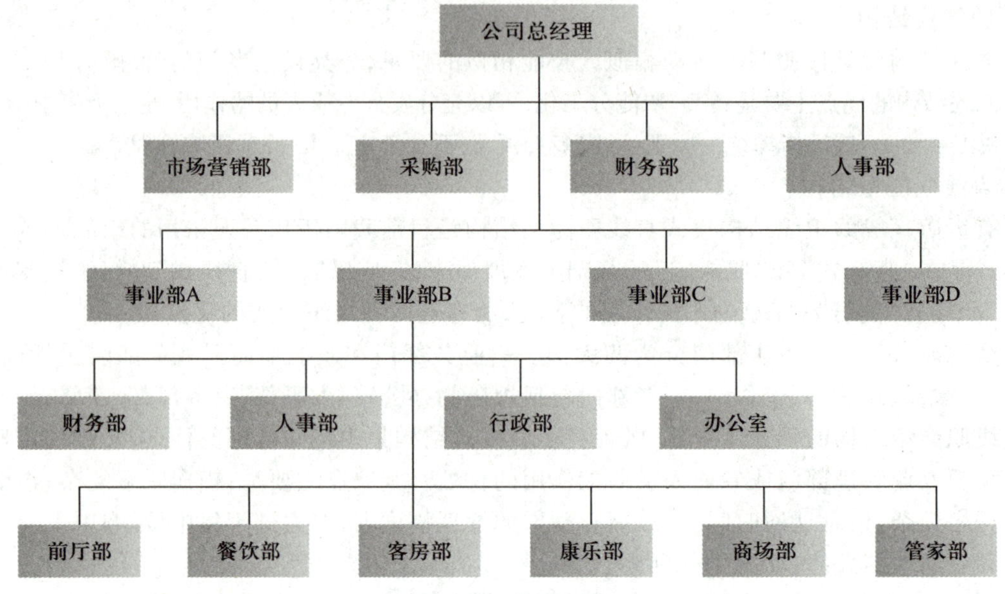

图 1-2　事业部制组织结构

6. 矩阵式组织结构

矩阵式组织结构是指按照职能划分的部门与按照产品划分的小组或项目部结合成矩阵型的一种组织形式。其中,纵向系统是按职能划分的指挥系统,横向系统是由产品种类、经营项目或工作任务组成的。目前,饭店集团多采用矩阵式的组织结构。

矩阵式组织结构的优点主要是:可以打破各部门分割状态,加强一些临时专案工作的开展,使组织管理中横向联系和纵向联系较好地结合起来,强化饭店服务效果。其缺点主要是:如果协调不好,会产生多头指挥问题。

第四节　饭 店 集 团

酒店并购重组,一浪高过一浪

2016 年的中国酒店市场上出现了前所未有的并购浪潮,而且一浪高过一浪。锦江在法国收购卢浮集团,在国内先后收购了铂涛和维也纳集团,使得锦江集团以超过6 800多家酒店和近70万间客房的规模成为雄踞全球第五位的饭店集团;首旅酒店集团在收购了宁波南苑集团后又马不停蹄地实施了与如家集团的重组,使得它以超过3 000家的规模与位居其后的国内饭店集团拉开了距离,这种大手笔、高难度的收购在若干年前是不可想象的。系列收购活动显示中国一些酒店巨头的资本实力和市场运作能力确实今非昔比,同时也在中国酒店品牌发展和资本运作史书上留下了经典案例。此外,境外的万豪集团大手笔收购了喜达屋集团,这两家集团的众多品牌在中国管理着为数不少的豪华酒店,也难免会对中国酒店的市场格局产生影响。当然,收购行为并不局限于标准住宿业,例如,途家先后收购了蚂蚁短租以及携程、去哪儿网旗下的民宿业务,此举使得非标准住宿业态也没有缺席这场资本运作的大戏。

(资料来源:张润钢. 住宿业迎来变革时代[N]. 中国旅游报,2016-12-22)

一、饭店集团的经营形式

(一) 饭店集团的概念

饭店集团,是指在本国或世界各地拥有或控制两家或两家以上的饭店,采用统一的店名、店标,统一的经营管理方式,统一的管理规范和服务标准,联合经营形成的系统,又称连锁饭店。广义的饭店集团包括综合饭店集团、实体饭店集团、饭店管理公司、饭店联号、连锁饭店联合体等。饭店集团以引导市场为主旨,以空间环境为基础,以管理模式为中心,以知识产权为主导,成为提供深度体验产品的全面服务企业。饭店集团的特征主要有以下三个。

(1) 饭店集团一般拥有至少一家属于自己产权的饭店,有其经营管理权,同时也向外输出管理、品牌等。而饭店管理公司一般不拥有产权饭店,只是向外输出管理等。

(2) 饭店集团采取统一的经营管理。包括统一的店名、店标,统一的经营管理方式,统一的管理规范和服务标准,统一的操作程序以及统一的营销等,形成品牌和进入市场推广。例如,首旅建国集团的民族饭店(民族特色商务饭店)和建国饭店(中高档商务型饭店)就是其集团的两大旗舰店。

(3) 饭店集团是饭店的联合经营体,各饭店之间实行联合促销、联合培训、管理输出,以及互荐客源、互为预订等。

(二) 饭店集团的基本模式

一般而言,现在的饭店集团模式主要有四种,分别如下。

1. 实体性的集团

这种饭店集团以资本运作为纽带,只拥有资产,而不一定经营饭店的产业或实业集团,例如香港李嘉诚的和记黄浦、上海金茂集团等。还包括拥有国有饭店资产的中央企业,例如,中国石化、中国电力、中国航空、中国铁路、中国电信、中国烟草、中国银行、中国航天科技、中国中旅、香港中旅、中粮、华侨城等。

2. 饭店管理公司

这种饭店集团是以管理模式和技术为主要纽带,不拥有资产,而通过经营饭店或输出管理技术进行管理的,如四季酒店等。

3. 综合性饭店集团

这种饭店集团是指既拥有资产又经营饭店，同时也输出管理技术，拥有管理、品牌和房地产的所有权的综合型饭店集团。我国绝大多数集团，尤其是国有饭店集团都是这一模式，如锦江集团。而国外成功的饭店集团也基本上是这一类型，这也是 20 世纪 80 年代以来饭店集团最鲜明的一个特征，如洲际酒店集团、希尔顿酒店集团、雅高酒店集团等。

4. 饭店联盟

饭店联盟以共同的关注点为主要纽带，严格地说，就是以市场的一些共同性作为主要纽带的饭店联合体。

（三）饭店集团的结构关系

1. 集团投资拥有形式

饭店集团同时拥有并经营数家饭店，其所有权同属一个饭店集团和企业法人。该经营形式的优点是：节约成本，管理上容易到位并形成独立的风格。这种经营模式对资本的依赖程度比较高，投资回报率一般比较低。该经营形式的缺点是：投资风险大，上缴税率也较高。

例如，欧洲排名第一的法国雅高酒店集团，其倾向直接购买房产，坚持投资新建，采取全资形式，虽然动用资金量比较大，扩张速度慢，但集团的控制力很强，容易形成统一的市场营销网络、坚持标准化经营。

2. 租赁形式

被租赁的饭店的所有权不属于饭店集团，但其经营权属于饭店集团。租赁形式分为完全租赁形式和不完全租赁形式，不完全租赁形式是指可以保留被租赁饭店原有的名称、经营方向和规格。承租的经营公司在立法上完全独立于业主企业，饭店职工属于经营公司，经营公司对职工负责，经营公司必须承担一定的经营饭店的风险。

这种经营模式在经营过程中产生的支出都由租赁者承担，而不是由饭店所有者承担。具体经营的形式可以概括为三种：直接租赁、盈利分享租赁、出售返租赁。

3. 管理合同形式

由于饭店所有者缺乏管理经验或不打算自己经营，而与聘用饭店集团或管理公司签订管理合同，由其来管理或代为经营饭店。管理公司是饭店业主的代理人，饭店职工属于饭店业主，管理公司代表业主管理企业和职工。管理公司只要达到合同目标要求，不承担饭店经营的风险。管理公司对饭店的经营权有一定的自主权，收取管理费和租金。

该经营形式的优点是：以较小的投资扩展饭店集团连锁经营规模，可以不直接投资建设饭店或购买股份就能在世界各地发展饭店数量。这种经营模式对资本的依赖程度比较低，经营过程中的支出都是由饭店所有者承担，其收入按饭店销售额的某个百分比计算，资本回报率比较高。集团连锁的成功与否，一看运营，二看效益，三看与业主的关系。

4. 特许经营形式

特许经营是指某一饭店集团或公司向另一个饭店或公司、投资集团、房地产公司、企业家等出售、转让本集团或公司的特许经营权，与之签订合同，同意使用饭店集团或公司的名称和管理标准、方法等经营业务，饭店集团或公司向获得特许经营权的饭店企业或公司在其饭店选址、开业、人员培训、营销预订与经营管理等方面提供咨询。饭店集团收取特许经营转让费和专利使用费,专利使用费一般按照经营收入或利润等的一定比例按期收取。

特许经营形式的具体内容有以下几方面。

(1) 使用饭店集团或公司的名称、标记、经营程序、操作规范、服务标准。

(2) 加入预订系统和市场营销网。

(3) 饭店建设或改造的选址、设计、可行性方案、资金筹措和经营管理技术的咨询、指导和监督。

(4) 饭店的各项设施和服务要达到饭店集团要求的经营标准。

这种经营模式对资本的依赖程度比较低,其收入来自特许权使用费,投资回报率比较高。这样饭店集团可以节省大笔资金,而实现迅速发展;在向国外发展时,不会因为东道主国家政策的突然变化蒙受特别严重的损失;减少在国外发展所受的阻力,往往因传播先进管理技术、资本以及分给少许利润等而受到所在国的欢迎和重视,通过合作者与所在国政府、社会、民众等处理好关系,树立比较友好的形象;对市场与经济发展状况拥有更加灵活的处理方式;可以为饭店集团的经营活动带来更多的方便,不需要负责员工等一系列问题。

例如,加盟品牌经济型饭店,投资者还需缴纳一定数额的加盟金,以及按饭店营业额的一定比例缴纳品牌管理费和市场营销费。假日集团就是因出售特许经营权而发展起来的,并成为世界首屈一指的大饭店集团的。

5. 合作联营形式

合作联营形式是指一些独立经营的饭店自愿地联合起来,采用统一的标志、统一的预订系统、统一的广告宣传和统一的服务标准的集团形式。各企业在经营管理上、财务上不相关,只是创造总体的形象,增加推销的效果和互荐客源。联合行动所需的费用按一定比例由各成员饭店承担。

合作联营的主要形式是:① 合作经营;② 战略联盟。战略联盟指企业为了保持和加强自身的竞争力自愿与其他企业在某些领域进行合作的一种经营形式。这是一种契约性的战略合作,不必进行一揽子的资源互换或股权置换,也不必形成法律约束的经营实体,仅仅依托契约关系进行合作。饭店业实行战略联盟的范围涉及营销联合、新技术研究开发联合、技术交换联合、供应联合、单项技术转让等领域。

采用战略联盟形式对于我国饭店业集团化具有重要的现实意义,尤其适合于我国饭店业的产权交易相对困难、资产购并又需要大量资金的窘况。

二、饭店集团经营的优势

(一) 管理优势

1. 先进完善的管理体制和高标准的规范制度

饭店集团一般都具有先进完善的管理体制和规范制度,这些制度包括标准化的质量体系、服务体系、财务体系、采购体系等。对于饭店集团而言,旗舰店是其最关键的经营管理优势的发酵源和基地。对于每个层次的饭店,都有相应的品牌。有了成功的旗舰店的管理体制,就可以批量复制到其他饭店。如一家成功的五星级饭店,就可以向集团或管理公司管理的同档次、同类型的饭店输出成功的经营与管理经验。

2. 有效的管理方法和真正的执行力

一般而言，饭店集团都有规范的管理方法，而这些方法不管是能上能下的晋升机制，还是打破大锅饭的激励机制，还是不合格的淘汰竞争机制，都可以促使饭店集团提高劳动生产率，获得更大的效益。

3. 专家和专业人员的巡查、指导与建议

饭店集团一般都配有专家和专业人员，他们会定期对其下属饭店进行巡查、指导、建议，以提高其经营管理的水平。甚至必要时可以派出全副武装的管理者和管理团队，可以很好地把一个饭店的企业组织机构、制度规范、管理团队和文化建立起来，使之快速适应市场、走上正轨。

4. 员工培训

饭店集团可以培养出一流的员工，建立合格的、高效的服务团队。能够有一个全面、科学、经常化的员工培训设施、人员、场所等完整的系统。如集团的旗舰店、专门的培训机构和饭店管理学院、高校的饭店管理学院等。

5. 成熟的企业文化

饭店集团一般都拥有成熟的企业文化，企业文化可以提高员工的认同感，增强组织的凝聚力，杜绝和摒弃一些陋习和不良的心理。

（二）技术优势

技术优势主要包括以下几方面。

（1）提供各种技术上的服务和帮助、培训。

（2）为生产和技术的专业化及部门化提供条件。

（3）为饭店开发阶段或更新改造所需的可行性研究提供帮助。

（4）饭店集团本身往往通过技术的操作来控制成员饭店。

（5）有系统化的技术优势，这些系统包括中央预订系统（CRS）、物业管理系统（PMS）、客户关系管理系统（CRM）、供应链管理系统（SCM）、企业资源计划系统（ERP）等。

（三）财务优势

财务优势主要包括以下几方面。

（1）获得金融机构的信任，有强大的集团作为后盾，声誉好，风险小，容易贷款；往往作为发展中国家或地区的重要引资项目，可以获得很多优惠政策。

（2）获得集团一部分资金，有利于饭店经营。

（3）成熟的财务管理系统、方法与制度，便于管理。因为理财有方往往是饭店或饭店公司经营成功的决定性因素。

（4）上市增强融资能力，获得更多的发展资金。

（四）市场营销优势

市场营销优势主要包括以下几方面。

（1）统一的品牌形象系统。获得较高的声誉和品牌信赖感，使用集团的名称和店标，并且在经营、管理、技术、服务等方面都必须达到相应的要求。因此品牌就意味着高质量的产品、物有所值的服务、满意的消费享受，以及消费者自身利益的保障等。饭店集团最关键的黏合剂就是品牌，不能仅仅靠资产作为纽带整合手段。

（2）统一的市场营销系统。扩大广告宣传，提高饭店的知名度，这是绝大多数单体饭店所无法做到和实现的，因为这需要很大的资金投入、人员的支持等。

（3）先进的客房预订系统。例如锦江国际集团拥有中、英、日、法四种语言的网站。又如7天连锁酒店集团提供已建成国内独家集互联网络、呼叫中心、短信、手机WAP及店务管理系统于一体的系统，24小时为客户提供4种便利预订方式，包括网上预订、热线预订、WAP预订、短信预订，消费者可随时自主选择自己喜欢的方式进行查询、预订。

（4）参与饭店集团的客户奖励计划与营销系统，人性化的客源会员制度。例如锦江饭店的"锦江贵宾计划"、7天连锁的"7天会"等。

（5）客源优势，中央化的客源聚集平台，网络化的客源配送系统，可以招揽团队和会议业务，帮助饭店集团开发更多的市场。

（五）信息化优势

信息化优势主要包括以下几方面。

（1）获得及时的市场各方面的信息，做到知己知彼。

（2）提供统一的经营手册，熟悉经营管理的常规信息。

（3）定期或不定期获得管理信息，了解饭店业最新的管理经验与最新信息，以及同行的经营方略与状况，为经营管理决策提供帮助。

（4）获得内部员工意见信息，通过广大员工对管理与经销的监督和建议，随时改进经营与管理中的不妥和需要改进的方面。

（5）利用庞大的、专业化的信息网络和市场调查系统获得顾客的意见、满意度等，提高其满意度。

（六）中央采购系统优势

中央采购系统优势主要包括以下几方面。

（1）提供标准化的、统一的、稳定的产品和渠道，可避免物品采购中的诸多问题。

（2）价格低廉，有效降低产品和服务的成本，甚至通过横向一体化能够获得高成本原材料的经营利润。

（3）自主设计、规划、制造和生产各种所需的设施、设备和原材料。

（4）充足的饭店用品，保证产品和服务的稳定供应。

（5）控制某些原材料的市场供应，垄断市场。

（七）人才优势

人才优势主要包括以下几方面。

（1）能够吸引各方面的优秀人才。如工程技术、装潢、会计、促销、经济分析、人事管理、计算机技术、食品技术等方面的专家，为饭店集团内的各饭店服务，他们有专门技术，了解集团整体的战略与经营状况，处理事故快，解决问题合理。

（2）饭店集团可以从整个饭店集团的实际需要出发，能够聘请到所需要的专门人才，特别是提供精英的管理团队和职业经理人。

(3) 能留住人才,为员工提供学习的条件、晋升的机会和发展的空间,真正可以实现企业的组织生涯规划与个人的职业生涯规划结合。

(4) 统一的标准培训系统。人才的培训与教育是第一位的,需要既有资源、条件,又有方法和成熟的经验。

(八) 抗风险优势

抗风险优势主要包括以下几方面。

(1) 饭店集团,特别是大型的国际饭店集团,由于它的饭店分布地域广,产品品种多,因此具有较强的市场应变能力。

(2) 经济实力强大,融资能力比较强,使饭店集团具有很强的抗经济风险能力。

(3) 能够获得政府和相应财团、组织的支持,能够获得政策和相关制度的支持,增加其环境适应的能力。

(4) 有足够的手段、资源和成熟的机制来提高危机公关能力。

三、我国饭店集团的现状

我国第一家饭店管理集团(公司)是上海锦江饭店集团,它成立于 1984 年 3 月,现在已经发展成为具有各种功能的饭店管理集团公司。目前,我国本土的饭店集团正处于产业发展成长期,呈现出成长期、转型期市场的特征。30 多年来,中国大陆的饭店集团经历了初创阶段、吸收模仿阶段,并开始进入整合突破阶段。经历了一个从无到有、从小到大,创造、模仿、思索、整合的过程,在数量上与质量上均产生了质的飞越。2015 年美国《HOTELS》杂志公布的全球 300 强饭店集团显示,中国共有 32 家饭店集团上榜。

世界著名酒店管理集团 2018 年排名如表 1-2 所示。

表 1-2 世界著名酒店管理集团 2018 年排名

排名		酒店集团	客房数/间	酒店数/个
2018	2017			
1	1	万豪	1 195 141	6 333
2	2	希尔顿	856 115	5 284
3	3	洲际	798 075	5 348
4	4	温德姆	753 161	86 443
5	5	上海锦江国际酒店集团	680 111	6 794
6	6	雅高	616 181	4 283
7	7	精品国际	521 335	6 815

续表

排名		酒店集团	客房数/间	酒店数/个
2018	2017			
8	8	北京首旅如家酒店集团	384 743	3 712
9	9	华住	379 675	3 746
10	10	最佳西方	260 015	3 324
11	12	凯悦	204 485	779
12	13	格林酒店	190 807	2 289
13	-	卡尔森瑞德	179 379	1 151
14	14	G6 Hospitality	124 739	1 417
15	23	东呈国际	105 951	1 087
16	17	韦斯特蒙特	105 000	507
17	15	马格努森	103 306	1 274
18	16	美利亚	96 956	382
19	22	尚美生活集团	91 106	1 697
20	18	La Quinta inns&Suites	88 400	902

（资料来源：http://www.199it.com/archives/750106.html）

中国饭店集团的国际排名虽然在不断上升，但是与国际知名饭店集团相比，中国饭店业的国际化起步较晚，在全球的影响力还不是很强。由此可见，中国饭店集团与世界知名饭店集团还存在很大的差距，在国际化的发展中仍然存在许多问题。

近几年来，国内饭店集团进行海外收购的案例也越来越多。自从2009年锦江集团收购美国洲际集团后，更多的国内饭店集团对国外饭店进行并购，其中不乏知名饭店如喜来登、万豪，交易金额也都非常巨大。这表明我国饭店集团在海外并购方面的尝试已获得初步的成功，国际化经营的经验也在不断积累。

四、国际著名饭店集团

（一）雅高酒店集团

在法国，提到饭店管理集团，几乎没有人不知道雅高。这是因为雅高集团是一家迄今为止成立50多年、拥有4 000多家饭店的全球饭店网络，遍布140多个国家。其主要的饭店品牌包括：豪华型的索菲特（Sofitel），为国际豪华型饭店，通常位于机场或度假区；商务型的诺富特（Novotel），为中档商务型饭店，位于交通要道与商业繁华区；针对多层中级市场的美居（Mercure），同样是中档商务饭店，但位于城市中心；经济型的宜必思（Ibis），为经济型商务与休闲饭店，至今仍然是欧洲最大的经济型饭店网络；佛缪勒1（Formule 1）为廉价型旅馆；6号汽车旅馆（Motel 6）。

其中，索菲特（Sofitel）豪华型品牌是具有世界一流水准的饭店，集商务与休闲于一体，为旅客提供一流水准、气氛高雅的私人休闲场所。诺富特(Novotel)高级型品牌是具有国际一流水准的现代化商务饭店、合乎时尚的现代饭店,坐落于各主要商业中心。美居(Mercure)是针对多层中级市场的品牌,包括3种标准的饭店、旅馆,其环境舒适,价格合理,主要针对商务客人,同时包括公寓式饭店,每家饭店均反映出每个城市的特色及风土人情。宜必思(Ibis)经济型品牌以其简朴、物有所值的服务、经济实惠而享誉欧洲。

(二)万豪国际集团

万豪国际集团创建于1927年,总部位于美国华盛顿,是一家国际酒店管理公司。旗下拥有万豪(Marriott)、JW万豪(JW Marriott)、万丽(Renaissance,1997年收购)及其属下的万怡(Courtyard)、万豪行政公寓、丽思·卡尔顿酒店(Ritz Carlton,1995年收购)、经济型的Fairfield Inn与华美达国际(Ramada International)、公寓式的Residence Inn及Towne Place Suite、度假式的Spring Hill Suites、分时度假饭店Marriott Vacation Club International等。

(三)四季酒店集团

四季酒店是一家世界性的豪华连锁饭店集团,在世界各地管理饭店和度假区。四季酒店被Travel and Leisure杂志及Zagat指南评为世界最佳饭店集团之一。

四季酒店集团总部位于加拿大多伦多,1960年由Isadore Sharp创办,该集团专门从事中型豪华都市饭店和度假村的建设和物业管理。因为和其他国际饭店集团的多样化品牌模式不同,四季酒店集团实行单一品牌模式,所以对于扩张新饭店十分谨慎。该集团把精力集中在中等规模、品质极优的超豪华旅馆和度假村上。现在四季酒店和度假村饭店集团(Four Seasons Hotels & Resorts)是世界上最大的超豪华饭店管理公司。其标志如图1-3所示。它的总部仍在多伦多,已管理了世界上22个国家的50个饭店,以及即将开业,分布在另10个国家15个正在建设中的饭店,其中包括在中东地区。

图1-3 四季酒店集团品牌标志

其经营理念是:无论位于何地,四季酒店都必须成为人们所认为的那种经营最好饭店、度假区及度假区游乐场所的公司。这样的理念促使四季酒店为满足甚至超出顾客期望而不断奋斗。最新美国《机构投资人》杂志评选的全球十大豪华饭店排名显示,巴黎四季饭店是目前全世界最豪华的饭店,也就是说尽管要支付昂贵的价格,但在巴黎四季能够享受到最好的服务。此外,前十位中另有三家四季饭店,分别位于新加坡、东京和伊斯坦布尔。

(四) 洲际酒店集团

英国洲际酒店集团是世界上最具全球化并拥有客房数最多的酒店集团。

洲际酒店集团成立于1777年,拥有多个闻名遐迩的饭店品牌——洲际酒店及度假村、皇冠假日酒店及度假村、Indigo酒店、假日酒店及度假村、快捷假日酒店、Staybridge Suites、Candlewood Suites等多个国际知名酒店品牌和超过55年国际酒店管理经验。

其中,洲际酒店及度假村品牌是洲际集团中享有极高声誉的品牌,遍布全世界60多个主要城市,为商务和休闲旅行者提供最高品质的服务和设施;皇冠假日酒店及度假村是集团中极富活力的品牌之一,分布在世界40多个国家,为精明的商务顾客和休闲观光客提供简洁、优雅、物超所值的多方位服务;Indigo酒店这一新兴品牌为追求时尚的旅行者提供了独一无二的前卫生活方式,在美国的各个城市、中心城镇、郊区都有分布,靠近城市的商务、餐饮、娱乐区域;假日酒店及度假村为商务、休闲旅行者提供经济、可靠、友善的服务和现代化、便捷的设施,无论是在世界上的小城镇还是大城市,在安静的路边还是极具人气的机场,都能找到它的身影;快捷假日酒店是一种风格极为亲切、清洁、简约的品牌,为顾客提供舒适、方便、物超所值的服务,也是世界上此档位发展最快的品牌之一;Staybridge Suites、Candlewood Suites都是集团中公寓式的商务酒店品牌。

(五) 凯宾斯基酒店集团

凯宾斯基酒店是世界上最古老的豪华酒店之一,始建于1897年。酒店集团则创建于德国,现旗下饭店遍布欧洲、中东、非洲、南美和亚洲,在北京、柏林、布达佩斯、伊斯坦布尔、德累斯顿和圣莫里茨等地拥有45处以上的私人饭店和特色酒店。

在商务旅行市场占据重要地位的同时,凯宾斯基酒店在世界许多重要城市都设有著名的连锁机构,进驻全球度假市场,以满足不断增长的客户需求。该酒店集团目前包含16处环境优美的度假胜地,每处都提供优越的整套休闲设施、豪华水浴和令人惊叹的地理位置。

坐落在世界最著名城市和旅游胜地的凯宾斯基建筑包括风格庄严的饭店、先进的现代化建筑和各具魅力的古老酒店。所有的建筑都优雅地融入周围的环境中,并提供豪华的住宿、超级美食和无可比拟的设施,以及完美的服务。对休闲度假的游客或商务人士来说,凯宾斯基始终都是时尚、尊贵和高效的同义词。

第五节　饭店管理的特点和内容

万豪饭店管理集团:人服务于人

万豪饭店管理集团最基本的理念是“人服务于人”:公平对待每一位员工,同时重视员工的感受,让他们体会到“家”的感觉。万豪饭店近50%的管理人员是从公司内部提拔的,公司的职位空缺要优先考虑内部员工,只有内部没有合适的人选,才从社会上招聘。而向外招聘时,提供的薪资水平一般高出行业平均水平的50%~75%,这不仅考虑了市场的可接受度,而且是考虑了员工能否接受后作出的。饭店是典型的服务业,万豪认为只有公司对员工好,员工才会对客人好。为此,万豪建立了相应系统:员工如果有意见,可以直接寄信给万豪在美国总部的总裁办公室;员工也可以通过热线电话给总裁办公室打电话;每年万豪都会聘请一家第三方公司为其他下属的饭店做匿名的员工满意度调查;万豪还有一个称为 Peer Review 的系统,这个系统类似于美国的陪审团制度。万豪不相信惩罚的作用,而相信奖励的作用。同时,建立公平的竞争机制,尊重员工个人价值,重视感情投资,给予优厚的员工待遇。

(资料来源:王永挺,刘宏兵,盖玉洁.饭店经营管理案例精粹[M].成都:电子科技大学出版社,2017)

一、饭店管理的含义

(一)饭店管理的定义

饭店管理是指饭店管理者在了解市场的前提下,通过执行计划、组织、指挥、控制、协调和激励等职能,使饭店形成最大接待能力,保证实现经济效益和社会效益的过程。饭店管理是从对市场的了解和认识开始的。饭店管理者要了解饭店相关的市场规律、市场状况和客源渠道,并根据市场需求规定自己的作业行为。饭店向客人提供的服务都是具有商品生产和商品交换性质的特殊商品,它同样要依据市场、面向市场。

饭店管理的主要活动是执行管理职能,这是每个管理者的基本职责。现代管理要求管理者精通业务,全面熟悉管理范围内的操作技术,有一定的时间参加与管理岗位相适应的业务操作,但不强调管理者必须参加业务操作活动,而强调管理者必须执行管理职能。

(二)饭店经营的定义

饭店管理实际上既包括经营也包括管理。经营和管理是两个密不可分的概念,但有着不同的内涵。经营是在国家政策指导下,以市场为导向,充分利用市场规律,通过与市场的双向信息交流,对饭店的经营方向、目标、内容、方式、市场策略等作出决策。经营的重点是“眼睛向外”,针对市场、针对需求。管理是为了达到饭店的经营目标,对饭店的人、财、物进行合理的组织、调配和组合,形成饭店的接待能力,最大限度地满足市场需求。管理的重点是“眼睛朝内”,针对具体业务,针对内部的人、财、物、组织、制度等方面。

经营的内容包括:市场状况分析、开发组合饭店产品以求最大可能地占有市场、参与市场竞争、扩大客源市场等;管理包含的主要内容是:根据科学管理原则组织和调配饭店的人、财、物、信息四大资源,遵循饭店业务运转的客观规律使业务正常运营,在业务运转中保证和控制服务质量,激励并保持员工的工作积极性,通过核算工作保证达到饭店经营的经济目标。经营和管理是两个内涵既有区分又有交叉的概念,经营中蕴含着管理,管理中蕴含着经营,二者互相融合、密不可分。饭店管理者必须既懂经营又懂管理,并能把两者有机结合起来且贯穿于实际管理工作之中。

饭店经营管理是指饭店的管理人员为了达到饭店的目标而有意识、有计划地进行各种经济活动的总称。这些活动包括对饭店的经营目标、方针、策略的决策和正确地执行既定的方针、策略，以保证饭店经营目标的实现。

二、饭店管理的特点

（一）饭店业务的特殊性与管理的复杂性

饭店是一种特殊的企业，有其特定的业务内容、特定的运行规律，这就带来了饭店自身的业务特点及由此而形成的饭店管理的特殊性与复杂性。

1. 质量管理是核心

饭店生产和销售的是服务而不是实物产品，客人希望得到的是物质和精神的多重满足，这就给饭店管理提出了更高的质量要求。饭店借助于各种服务设施，通过服务员的服务劳动向客人提供各种旅居生活所需的使用价值。饭店的生产过程是把设施设备的合格效用和服务员的服务劳动结合在一起，产生一种新的使用价值。客人消费饭店产品是就地消费，除了要满足客人旅居生活的物质需要外，还要考虑到饭店服务的无形性，要给客人一种精神和心理的享受，从而使客人在精神上得到满足。饭店产品的特殊性要求饭店产品物美价廉，既要使客人有宾至如归之感，又要提供优质的服务。优质的服务质量是饭店管理的核心问题，它最难于用某种标准来衡量，而人的需求又总是不断提高的。因此，饭店的产品——服务和服务质量管理就成为饭店日常工作的核心，也是永远的管理重心。

2. 整体优化的系统管理是基本要求

饭店业务具有综合协调性，要求饭店管理有系统性，以达到最佳的整体优化目标。饭店是一种综合性的企业，其综合性表现为以下几个方面。

（1）饭店产品的多样性，因为饭店产品具有食、宿、娱、购等多种属性。

（2）各部门提供的服务相互之间具有缺一不可的联系性，因为饭店各项业务不是孤立的，而是相互联系、相互影响，从而形成一个有机的整体。

（3）饭店每项服务的使用价值往往是多个部门同时产生效用时的综合结果。如客人入住，住宿本身是个简单的过程，但这个过程需要提供客房和设施，要锅炉房供暖，配电房供电，空调室调节空气，电视室提供录像电视节目等，由众多的部门同时提供不同的效用在同一空间组合而成一种使用价值。

（4）饭店要在同一时间的不同空间里满足客人不同的多种消费需要，如在同一个时间里，有的客人要休息，有的要就餐，有的要购物，有的要美容，有的要娱乐，这就要求饭店提供能满足多种需要的产品而不至于顾此失彼。总之，饭店产品的高度综合性要求管理有系统性，既要考虑抓好组织工作，又要做好业务组织工作；既要让产品能满足客人需求，又要让各服务项目能适合市场需求，更要求饭店上下左右有高度的一致性，不致缺一而影响全局。

3. 饭店管理的超前性

饭店服务水准的适度超前性，要求饭店管理有相应的超前性。饭店提供的主要是生活服务，面对的是国内外各类宾客，其提供服务的水准是以国际上先进国家的水准为衡量标准，而不是以国内生产力水平和服务水准为衡量标准。这就要求饭店经营管理中，使饭店适应世界潮流，努力保持服务水准的先进水平，跟着时代走，注意国际饭店业发展的新趋势。所以，饭店产品要不断更新，服务质量要日益提高，管理水平更要与时俱进。

4. 饭店培训的日常性

饭店劳动具有明显的独立性和作业的自我制约性，要求员工有高度的自觉性。饭店设备设施日趋现代化，但劳动手段还是传统的手工劳动。劳动形式在饭店表现为分散的、以人为单位的单项劳动，而这些劳动又主要是服务性的，具有就地即时消费的特点。从劳动管理上看，劳动在饭店不存在机器对人的制约性，而是劳动者个体作业的独立性，以致造成劳动个体的劳动状态难于控制。饭店要求员工按服务规程和服务标准工作，但员工是否按标准来要求自己则取决于员工的思想意识和自觉程度。虽然通过员工培训、思想教育、工作激励等方法可以提高员工素质，但饭店的不同职工甚至同一职工在不同时间、不同场合和对不同服务对象所提供的服务往往水平不一、质量不同，这就造成了劳动管理的复杂性和每次坚持服务标准的困难性。

让一家饭店运转起来不难，让一家饭店保持日常的运作也不难，但是要让一家饭店成为卓越的饭店，要真正经营管理好一家饭店却很难。

（二）饭店管理的特点

现代饭店管理的特点主要体现在饭店所具有的整体性、层次性、系统性、涉外性和多样性。具体介绍如下。

1. 整体性

现代饭店本身就是一个有机的整体，饭店所进行的经营管理活动要研究饭店的整体目标、整体功能和整体效用，要使组成饭店的各要素、各要素之间的关系及层次结构都适应整体的需要。现代饭店的整体目标是由各要素综合组成的，现代饭店的整体功能就是这些要素协调作用的结果。现代饭店的整体效用是各要素在其内部相互关系中产生的。饭店管理者要考虑饭店的整体利益，充分发挥饭店的人力、物力、财力以及信息的作用。

2. 层次性

现代饭店管理的层次性，是指饭店管理的阶梯结构。现代饭店管理层次按照管理机构在管理工作中所处的地位，分为最高管理层机构、中级管理层机构和基层管理层机构。最高管理层机构是负责统一领导和管理饭店全部业务经营活动的决策机构。中级管理层机构是处于最高管理层机构和基层管理层机构之间的管理执行机构。其主要职责是组织实现最高管理层机构在某一方面的决定和指示，把最高管理层机构的指示与本部门的职责结合起来，传达给基层管理层机构，以协调组织各部门的经济活动，并就某一方面的管理工作向最高管理层机构提出建议，以达到和实现饭店的经营目标。中级管理层机构起着承上启下的作用。基层管理层机构是现代饭店最低一级的管理层次，又是最低一级的管理环节。饭店根据业务经营的性质、接待服务的任务和管理的需要划分为若干班组，班组要分工负责，完成所承担的任务。这种阶梯结构反映了现代饭店内各要素在整体中的地位、作用和隶属关系。

3. 系统性

现代饭店要建立和健全以总经理为首的统一的、有权威的业务经营管理系统，向顾客提供“一条龙”的系统服务。在顾客从进店到出店的全过程中，饭店各部门应相互配合，为顾客提供系统服务，满足客人住店期间的需求。

4. 涉外性

现代饭店经营管理的业务活动，除接待国内客人外，还大量接待国外客人，因此，现代饭店具有涉外的特性。饭店在经营管理活动中,应根据不同国家、不同民族的生活习惯,安排好各种服务项目,以满足国外客人的需求。同时,饭店管理人员和服务人员要贯彻执行本国有关对外的方针政策,做好各项服务工作,加强各国人民之间的相互了解和友谊。

5. 多样性

现代饭店的客源多样化,客人的需求也各不相同,不仅要满足客人吃住的需要,而且要有多种多样的服务设施和服务项目,以满足客人的各种需要,使他们得到精神上和物质上的满足与享受。

此外,饭店的多样性还体现在创造经济效益的同时,也要创造社会效益,提供日常生活必需之外还应提供业务活动场所,提供物质需求之外还应提供精神享受等。

三、饭店管理的内容

现代饭店是由多种业务、多个部门综合而成的一个整体组织。各部门的接待业务各不相同,这就形成了饭店庞杂的业务和烦琐的事务。在经营管理中,管理者必须抓住饭店管理的基本内容以便管理好饭店。现代饭店管理包括以下几点基本内容。

(一)现代饭店系统管理

现代饭店是一个独立的经济实体,是一个具有综合性和整体性的系统。从系统工程角度来看,现代饭店系统管理包括了饭店系统分析与评价、饭店组织管理系统、饭店计划管理系统和饭店管理控制系统等管理内容。饭店系统分析主要分析现代饭店系统的功能、结构、状态和系统的环境;饭店系统评价主要研究系统绩效的评价方法和饭店系统的优化。饭店组织管理系统主要研究组织管理系统理论、组织效能与组织气氛、饭店组织管理系统的运作与整合、组织制度等方面内容。饭店计划管理系统主要研究计划指标与计划体系、现代饭店计划编制和现代饭店计划管理。饭店管理控制系统主要研究饭店管理控制系统结构、控制系统的运转和控制系统中的可控与不可控因素。

(二)现代饭店资源管理

现代饭店资源管理涵盖面广,涉及内容丰富,它包括现代饭店人力资源管理、财力资源管理、物力资源管理、信息资源管理、时间资源管理和现代饭店形象与口碑管理六大方面。现代饭店的这六大资源既有对内的管理资源,又有对外的经营资源,六者相辅相成,共同构成现代饭店经营管理的资源基础。资源的管理既包括对现有资源的利用,又包括对新资源的开发,它是一个动态的循环过程,管理者应正确地处理利用与开发的关系。

(三)现代饭店服务质量管理

饭店服务质量是饭店的生命线,是饭店的中心工作。饭店服务质量管理主要包括以下内容。

1. 服务质量的认知

认知就是对服务质量有一个全面完整的认识。服务质量是指饭店向客人提供的服务在使用价值、精神上和物质上适合和满足客人需要的程度。服务质量的含义应该包括设备设施、服务水平、饮食产品、安全保卫四个大方面。服务质量是综合性的概念,其中每个元素都会对饭店服务质量产生影响，这就需要在总体上认识饭店服务质量的标准、特性，分析其运行规律，分析每个元素的性质及其对服务质量的影响，研究控制每个元素对服务质量的影响的方法，研究控制服务质量的方法。

2. 制定衡量服务质量的标准

饭店管理者要根据饭店及部门的服务质量要求，分门别类地定出各种衡量服务质量的标准。这种标准一般可以分成两大类：一类是静态标准，如饮食质量标准，卫生标准，水、电、冷、暖设备标准等；另一类是动态标准，如客人投诉率、客房出租率、餐厅上桌率等。各种标准都要详细、具体、明确。

3. 制定服务规程

为了保证服务过程达到标准，需要对服务过程制定服务规程。服务规程是以描述性的语言规定服务过程的内容、顺序、规格和标准，它是规范服务的根本保证，是服务工作的准则和法规。管理人员要重点做的工作是：确定服务规程的形式、制定服务规程、执行服务规程、调整和改进服务规程。

4. 控制服务质量

要落实服务质量标准，必须对服务质量进行控制。对服务质量的控制主要通过建立服务质量评价体系、建立服务质量承诺与保证体系、推行全面质量管理的方法来实现。

丽思·卡尔顿酒店的全面质量管理秘诀

丽思·卡尔顿酒店的成功与其服务理念和全面质量管理系统密不可分。丽思·卡尔顿酒店的服务理念来源于这个品牌的创始人里兹先生。丽思·卡尔顿酒店在其服务理念的指导下，于1992年获得了美国波多里奇国家质量奖。获奖之后，公司管理部门在整个公司内提升了服务质量的标准，管理层通过修补公司战略计划进程，使其更加系统化。为了使质量理念更全面、更深入地进入公司各层面，管理层对全面质量管理体系进行了提炼。重新评估之后的质量成果是一本名为“绿书”(Green Book)的质量手册，“绿书”是记录丽思·卡尔顿酒店质量进步和质量工具的手册，雇员人手一册。丽思·卡尔顿酒店的质量管理始于公司总裁、首席经营执行官与其他13位高级经理。公司提出，无论总经理还是普通员工都要积极参与服务质量的改进。公司的第一项质量策略就是“新成员饭店质量保证项目”，高层管理者确保每一个新成员饭店的产品和服务都必须满足顾客的期望。这一项目始于一个叫作“7天倒计时”的活动，高层经理亲自教授新员工，所有的新员工都必须参加这项活动，公司总裁向员工们解释公司的宗旨与原则，并强调100%满足顾客的需求。

（资料来源：王永挺，刘宏兵，盖玉洁.饭店经营管理案例精粹[M].成都：电子科技大学出版社，2017）

（四）现代饭店业务管理

业务管理的目的是保证饭店业务的正常开展。饭店业务是由每个部门所承担的业务组成的。因此，饭店里的每一个部门、每一个管理人员都有所属的业务管理范围。管理人员的业务管理就是对所辖的业务进行事前、事中和事后的管理。管理人员要明确饭店的业务范围，对管理范围内的业务性质、业务内容要有深刻全面的认识。合理地设计业务过程，有效地组织指挥业务活动，设计与设置业务信息系统和财务控制系统，科学配备人员、安排班次，是有效地进行饭店业务管理的重要内容。

（五）现代饭店安全管理

饭店的安全包括饭店自身的安全和客人的安全两部分。饭店自身的安全主要指饭店的财产安全和饭店员工的人身安全两个方面；客人的安全包括客人的人身生命安全、财产安全和隐私安全三个方面。现代饭店安全管理主要包括以下几方面的内容。

1. 建立有效的安全组织与安全网络

现代饭店的安全组织与安全网络由现代饭店的各级管理人员和一线服务员组成，他们与现代饭店的保安部共同完成安全管理。安全管理工作的内容包括现代饭店的消防管理、治安管理以及日常的楼面安全管理。

2. 制订科学的安全管理计划、制度与安全管理措施

现代饭店安全管理计划、制度与安全管理措施包括：犯罪与防盗控制计划与规律措施，防火安全计划与消防管理措施，常见安全事故的防范计划与管理措施。安全制度包括：治安管理制度、消防管理制度等内容。

3. 紧急情况的应对与管理

一般指饭店出现停电事故，客人违法事件，客人伤、病、亡事故，涉外案件以及楼层防爆等紧急情况的应对与管理。

“秘鲁币”充当港币

一天凌晨04:30，某酒店总台小宋接待了两位持香港护照的客人要入住房间。当得知只有三人间时，这两位客人称没有足够的现金交付押金，要求用港币兑换人民币。客人取出一千元港币兑换人民币，兑换好后便办理了入住登记。客人又称明日要签合同需交手续费要求再兑换一千元港币，收银员小宋以钱不够为由拒绝了兑换，客人在一片抱怨声中询问客房位置离开总台。事后，小宋想再查看一下港币，发现上面的一行英文字母不符合英文规范，经查询刚为客人兑换的是秘鲁币，马上让监控中心查看客人有无进房间。当得知客人根本没有进房间而是坐车离去，小宋方知被骗，及时将情况汇报酒店相关领导。事件发生后报公安机关备案。

（资料来源：根据网络资料整理）

四、饭店管理的基本方法

饭店经营管理的目的是最大限度地发挥饭店的效能，使饭店能以最低的消耗产生最大的效益。为了达到这一目的，饭店的管理人员必须采用适当的管理方法来保证饭店经营管理活

动的正常开展。目前,我国饭店常用的管理方法主要有经济、行政、法律、定量分析管理、职能管理和行为科学等方法。这些方法在管理过程中相互渗透、相互制约、相互联系,其中以经济方法为主。

(一) 经济方法

用经济方法管理饭店是指按照客观经济规律的要求,依靠经济组织,利用经济核算、经济杠杆(价格、成本、利息、工资等)来管理饭店。经济方法的实质是以物质利益为动力去调动员工的积极性,其特点是利用经济杠杆的作用来影响和诱导管理对象的行为,按客观经济规律办事,采取与管理目标相一致的经济措施。用经济方法管理饭店,要求管理者尊重和利用客观经济规律,只有符合客观经济规律的经济方法,才能把饭店员工的经济活动引导到实现饭店经营目标的轨道上来。实行经济方法管理饭店,必须使饭店真正成为自负盈亏、自主经营的经济实体,建立健全经济核算制度,真正让经济方法发挥作用。

(二) 行政方法

利用行政方法管理饭店,就是管理人员按照民主集中制原则,依靠饭店各级组织机构以及管理人员的权威,用指令性的计划和命令、指示、规章制度等强制性的手段来控制和管理下属员工,从而达到管理饭店的目的。运用行政方法首先要建立健全饭店的各级组织机构,按决策(总经理)、管理(部门经理、厨师长等)、执行(主管、领班)和操作层(饭店服务员和其他工作人员)四个层次来组建机构,按照行政管理程序发布指令、贯彻执行、检查反馈和协调处理。行政方法对于管理对象不是间接地施加影响,也不是提建议,而是直接地指挥和控制,因此具有强制性、直接性、明确性等特点。它是饭店管理中不可缺少的方法。在运用行政方法时,要注意对客观经济规律的研究,注意同经济方法相结合,克服官僚主义和滥用职权。

(三) 法律方法

用法律方法管理饭店,是国家有关部门将饭店管理中比较稳定、比较成熟、带有规律性的经验以立法的形式规定下来,以保证饭店经营管理活动的正常进行,并用以调整饭店内外部各种经济关系。法律方法较之行政方法更为稳定、更具有权威性、更具有强制性。法律条文一经确定,便不可轻易更改,违反者将受到法律制裁。因此,法律方法是解决经济纠纷的重要工具,是饭店开展经营活动的有力保证,也是同损害饭店利益的行为做斗争的有效手段。用法律方法管理饭店,要求管理者了解国家的有关法律,并在国家法律允许的范围内开展经济活动。

(四) 定量分析管理方法

饭店管理中运用量化手段是指通过对管理对象数量关系的研究,遵循其量的规律性来进行管理。定量方法在管理中,主要运用于资金管理、财务管理、投资管理、物资管理、市场管理、市场预测和经营决策等方面。通常是建立一些数学模型,将一些问题定量化,通过计算得出有关数据,从而为经营管理决策提供依据。目前在饭店管理中可用的数学模型有:ABC 质量分析法、物资购置的经济批量公式、ABC 库存管理法、盈亏平衡点分析法、定量预测方法、投资效益分析法、计划管理的网格技术和线性规划等。为了更好地发挥定量方法的作用,必须在日常的经营管理中注意各种原始数据的记录、积累、整理、分析,使之成为定量分析的基础。定量方法的主要过程是计算,电子计算机技术可以运用于饭店管理。定量方法是运用数学手段进行管理,参与管理的主观因素较少,具有准确可靠、节省人力与物力的优点,但它解决不了饭店管理中存在的众多不可控制因素,在许多重大问题的决策上最终还是离不开人的判断。

(五)职能管理方法

管理作用于饭店,使饭店能按照自身的发展规律存在和发展,使饭店的业务活动能按饭店的经营目标进行,关键在于饭店管理者运用饭店的职能管理方法。饭店管理职能的执行,目的是合理地组织饭店的业务活动,扩大饭店的接待能力和经济效益,维护和改善饭店的运营体系。饭店的职能管理方法是通过具体职能体现出来的,即通过计划、组织、指挥、控制、协调和激励等职能来发挥作用。

计划职能是确定饭店的经营方针,规划经营目标和规定实现目标的途径方法的管理活动,是饭店管理中最重要的职能。组织职能是为了实现饭店的决策目标,对饭店的组织结构进行合理的设置,对人力、财力、物力进行合理的分配,对业务活动进行合理的调配和分工协作的一种职能管理方法。指挥职能是饭店管理者凭借其权力和权威,对指挥对象发出指令,使之服从代表饭店目标的统一行动。控制职能是饭店管理人员依照市场信息和内部信息,按决策目标和规定的标准对饭店经营活动进行监督、调节、检查、分析,使之不发生偏离经营目标的职能管理方法。协调职能是管理人员通过对不同业务之间的调整、联络等活动,使各部分业务活动和谐一致,以达到饭店的经营目标。激励职能是通过调动人的积极性来发挥效能。职能管理是饭店业务活动管理的最重要手段之一。

(六)行为科学方法

用行为科学方法管理饭店,是运用社会学、心理学、组织学等现代行为科学理论,分析研究饭店中人的行为以及这些行为产生的原因,根据人的行为规律进行管理。管理是协调他人的行动,并通过他人的行为收到预期效果。饭店管理中最重要最活跃的因素是人,员工的积极性和创造性是实现饭店各项目标的最根本因素。但员工的积极性和创造性,受员工需求的满足程度、动机、情绪、思想状况以及在劳动过程中的人际关系等因素的影响和制约。行为科学方法就是通过对员工行为规律的分析研究,来激励、控制和改变员工的行为,使员工追求的行为和饭店的目标趋向一致。行为科学方法涉及个体行为、群体行为、领导行为和组织行为四个方面的问题,是饭店管理中激励员工发挥创造性才能的重要方法。

本章小结

本章主要介绍了饭店的一些基础知识,为学生进一步学习饭店相关理论打下基础。主要内容包括:饭店的含义、饭店的类型和饭店的等级划分;世界和中国饭店的发展历程;饭店产品和饭店组织结构;一些世界著名的饭店集团;饭店管理的特点、内容与常用方法等;我国饭店常用的管理方法,主要有经济、行政、法律、定量分析管理、职能管理和行为科学等方法。

课后案例

希尔顿的经验与格言

康拉德·N.希尔顿(Conrad Nicholson Hilton),希尔顿酒店的创始人,他1887年生于美国新墨西哥州圣安东尼奥镇,1979年1月3日病逝,享年92岁。他所创立的希尔顿“旅店帝国”现已延伸到全世界,成为世界著名的酒店集团。

希尔顿生前始终担任着希尔顿酒店公司和希尔顿国际酒店公司的董事长,他的成功经验十分丰富。他在1957年出版了一本自传,即《来做我的贵宾》。在书中,他认为要经营管理好酒店,始终需要关注下列5个方面的问题,即人们对酒店的要求、合适的地点、设计合理、理财有方和管理优良。他特别指出,希尔顿酒店发展成功的经验主要有以下7点。

一是每一家酒店都要拥有自己的特性,以适应不同城市、地区的需要。要做好这一点,首先要挑选能力好、足堪胜任的总经理,同时授予他们管理好酒店所必需的权力。

二是要编制预算。希尔顿认为,20世纪20~30年代美国酒店业失败的原因,是由于美国酒店业者没有像卓越的家庭主妇那样编制好饭店的预算。他规定,任何希尔顿酒店每个月底都必须编制当时的订房状况,并根据上一年同一月份的经验资料编制下一个月每一天的预算计划。

三是集体或大批采购。希尔顿酒店系统的桌布、床具、地毯、电视机、餐巾、灯泡、瓷器等21种商品都是由公司在洛杉矶的采购部订货的。每年光火柴一项就要订购500万盒,耗资25万美元。由于集体或大批量购买,希尔顿酒店公司节省了大量的采购费用。

四是“要找金子”。挖金是希尔顿从经营莫布雷旅馆取得的经验。他买下莫布雷旅馆后做的第一件事就是使每一平方米的空间产生最大的收入,他使得旅馆内凡是能住人的地方都住了客人。

五是特别注重对优秀管理人员的培训。希尔顿酒店的管理人员都由本系统内部的员工晋升上来,大部分酒店的经理都在本系统工作12年以上。每当开发一家新的饭店,公司就派出一支有多年经验的管理小分队去主持工作,而这支小分队的领导一般是该公司的地区副总经理。

六是强化推销努力。这包括有效的广告、新闻报道、促销、预订和会议销售等。

七是希尔顿酒店之间的相互订房。随着希尔顿系统酒店数量的增加,酒店之间的订房越来越成为有力的手段。希尔顿酒店系统每个月要为3 500名酒店顾客预订其他城市的希尔顿酒店。为此,希尔顿酒店预订系统早就实现了全球计算机联网。

此外,希尔顿先生著名的治身格言是:勤奋、自信和微笑(Diligent,Confident and Smile)。

(资料来源:环球资讯网)

案例思考题

1. 你住过希尔顿酒店吗?说说你对希尔顿酒店的印象。

2. 你觉得希尔顿酒店成功的主要原因是什么?为什么?

复习思考题

1. 根据饭店计价方式分类，饭店可以划分为哪些类型？
2. 简述世界饭店发展的阶段及各阶段发展的特点。
3. 简述饭店产品的构成及特征。
4. 怎样理解饭店产品的强文化性？
5. 为什么说饭店生产和销售的是无形产品？
6. 简述饭店集团经营的主要优势。
7. 列举两个中国著名饭店管理集团的名称及经营特色。
8. 饭店管理的基本方法有哪些？

第二章 饭店资源管理

学习目标

1. 掌握饭店品牌、品牌营销、文化品牌营销的意义、战略选择及建设内容
2. 理解饭店人力资源管理的基本概念和理论知识
3. 了解饭店财务管理、物资管理的基本概念和程序

课前案例

旧上海饭店业的经典之作，新上海老饭店涅槃重生的典范

上海和平饭店原名华懋饭店，位于上海市南京东路20号，地处上海具有百年历史的著名的金融商业中心——外滩。它历史悠久，声誉卓著，欧式建筑风格的大楼风姿绰约，犹如镶嵌在外滩外万国建筑博览群中的一颗明珠，熠熠生辉。

和平饭店分南楼和北楼。北楼原名华懋饭店，也称“沙逊大厦”，建于1929年，由当时富甲一方的英籍犹太人爱丽丝·维克多·沙逊建造。南楼原称汇中饭店，1908年竣工，由马礼逊洋行的建筑设计师高托设计。和平饭店整个建筑属芝加哥学派哥特式建筑，楼高77米，共12层。外墙采用花岗石块砌成，由旋转厅门而入，大堂地面用乳白色意大利大理石铺成，顶端古铜镂花吊灯，豪华典雅，有远东第一楼的美誉。饭店落成以后，无论建筑设计，还是装潢艺术，在当时都是无与伦比的。它那摄人心魄的魅力表现在它所营造的那种无时无刻不在散发着的欧洲古典宫廷的艺术气韵。最令人叫绝的是在几个餐厅和会客厅里镶嵌着的若干块尺半见方的拉利克艺术玻璃饰品，有花鸟屏风，有飞鸽展翅，有鱼翔浅底。置身其中，恍然进入了一个水晶世界。华懋饭店，当时主要接待金融界、商贸界人士和各国名流。如美国的马歇尔将军、司徒雷登校长等。20世纪三四十年代宋庆龄、鲁迅曾来饭店会见外国友人卓别林、萧伯纳等。改革开放后，这里曾接待过英国女王伊丽莎白二世，法国前总理密特朗，美国前总统克林顿等。近年来，和平饭店和国际知名高端饭店品牌贝尔蒙特合作，对客房、餐厅等进行了更新改造，而建筑风格仍保持着当年的面貌。下榻于此的宾客仿佛置身于时间隧道，在现代与传统、新潮与复古的融合、交错中浮想万千。和平饭店犹如凤凰涅槃,再获新生。

(资料来源:李伟清.酒店经营管理原理与实务[M].北京:中国旅游出版社,2012)

思考题

上海和平饭店用了怎样的奇招妙术,将饭店经营得至今仍光彩照人?

第一节 饭店品牌管理概述

在当前激烈的饭店业竞争市场,饭店产品的竞争已逐渐演变成饭店品牌之争了。品牌是饭店竞争力的重要体现,谁拥有更知名的饭店品牌,谁就能更快地抓住消费者的视线,形成“眼球经济”,抢占更大的国内外饭店市场。因此,树立知名的饭店品牌是当前众多饭店企业所竞相追逐的目标,饭店品牌营销的重要性更是不可忽视。

一、饭店品牌概述

品牌是一个综合的概念,既有表现品牌形式的要素,也有表现品牌内涵的要素,但是能看得见、摸得着、感受得到。饭店品牌,实际上是商标、商号(字号)、商誉等的统称,目的是使自身与竞争对手的产品和服务区别开来。饭店的客房、设备设施、菜点、就餐环境和服务是饭店品牌的物质载体,名称是饭店品牌的形象符号,商标是饭店品牌的法律界定。只有当一个名称与饭店所能提供的产品、服务和消费者体验等建立起了联系,并产生认同时,该名称对饭店才有速记作用,才形成饭店的品牌,才能体现品牌的价值。

品牌是企业的一种无形资产、重要的知识产权,它有着一定的社会影响力,能提升饭店的价值,具有增值效应。当一个品牌享有相当知名度的时候就成为名牌,其结果是市场向名牌集中,消费者向名牌靠拢,利润向名牌集中,资本向名牌集聚,从而提高了饭店自身的竞争力和获利水平。

在饭店市场上,企业依靠品牌营销战略获得成功的案例比比皆是。闻名世界的假日、希尔顿、雅高、巴斯等是早已为人们所熟知的国外品牌,国内也涌现出一大批地方性的乃至影响全国的饭店品牌,如上海锦江、香格里拉、北京王府、如家等。

(一)饭店品牌的构成

饭店品牌由三个要素构成,即饭店品牌名称、饭店品牌标志和商标。

1. 饭店品牌名称

任何一个饭店品牌都必须有名称(通常也称商号),这是合法经营所必须具备的。我国饭店品牌名称一般用中文表示,也可以用英文或数字表示,品牌名称可以国际国内通用,发音会略有不同。饭店品牌名称涵盖了饭店产品和文化属性的内容,所以饭店品牌名称是饭店产品及其他特质的识别标志,能使人联想起该品牌的产品、服务、价格、文化理念等。好的品牌名称首先就为饭店树立产品的品牌形象建立了良好的传播基础,有利于品牌的宣传和产品的销售。

2. 饭店品牌标志

饭店品牌标志即饭店品牌的形象符号,它是品牌形象化的标识符,可以形成内容丰富又高度抽象的概念,主要起速记、识别和传播的作用。形象符号可以唤起人们对该品牌的联想,有利于形成品牌的个性,便于识别和记忆。

3. 商标

商标是从法律上来保护饭店品牌的。商标作为品牌的法定标记,可区分经营者的身份,涉及饭店品牌在什么区域及什么样的产品范围内受到保护。商标的设计要符合《商标法》,注册后受《商标法》保护。商标是知识产权中的一个类别,在市场上是区别和验证商品和服务的标志,是整个品牌战略运作的依据和关键。

(二)饭店品牌的表现形式

品牌在饭店业的应用非常广泛。按照使用范围不同,我们可以把酒店品牌分为企业品牌和服务品牌两种形态。

1. 企业品牌

饭店品牌作为一个企业品牌,往往是以饭店公司或单体饭店的母公司作为整体形象而设计的品牌,如温特姆(原圣达特)集团、雅高集团、万豪国际集团等。

2. 服务品牌

一般来说,饭店产品是依托饭店设施的种种服务和产品。因此,服务品牌是饭店品牌的基础和核心,共享同一服务品牌的饭店具有相同或相似的目标市场、服务设施和服务标准等。因此,宾客入住美国的假日酒店或北京的假日酒店时,整体感觉或许并无二致。

对顾客来说,服务品牌是他们更关心的品牌。至于服务品牌背后的企业是谁,客人则很少在意。例如,半个多世纪以来,在饭店业享有盛誉的假日酒店,其企业品牌几经更换,先是从假日集团到巴斯公司,后来巴斯公司又组建了对口酒店业的六洲集团来接手假日酒店,现在六洲集团也改了名字,成为洲际酒店集团。企业品牌的多次更替,并不影响假日酒店成为世界最大的饭店品牌之一。假日酒店至今仍在众多饭店服务品牌中名列前茅。

需要说明的是,饭店品牌伴随着饭店服务质量和管理水平的提高而逐步出现,它的两种形态是相互依托的。有的饭店公司的服务品牌和企业品牌采用了同一核心名称,如香格里拉酒店集团的豪华酒店品牌仍是“香格里拉酒店”。但是不同形态的饭店品牌分别使用不同名称的现象在发展成熟的国际酒店公司中更普遍一些,如跻身全球500强的温特姆集团(原圣达特集团),其旗下的服务品牌有天天客栈、豪生、华美达、速8等,都没有采用企业品牌,但是它的子公司豪生国际酒店集团的主要服务品牌仍是豪生;雅高(Accor)集团的酒店服务品牌中也没有一个以“雅高”为名,全部都是另行确立的,如索菲特(Sofitel)、诺富特(Novotel)、宜必思(Ibis)和6号汽车旅馆(Motel 6)等。

(三)饭店品牌的作用

1. 识别作用

品牌可以帮助消费者辨认出品牌的制造商、产地等基本要素,从而区别于同类产品。饭店品牌包含着其所提供的服务产品的功能、质量、特色、文化等丰富的信息,在消费者心目中代表着服务形象和饭店形象。在市场营销中,消费者对品牌产生一种整体感觉,这就是品牌识别。当消费者购买饭店的服务产品时,他们的购买行为首先表现为选择、比较。而品牌在消费者心目中是服务质量的标志,它代表着服务的品质、特色,即识别的感觉,通过这种感觉确定是否购买这种产品。

2. 促销作用

由于饭店品牌代表着不同的服务特色和品质，消费者常常按照品牌选择产品，因此品牌有利于引起消费者注意、满足消费者需求、实现扩大产品销售的目的。加上消费者往往依照品牌选择产品或服务，促使饭店会更加关心品牌的声誉，不断创新服务产品，加强质量管理，树立良好的饭店形象，使品牌经营走上良性循环的轨道。

3. 增值作用

品牌是饭店的无形资产，它本身就可以作为商品被买卖，具有很大的价值。品牌的价值对于拥有它的饭店来说，要通过产品的销售才能体现出来。产品中包含的品牌价值不同，产品的价值也会有很大不同。如假日酒店等品牌形象价值达上百亿美元，品牌已成为假日集团核心竞争力的外在体现。

4. 宣传作用

饭店品牌形成后，就可以利用品牌的知名度、美誉度传播其名声，宣传地区形象，甚至宣传国家形象。

5. 内敛效应作用

名牌的内敛效应聚合了员工的精力、才力、智力、体力甚至财力，使酒店得到提升。譬如在假日酒店、四季酒店、希尔顿酒店、凯悦酒店、香格里拉酒店，它们的良好形象及生活、工作气氛，使员工在经营中会产生自豪感和荣誉感，并能形成一种酒店文化，给每一位员工以士气、志气，使员工精神力量得到激发，从而更加努力、认真地经营。

（四）饭店品牌的功能

饭店不仅提供实物产品，而且提供无形的服务，这就决定了品牌对企业、顾客具有不同的功能。

1. 饭店品牌对饭店的功能

(1) 强化饭店个性，提高品牌认知度。史蒂芬·金说过："产品是在工厂所生产的东西，而品牌则是消费者所购买的东西。一件产品可以被竞争对手模仿，但品牌则是独一无二的。产品很快会过时，而成功的品牌则是持久不变的。"同等级饭店产品的差异性很小，同时没有专利保护，极易被竞争对手模仿，鲜明的饭店品牌使得客人在众多品牌中对自己中意的品牌印象深刻。品牌在营销传播的过程中相当于饭店的名片，饭店通过自己独特的品牌，来体现差异，提高消费者的认知度。

(2) 传递产品信息，促进产品销售。饭店产品的无形性决定了在消费者购买前无法当场展示，消费者只有通过产品的有关信息来做出购买决策，品牌作为饭店产品和服务的综合体现，有效地向顾客传递了产品和服务的质量信息。当我们看到里兹·卡尔顿会想到豪华、高品质，看到如家客栈会觉得温馨、亲切……这种感受来自品牌无形中向我们传达的饭店形象，并促成购买行为。

(3) 提升产品价值，提高经济效益。产品与品牌的主要区别就在于"附加值"。其一，顾客购买著名品牌的产品，不仅获得物质上的满足，还获得心理上的满足，所以，即使价格高于同类产品，也乐于接受；其二，饭店拥有了知名品牌，就等于拥有了竞争优势，可以获得较高的利润率和市场占有率；其三，品牌是饭店的无形资产，本身也具有很高的价值，因此可以提高饭店经济效益。

(4) 增强竞争能力，实现市场扩张。当今许多饭店重要的营销手段是饭店品牌营销，它以塑造品牌、提升品牌价值为核心，对广告、公关、促销等各种营销方式进行有效整合。通过对产品和服务的营销，提高饭店持久的竞争优势，形成饭店的核心竞争力。因此，饭店品牌是进行国际化经营和企业对外竞争的有力武器，品牌输出成为跨国经营的主要手段和途径，国际饭店集团就是利用品牌抢占中国市场并获得竞争优势的。

(5) 发挥凝聚功能，吸引优秀人才。从内部营销的角度看，品牌可以聚拢人才。人们都愿意到有名的大公司去工作，饭店品牌的美誉度和强大社会影响力会使员工充满自豪感和工作热情，有利于员工实现自我价值，对员工会产生强大的吸引力。拥有优秀的人才还是饭店持久发展的保证。

2. 饭店品牌对消费者的功能

(1) 降低购买风险。优质品牌是饭店对市场的一种承诺，它以长期稳定的服务质量和良好的信誉为基础，赢得客人的信赖。顾客购买品牌产品，无疑会降低购买风险。

(2) 减少购买成本。品牌充当了产品质量和价格的识别信号，客人不必花费很多时间搜寻，便可选择他所需要的酒店，从而减少了购买成本。

(3) 满足高层次需求。与普通商品相比，人们往往愿意付出更高的价格选择名牌，在饭店业更是如此。因为豪华和高档的饭店品牌对顾客来说是一种身份和地位的象征，不仅满足客人对饭店功能性的需求，更重要的是可以满足客人高层次的精神需求。

(五) 饭店品牌的定位

1. 饭店品牌定位的基础

(1) 心理基础。简单地说，品牌定位就是树立形象，目的是在目标顾客心中确定产品及品牌与众不同的有价值的地位。从某种意义上说，品牌定位实际上是一个基于心理过程的概念。消费者购买过程中存在信息不对称问题，那么买或不买某一产品，在很大程度上取决于对该产品认知的积累。消费者选择某品牌的主要依据，在于该品牌所能带来自我个性宣泄的满足，在于品牌形象对他们持续而深入的影响。而品牌定位就是塑造成功品牌形象的重要环节，是求得目标顾客认同与选择的重要手段之一。

对饭店而言，为产品在消费者心目中树立一个鲜明的形象，即进行品牌定位是非常必要的。特别是在买方市场条件下，饭店产品竞争激烈时，品牌定位更是影响企业成功的重要因素。饭店要善于分析消费者对饭店产品需求的心理特征，通过理性的、感性的或情感的品牌定位方式，达到塑造饭店形象、赢得发展的目的。

(2) 市场细分基础。品牌定位不是盲目的，而是针对目标市场的，其前提是市场细分。通过市场的细分，饭店能发现市场机会，从而设计、塑造出独特的产品或品牌个性。

2. 饭店品牌定位策略

(1) 心理迎合。心理迎合的目的是使品牌的心理定位与相应产品的功能、利益相匹配。消费者的认同和共鸣是产品销售的关键。定位需要掌握消费者心理，把握消费者购买动机，激发消费者的情感，不失时机地进行市场调查。如柏悦酒店，无论其外观还是服务，都让顾客有一种与众不同的感觉，好像在家里，又似乎在赴一个贵族家庭的邀请。

饭店成功心理定位要把握以下几点。

① 必须抓住要点，不求说出产品全部优点（要以产品真正优点为基础），但求说出相异点。

② 应能引起消费者共鸣。定位要有针对性，针对目标顾客关心的问题和他们的欣赏水平，引起目标消费者的共鸣。

③ 定位必须是能让消费者切身感受到的。若不能让消费者评定品质，则定位便失去了意义。

（2）审视品牌环境。审视品牌环境的目的是使品牌定位与饭店资源相协调。受产品有用性因素的限制，品牌定位必须考虑产品本身的特点，突出产品特质，使之与消费者需求相匹配，从而塑造出个性化的品牌。

（六）饭店品牌的推广

饭店品牌推广是指饭店品牌经营者根据自己品牌的优势所在，用恰当的方式持续地与消费者交流，促进消费者理解、认可、信任和体验，产生再次购买的意愿，不断维护对该品牌的好感的过程。

1. 大众传媒推广

饭店可以利用某种大众传媒，如电视、广播、报刊等，向饭店品牌的目标消费群体进行品牌推广。不同的传媒传播效果不相同，饭店在进行品牌宣传时，其目标是找到一种媒体组合，以使传播成本最低，而传播效果最理想。

2. 联合推广

饭店可以参与的各种联合促销活动主体包括目的地、国家或地区的酒店业、旅行社业和旅游交通业等。当两个或两个以上的旅游供应商认为合作而不是相互竞争会带来最大利益时，会产生地区之间的联合营销活动。这种情况下会开发跨目的地的包价旅游和熟悉线路旅行项目。

3. 公共关系推广

公共关系指能够促进饭店与社区和一般公众的关系的一切手段，它包括支持慈善活动、艺术表演和教育事业或其他活动，参与当地社区组织以及市民项目和活动等。成功的公共关系活动不仅需要良好的意愿，而且需要通过新闻稿、报纸杂志等媒介向饭店内部与外部公众沟通，传播其业绩、行为和观念等信息。

二、饭店品牌营销

饭店实施品牌营销的最终目的是在消费者及公众心目中形成独一无二的、有别于其他竞争对手的品牌形象，凭借这种品牌形象，品牌拥有者可以获得产品溢价，培养忠诚顾客，巩固自己的市场地位，并且进行扩张，但归根结底，品牌营销是要形成自己的品牌价值，并且借助品牌价值以及品牌的特性使饭店不断地获取利润。品牌是有价值的，但品牌的价值是无形的甚至是难以估量的，虽然品牌不像饭店的其他有形资产那样能直接体现在资产负债表上，且现在对品牌价值的评估未形成统一的标准，但品牌是饭店的一项重要无形资产已是事实，甚至这项无形资产的价值已经超过饭店有形资产的价值，并且成为饭店收益来源的重要途径。许多知名饭店集团就是凭借品牌的号召力，以特许经营及管理合同的方式在世界饭店市场中扩张版图并获得盈利的。当然，品牌价值的形成过程是一个不断追加投资的过程，时至今日，像假日、万豪、凯悦、香格里拉等这样拥有巨大品牌价值的饭店还在持续经营着自己的品牌。由此可以看出，品牌营销的最终目标不是一蹴而就的，品牌营销也并不只是创建一个品牌那么简单，品牌营销还是一种资产的管理，饭店需要经过一系列的品牌营销工作，结合科学的品牌资产管理，实现品牌资产的形成、保值与不断增值。

营销大师菲利普·科特勒认为："区别专业的营销者的最佳方式是看他们是否拥有对品牌的创造、维持、保护和扩展的能力。"根据菲利普·科特勒的观点，结合饭店品牌资产管理的目标，我们将品牌营销的具体流程划分为品牌创建、品牌维护以及品牌扩张三个阶段。其中，品牌创建需要从品牌定位开始，经过品牌设计、品牌营销活动的策划与品牌传播等活动，在公众心目中树立良好的品牌形象，同时形成品牌的资产价值。品牌维护则包括品牌维持、品牌保护以及品牌危机管理三个方面的内容，通过这三项工作，饭店可以实现品牌保值的功能。此外，品牌饭店需要借助品牌授权以及品牌延伸等手段，进行品牌的扩张管理，实现品牌资产的增值。

（一）必要性

品牌是由企业塑造的，而其优劣程度的评判标准则掌握在顾客手中。品牌对于顾客及企业都具有较强的驱动力，企业需要努力创建知名品牌，以实现产品的顺利销售，而顾客则需要以品牌为依据作出消费决策。在品牌日益成为饭店及顾客共同关注的主题的今天，品牌营销对于饭店而言显得尤为必要。

1. 品牌对消费者产生的功能

（1）识别功能。企业通过品牌向市场中的顾客传递了有关企业文化、经营理念、产品质量、消费档次等重要信息。品牌可以帮助消费者在众多同类产品中辨认出品牌的经营者、自己消费该品牌下的产品与服务可获得的利益等基本要素。

（2）导购功能。通过品牌的识别功能，消费者可以迅速找到所需要的产品与服务，从而减少在搜寻过程中花费的时间和精力。

（3）降低购买风险功能。消费者都希望买到自己称心如意的产品，同时还希望能得到周围人的认同。选择信誉好的品牌则可以帮助消费者降低精神风险和金钱风险。这一点对于饭店市场中的顾客更为重要。与有形商品相比，饭店产品具有更强的经验特征与信任特征，即曾经的消费经历以及他人的推荐使得顾客倾向选择知名品牌。所以，品牌成为增强顾客消费信心的强有力的工具。

（4）契约功能。品牌是为消费者提供稳定优质产品和服务的保障，消费者则用长期忠诚的购买回报企业，双方最终通过品牌形成一种相互信任的契约关系。

（5）个性展现与彰显身份的功能。品牌经过多年的发展，能积累独特的个性和丰富的内涵，而消费者可以通过购买与自己个性气质相吻合的品牌来展现自我。很多顾客会将消费某家知名品牌饭店的经历视为一种社会地位的象征。

2. 品牌对饭店营销产生的作用

由于品牌能够在消费者身上产生上述种种功能，因而在饭店营销的过程中，品牌营销占有举足轻重的地位。通过品牌营销，饭店可以达到如下目的。

（1）通过品牌效应，获得产品溢价。与非知名品牌相比，如果一家饭店品牌形象突出，则饭店可能通过品牌效应获得更高的售价,因为顾客对于品牌饭店提供的产品更加信任,且认为该品牌会向他们提供比一般饭店更超值的产品与服务,其在品牌饭店获得的价值与利益更丰厚,因此,他们愿意支付比一般饭店更高的价格购买品牌饭店的产品与服务,从而使得饭店获得更高的利润率。

(2) 通过品牌功能,培养忠诚顾客。品牌为消费者所接受,绝非一朝一夕的事情。这种接受是建立在诚信、情感、理智和癖好的基础上的,如果没有致命的或是经常的挫败,如果没有其他强有力的品牌的诱惑,消费者是不会轻易抛弃自己所喜爱的品牌的。通过品牌营销,饭店会令目标顾客产生"产品是为我而设计"的感觉,使顾客对于自己的品牌产生价值认同感,从而产生强烈的归属感,进而产生重复购买行为,最终成为饭店的忠实顾客。这些忠实顾客不仅会自己再次消费购买该品牌饭店的产品与服务,还会向他人推荐该品牌,最终为饭店带来丰厚的利润,并且降低饭店的营销成本。

(3) 通过品牌的排他性,在市场竞争中巩固自己的市场地位。品牌具有排他性。品牌一经注册,其他企业就不得使用该品牌,竞争者可能模仿饭店的产品或者服务,但却无法使用别家饭店的品牌。品牌一旦建立良好的信誉,在经营过程中就会形成消费者的品牌忠诚,其他企业也就无法模仿跟进,更加难以逾越,这就对其他企业造成了一定的排斥效应。谁树立了强势品牌,谁就掌握了未来市场竞争的主动权。在产品同质化的今天,一个深入人心的品牌常常是饭店最有力的竞争武器,品牌竞争力是形成并实现企业可持续增长的动力源泉。

(4) 通过品牌扩张,实现饭店集团化经营及营销的规模经济效应。纵观世界著名饭店集团的发展历程,品牌是饭店集团扩张所仰仗的重要工具,是其迅速成长为国际饭店市场中不容忽视的力量的重要途径。借助品牌,饭店集团能够以较低的成本实现业务的扩张,因为饭店之间的生产经营模式、管理手段、设施设备等诸多方面具有相似性,饭店集团能够使旗下饭店在营销网络、信息、人才、品牌等方面达到资源共享,以实现资源的高效配置,降低生产成本。另外,设施设备、原材料的集中采购可以使饭店集团从供货商获得更多的优惠和折扣,从而节约了采购成本。品牌扩张带来的规模经济能够增强饭店集团的实力,提高其在产业中的市场地位,增强其与上下游企业讨价还价的能力,提高产出效益。因此,品牌扩张有利于饭店集团实现最大效益。

在市场竞争日趋激烈的今天,品牌成为很多企业创造顾客、留住顾客、排挤竞争对手以及提高市场地位、销售额和利润额的重要手段。如果一个饭店不善于培育品牌,不善于应用品牌进行竞争,就有可能要陷入恶性的价格竞争的泥潭,或被其他竞争者打败。

(二) 内涵建设

在品牌建设方面,饭店应注重品牌的内涵建设和品牌的重塑,主要体现在以下几个方面。

1. 设施设备、环境设计

饭店品牌的核心是产品与服务,设施设备是饭店产品的一部分,是最基本的产品。环境设计应体现酒店的格调、品位与目标市场的需求相适应。

2. 品牌文化建设

随着经济的发展和人们生活水平的提高,消费者的需求层次从单纯的基本生活需求转向注重产品内涵,即对其内在文化的认可,品牌形象中的民族文化、现代文明、时尚推崇等正是消费者现阶段所追求的一种商品品质。品牌价值创造技巧可以概括为:通过品牌文化力去赢得市场。品牌文化力就是结晶在品牌中的经营观、价值观、审美观等观念形态以及经营行为的总和。可口可乐公司经过长期研究得出的结论是:名牌的背后是文化。一位美国报纸编辑说:"可口可乐代表着美国所有的精华,喝一瓶可口可乐就等于把这些美国精神灌注体内,可乐瓶中装的是美国人的梦。"因此,可口可乐是文化的象征。

3. 服务设计

首先是服务流程的设计,关键是员工队伍建设。目标是消费无障碍、快捷。核心是员工的素质。

由于人的不同,以及同一个人在不同时间不同地点水平发挥的不同,服务是不可能被精确控制的。确实,不论我们采取何种解决办法,总会有例外情况。一个高度热情和有自主权的人几乎肯定会提供他力所能及的最好服务,但我们越是想强制地进行控制和标准化,服务员就越没有自主权,这种自主权和控制间的矛盾看来是回避不了的。

4. 菜点设计

菜点是饭店的主要产品,是品牌定位的基础。菜点设计仅靠厨师长的经验是不够的,要有意识、有方法地重新设计。菜点的设计实际上是对菜肴的属性即色、香、味、形,具体而言是原料、烹调方法、味道、装盘的设计。菜点发展的趋势是将菜点变成艺术品。所以在菜肴设计时应遵循以下原则。

(1) 掌握传统菜点的精髓。例如粤菜的精髓无外乎四个字——尊重食材,尽可能地去表现食材的本味,而川菜的精髓,在于对调味的使用,注重菜肴给予味觉上的刺激。

(2) 加入时尚元素。例如,用各季五彩缤纷的色彩和丰富多样的食材唤醒宾客的味蕾,将春季生机勃勃的红色、夏季清凉的绿色及秋日收获的金色等多种色彩和元素融入当季菜品中。

(3) 突出菜点的味觉属性、触觉属性、视觉属性,将菜点变成艺术品。通过烹饪的刀工、技术和摆盘方法和颜色等,将菜点与创意、国画等相连,将食物和艺术联系起来。

三、饭店品牌营销战略

品牌战略已成为社会各界普遍关注的一个热点问题。在竞争日益激烈的饭店市场中同样需要驰名品牌。未来,饭店的竞争将由产品竞争升级为品牌竞争。企业要根据自身的条件,切实选择适合自身发展的品牌战略类型,树立中国知名品牌饭店企业形象。这是中国饭店企业发展的重要战略。

(一) 品牌战略对饭店企业的特殊意义

从我国饭店业发展的现状和竞争形势看,实施饭店品牌战略势在必行。

1. 适应现代饭店激烈市场竞争形势的需要

一方面,我国旅游饭店业已进入买方市场,饭店进入微利时代。另一方面,中国旅游饭店业其规模以每年近10%的速度递增,造成我国饭店业供给总量持续的增长和供给结构的不合理化,使饭店业的平均利润一直下降。这就是供求关系比例失调,从而导致饭店市场竞争加剧。因此,饭店只有开创品牌才能增强自己的竞争能力。

2. 适应人们消费需求结构的变化

随着需求层次的提高，人们的消费观念也在发生着变化。人们不仅追求产品消费的物质享受，而且追求产品消费的精神享受。这种能体现自我存在价值的感受，其最基本的表现就是认知品牌、注重品牌、追求品牌、增加品牌消费。消费者的购买动机往往是被品牌代表的形象、信誉及象征意义激发甚至是被这些因素支配的。因此，讲究品牌成了一种日益发展的消费趋向，这成为饭店企业实施品牌竞争战略的驱动器。

3. 饭店产品的特殊性决定了创立品牌的重要性

由于饭店产品本质是一种服务产品，因此，它同具有实物形态的其他产品相比，具有无形性、可变性、短暂的所有权和服务的不可储存性、难于展示等特点。这就决定了饭店产品的质量具有较强的不确定性，除非消费者对产品做出亲身尝试和感受，否则，在购买饭店产品之前，很难对即将使用的产品质量做出判断。另外，服务很容易被竞争对手模仿而无法投诉。因此，认牌选购成为消费者信任饭店、选择饭店的重要渠道之一。

因此，饭店业呼唤品牌意识既是顺应市场经济潮流的需要，也是适应其自身变化和发展的需要。

（二）我国饭店品牌战略选择

我国饭店企业在决定品牌战略时，有四种类型可供选择，即多品牌战略、单一品牌战略、连锁品牌战略以及企业名称与个别品牌并用战略。它们分别具有自身的优缺点和不同的适用条件。

1. 多品牌战略

即饭店企业根据产品性质和选择目标市场不同，对不同的产品或不同的目标市场采用不同的品牌。美国宝洁公司是采用这种品牌策略的典型代表，如洗发水有飘柔、海飞丝、潘婷等，洗涤剂有汰渍、碧浪等品牌。当企业的产品用途或功能差别非常大时，就可以使用多品牌推向不同的目标市场。采用多品牌名称战略，它没有将企业的声誉系在某一品牌名的成败之上。假如某一品牌的产品失败或出现了低质情况，不会损害其他企业或产品的声誉。多品牌战略可以使企业为每一个新产品或企业寻找最佳名称。一个新的品牌名可以造就新的刺激，建立新的信念。

这种品牌策略可以较好解决不同目标市场品牌形象的混淆问题，各个品牌互相独立不影响，但是加大了企业的广告宣传费用。例如万豪向不同的细分市场推出了10个品牌，万豪庭院饭店、定居旅店、仙境旅馆、复兴饭店集团、丽思·卡尔顿酒店、雷马达国际、费尔菲尔德旅馆及套房、新世界饭店集团、度假俱乐部国际、汤尼·波雷斯套房。

我国的饭店由于在资金、品牌命名等方面较为薄弱，在实行多品牌战略方面并不是很成功。锦江集团作为中国规模最大的饭店集团之一，它下属的中高档饭店，却难以从命名上辨出“锦江”品牌。实际上北京的“昆仑”、山东的“中豪”、云南的“锦华”、唐山的“贵宾楼”，乃至锦江总部所在地上海的“和平”“金门”“国际”等诸多饭店都是锦江品牌。但在市场形象上，在一般宾客脑海中，有多少人能知道其中的品牌关系呢？目前来看，我国的多品牌战略还有很长的路要走。

2. 单一品牌战略（统一品牌）

饭店企业（公司）使用一个统一的品牌，将它用在其他新建的企业或产品上面。这种品牌战略可以节省广告宣传费用。但是如果扩展的企业产品很多，功能、用途区别较大，在使用这种品牌决策时就不太合适。品牌延伸要比创立一个新品牌费用少得多,因为它不需要进行“品名”的调查工作,或不需要为建立品牌名称认知和偏好而花费大量的广告,即刻被认知和较容易被接受。但是新延伸的饭店企业或产品可能使消费者失望并损坏公司的信任度,品牌名称滥用会失去它在消费者心目中的特定定位。因此,饭店企业在采用单一品牌战略时要严格把握质量关。世界著名的凯悦集团、假日集团都采用这种品牌战略决策。我国目前国际名牌饭店较少,知名度不是很高,像上海锦江、广州白天鹅等可采用这种战略,等到具有一定的知名度和美誉度后,再使用多品牌战略,这样才不会造成品牌形象的混乱和模糊。

3. 连锁品牌战略

通过特许、联营、合作经营等方式,在不同地区开设许多分支饭店企业,以统一品牌对外宣传,树立品牌形象。

锦江之星连锁店在我国是一个创举,该连锁店有四个统一,即建筑物规格统一、品牌统一、管理系统统一、形象标志统一。在经营管理上对服务标准、培训等方面实行一个模式。锦江之星旅馆分布在国内多个城市,如上海、宁波、苏州等。为了方便顾客,锦江之星旅馆实行连锁经营和异地订房,并备有飞机、火车、轮船票务代理等服务。锦江之星今后发展的一个重要策略是有选择地吸收一部分加盟店,同时按照锦江之星旅馆统一格局进行改造,然后打“锦江之星”的品牌,纳入统一的管理系统。这样,大大缩短了建设周期,又可通过收取牌誉费、管理费等迅速回笼资金,用于开发新的项目,同时也扩大了规模,发挥了品牌效应。国内一些经营不善的饭店,特别是三星级饭店,由于本身具备良好的条件,可以通过特许联营或合作的形式加入一些著名的国际或国内饭店,从而扩大其知名度。另一方面,可以提高其自身的经营管理水平和服务质量。

4. 企业名称与个别品牌并用战略

在饭店企业牌子与产品品牌相统一的过程中,品牌始终是饭店企业品牌战略的切入点和基础,即实施的是以品牌为中心的企业发展战略。目前,我国大多数饭店都采用“地名+饭店(酒店)”这个牌子,造成企业品牌命名的统一性或重复性。另外,一旦一些饭店企业具有一定的知名度后,会引来同行竞相效仿,造成品牌的混乱和企业品牌形象的模糊。而企业名称与个别品牌并用,不仅能使饭店品牌更确切地表达产品特征,也有助于品牌的知晓、品牌联想、质量感知乃至品牌忠诚。国际著名的万豪集团旗下有三个广为人知、名实相符的品牌,即万豪庭院饭店、万豪旅店、费尔菲尔德旅馆及套房。针对我国饭店企业的现状,由于绝大多数是中低档饭店,再加上是单体经营的,笔者认为,我国饭店企业在品牌策略模式选择上也可以采用企业名称与个别品牌名称并用为主,企业名称并非千篇一律用“地名”,可以选人物、艺术、质量、生活方式等名字。

事实上,企业在面对新的市场机遇时,可以对它们加以综合运用。具体选择何种品牌战略并没有统一的模式,饭店企业要根据经济环境、企业实力大小、在市场中的地位,特别是竞争者的战略而灵活地加以运用。

四、文化品牌营销

现今市场下,饭店服务业的竞争愈加激烈,而竞争的本身也不再限于单纯比服务、拼价格、抢客源的表象,而进入了层次更高、领域更广、手段更加多样化的新阶段。在饭店,客人的要求很大程度上不是一种物质性的要求,而是心理性的要求,这就需要饭店提供的产品要有享乐性,而这种享乐性产品发展的高层次就是文化性。世界著名的跨国酒店,以及我国北京的长城饭店、上海的新锦江饭店等国内外等知名酒店无不高举“文化兴店”旗帜,以文化的窗口扬企业之美名,树企业之形象。可以这样说:企业制胜在文化,唯有文化才是企业长寿的基因。饭店文化统属于企业文化,它作为企业文化在经营和管理活动中所创造的精神财富及物质形态的体现,是饭店特有的价值取向、行为取向、经营理念、企业精神、道德规范、发展目标和思想意识等因素的总和,其核心是精神文化,物态文化和制度文化是精神文化的重要表现形式。饭店文化品牌营销可以从以下几个方面入手。

(一) 建立独具特色、不易被效仿的文化特色

发挥饭店的竞争优势,保持饭店旺盛的生命力,在以自己的文化氛围满足顾客心理需求的同时,求得饭店的发展。英国声名显赫的萨伏依集团,经营中始终恪守着“旅馆必须有其独特风格,有自己的传统和历史等级”等原则。它的饭店多建在伦敦白金汉宫与特拉法加广场附近,而且几乎每个旅馆都有与某位王室成员有关或其他令人陶醉的故事。它一直坚持自己建筑古老、壮观,设施高级豪华,服务一流的文化特色。现在,萨伏依集团所有的9家饭店均为世界一流饭店组织的成员,这在世界上绝无仅有。在顾客心目中,萨伏依也成为享受、身份与地位的象征。

(二) 依托饭店文化,丰富有形价值,创造无形价值

企业文化的一个特征是其有形性和无形性的统一。在饭店中,细致入微的服务、优美典雅的环境等是其文化的直接或间接的映现,是有形的。而饭店文化所包含的各种精神、道德观念因素,作为一种文化标志、文化氛围是看不见的,是无形的。我们可以通过有形去把握无形,创造饭店的高附加值,丰富饭店的文化含量,使其无形价值高于饭店本身的有形价值。广东肇庆的端城大酒店,论标准仅属三星级,却因其独到的经营策略和高超的文化品位,缔造出一个五星级的艺术殿堂。饭店藏有逾千幅明清、当代书画及大家精品,镇楼之宝——清乾隆皇帝在北宋经文背面手书的《素尚斋》诗轴更是具有极高的收藏研究价值。端城大酒店珍藏的书画价值远超出其固定资产,其无形资产价值更是难以估量。饭店知名度辐射大江南北,吸引来宾如云,在当代旅游界、艺术界留下一段佳话。

(三) 重视领导者在饭店文化中的重要作用

作为群体文化的饭店文化,其主体应当是全体员工,这是毫无疑问的。但一种饭店文化的形成与发展建设,关键在于领导。在饭店文化中,领导者是饭店利益的代表者,是群体最终的责任者,是新概念的开拓者,是规划执行的督导者。领导者应该注重个人品格的修养,培养创新精神,这样才能创造出优秀的饭店文化,才能利用文化来推动饭店营销发展。同时需要强调的是,饭店的文化建设是发展的,任何一种文化模式都不是一成不变的。饭店领导者应该善于预测并密切关注市场,注意市场环境中的有关变化,抓住机遇,不断创新,只有这样,饭店文化之树才能保持旺盛的生命力。

一个饭店不但需要建立自己独具特色的文化品牌,而且需要依赖和保持自己的文化品牌,只有这样,才能增强饭店的竞争力,扩大其生存空间。在饭店业竞争日益加剧、利润趋于减少的新

形势下，这无疑具有重要的现实意义。

酒店促销手段五花八门

为了保持其119间客房全部住满，位于威尼斯海滩的Erwin酒店为某些非主流的客户提供了一个非比寻常的服务产品——“文身+住宿”，其中包含价值100美元的文身和一瓶止痛的龙舌兰酒。在圣地亚哥的Hard Rock酒店，只要预订“Hard Rock and a hog”产品的客人都可以乘坐摩托车环游整个城市，外加两晚免费住宿。但从酒店的特殊待遇来说，很难有人可以与洛杉矶的四季酒店相媲美。因为只要您住进四季酒店，就可以免费使用奔驰、保时捷和宝马，并且可以自由更换。

促销和打包产品一直是酒店行业的主打，特别是在经济增长缓慢的阶段。但是业内专家表示，现在更多的酒店都是依赖特别的打包产品和促销活动在经济低迷时生存的。就拿洛杉矶的酒店来看，那里夏季的房价是与洛杉矶市中心的高温紧密联系的。在“击败热浪”交易中，如果温度最高达到华氏87度，平时需要支付119美元房费的房间，此时客人只需要支付87美元。但是在那些旅游业受到经济危机重创的地方，比如说拉斯维加斯、达拉斯、新奥尔良等，这些地方的酒店管理人员更加急切地想要填满房间，所以这里的酒店价格更加优惠。

再比如，拉斯维加斯希尔顿酒店，如果购买了“自由期翔”的产品，您就可以在酒店住两个晚上，同时获得任何航空公司往返航班300美元的优惠券、100美元的餐饮优惠券、两顿免费早餐外加两次免费的鸡尾酒会。当减去这些附加部分，其实酒店房间每晚只需要花费49美元左右。开展所有这些促销活动，其中一个主要的原因就是酒店所有者想利用这些活动来吸引客户，同时不削减房价。

（资料来源：吉根宝.酒店管理实务[M].北京：清华大学出版社，2011）

第二节　饭店人力资源管理

一、饭店人力资源管理的概念、内容和原则

迈克尔·赫斯特说：“管理的角色正在改变，过去是过度管理和强制领导。饭店是基于友谊的产物，友好的人们关心这种友谊。随着竞争加剧，资本需求加速膨胀的产业和日益萎缩的劳动力造成的窘境，在服务业中管理者转换焦点已势在必行——从利润到员工和管理风格。”

（一）饭店人力资源管理的概念

在饭店业中，所有的管理者都负有人力资源管理的职责。作为一个人力资源管理者，首先要关心的是人及其需要、要求、期望如何与饭店的需要、要求、期望相一致。作为劳动密集型行业，向客人提供服务时，最重要的资源就是员工。有效的人力资源管理，可以使饭店在市场竞争中获得优势。

饭店人力资源是指运用科学的理论、原则和方法，对饭店的人力资源进行有效的开发和利用，以提高员工的素质，使每位员工正确认识自己在组织中应完成的任务和承担的责任，设法最大限度地调动其工作积极性，从而不断提高饭店员工的劳动效益。

（二）饭店人力资源管理的内容

一般而言，饭店人力资源管理包括以下方面的内容，但由于饭店的规模、地域、管理模式不同，各饭店的人力资源管理的内容也不完全一致。

1. 饭店人力资源规划管理

人力资源规划是对饭店未来需求和供给之间出现的可能差异进行分析，或是对饭店人力需求与供给作出的估计。这个规划管理分为短期规划、中期规划、长期规划。一般来说，短期规划为本年或下一年的计划，既可以是执行中的计划，也可以是对明年的预测；中期规划为三年期以下的计划，长期规划为五年期以上的计划。饭店的人力资源规划一般是指中长期规划，它对饭店发展具有方向指导性。饭店的人力资源规划一般包括职务岗位规划、人员编制规划、工资福利规划、人员分配规划、教育培训规划等。

2. 饭店员工选聘和录用管理

员工的选聘和录用是在需求预测和供给预测基础上进行的，是以最小的代价获得满足饭店需要的合格的员工和管理者，是饭店人力资源管理的重要环节，是吸收“好人”的一个重要渠道，它将关系到饭店的兴衰和有无竞争力。所以必须强化员工选聘和录用管理，并给予高度重视。员工选聘和录用管理主要包括以下三个方面的工作。

（1）根据饭店的需要，通过工作分析，确定饭店需要员工的数量、类别。

（2）通过多种渠道和媒介进行宣传，吸引合格者前来应聘。

（3）通过各种选聘方法和测试，发现并确定饭店需要的合格人才，从而选聘合格的员工。

3. 饭店员工薪酬管理

饭店员工薪酬管理是人力资源管理的重要组成部分。充分发挥工资的职能，使之不仅能保障员工的基本生活，满足员工生存的需要，而且能够激发员工的劳动热情，起到经济杠杆的作用，促进企业经济效益的提高。制定饭店薪酬管理的各项制度必须从饭店的实际出发，保证公平、合理，体现按劳分配、多劳多得的原则。在薪酬管理上，要严格制度，加强管理，并克服随意性。

4. 饭店员工的保险和生活福利制度管理

饭店的福利保险制度是社会福利保险制度的一部分，而且随着改革开放的深入，这部分管理的比重越来越大（虽然有一部分已经社会化，但饭店内部在短期内还不能全部推向社会，而社会上的各种保险、福利制度的改革，势必给饭店带来影响和费用增多）。

（三）饭店人力资源管理的原则

1. 科学化原则

人力资源管理是管理科学的一个分支，它运用各种科学原理，以研究饭店人力资源管理工作的客观规律、饭店各生产要素的最佳理论为基础，并随着社会的发展不断演变进化。当前最重要的是饭店人力资源管理要从传统的管理向现代化的科学管理过渡，运用现代化的、科学的管理理论和测量手段，合理用人、按能授职、科学管理。

2. 规范化原则

饭店人力资源管理本身应是严谨和程序化的。它的系统性、完整性决定了饭店人力资源管理的成败,是人力资源管理的关键。随意性、朝令夕改,势必使饭店的人力资源管理无法控制,执行贯彻困难,导致管理者和员工怨声载道,员工的积极性受挫。

3. 操作化原则

饭店的人力资源管理是通过良好的人力资源管理制度,对饭店人力资源实施有效的管理,因此它的可操作性必须强,否则就失去了制度存在的意义。

4. 公平化原则

饭店人力资源管理制度必须坚持人人平等的原则,必须明确饭店任何一项人力资源管理制度一经确认,无论职务大小、等级高低、岗位区别,都具有相同的约束力。能否很好地贯彻、执行一种人力资源制度,取决于这种制度在实施过程中能否保持公平性、持久性。公平竞争可以激发员工的工作热情,促使其主动地开拓新领域、解决新问题,同时也能促进饭店的经营管理和服务质量的不断提高。

5. 灵活性原则

从现实来看,饭店的人力资源管理处于一个运动状态,还存在各种专业技术人员分布不合理、人员比例失调以及闲置人才和用非所长等不合理现象,需要一个不断发展、完善的过程。灵活性原则指的是在人员调配和流动的状态中各项人事管理制度、管理方法要最佳结合,使用和管理好人力资源,充分发挥个人的积极性和创造性,以提高劳动生产率和饭店的经济效益。

二、饭店人力资源管理的目标和意义

饭店人力资源管理的目标是指饭店人力资源管理需要完成的职责和需要达到的绩效。饭店人力资源管理既要考虑组织目标的实现,又要考虑员工个人的发展,强调在实现组织目标的同时实现个人的全面发展。

饭店人力资源管理的目标包括全体管理人员在人力资源管理方面的目标与任务和专门的人力资源管理部门的目标与任务。显然两者有所不同,属于专业的人力资源管理部门的目标与任务不一定是全体管理人员的人力资源管理的目标与任务,而属于全体管理人员承担的人力资源管理的目标与任务,一般都是专业的人力资源管理部门应该完成的目标与任务。无论是专门的人力资源管理部门还是其他非人力资源管理部门,其基本管理目标都是提高劳动生产率。

饭店劳动生产率是指劳动者在提供服务中的效率,即饭店员工在单位时间内所完成的工作量(如年人均创收、年人均创利、年人均创汇等),或者完成单位工作量所消耗的时间。它是衡量饭店技术和管理水平的重要标志,是考核饭店经营情况的一项综合性经济技术指标。

饭店人力资源管理的目标主要包括以下三个方面。

(一)造就一支优秀的员工队伍

人才资源是第一资源。做强做大企业,必须培养造就一支优秀的员工队伍、一批优秀的企业经营管理人才，并着力提高他们的战略决策、经营管理、市场竞争、推动企业创新和应对复杂局面的能力。围绕企业生产经营中心，建立一支适应企业战略发展需要、年龄结构合理、层级结构清晰、专业结构配套的人才队伍，在企业核心业务领域形成高度密集的人才优势。通过学习型组织，建设创新型团队，实施人才强企战略，推进职工素质工程，引导员工不断提高学习创新能力和竞争能力，实现员工与企业的和谐发展。

（二）创造最优势的劳动组织

饭店行业的人力资源结构呈金字塔形，站在塔尖的是少数高级管理人员，中间是部门经理层，塔的基础是人员最多、接触面最广的饭店服务人员层，三者的关系中最密切的是部门经理层和饭店服务人员层，最疏远的是塔尖和基层的关系，应拉近塔尖和基层的关系，加大中间层的危机感和使命感。饭店人事管理应把全体从业人员当作一种资源，一种具有能动性、可开发的资源，除对这一资源进行传统简单的管理、利用外，还要开发其活力与潜力，最大限度地发挥每一个人的作用。员工队伍的稳定是企业可持续发展、经济效益稳步提高的重要保障，人才建设是长期任务，又是当务之急，所以要及时抓住各种时机，积极网罗重要的中层岗位人员，广招贤人，在积极引进外来人员的同时，注重培养、提高员工的素质。加强企业人才培养，建立内部人才生成机制，提高人才培养起点，拓宽培训渠道，不断完善制度，切实把人才培养工作抓紧、抓好、抓出成效。建立最优的劳动组织，通过科学的排列、组合，使员工得以最优组合，做到职责分明、各尽其能、物尽其用、人尽其才，形成一个精干、有序、高效的劳动组织，在困难时期，同舟共济、齐心协力、共渡难关。俗语说："尺有所短，寸有所长。"用人也是这个道理，企业管理最难的就是"管人"，管理者用完善的制度来管理人、约束人，做到以人为本、知人善任、人尽其才，才能创造最优的劳动组织。

（三）创造良好的人事环境

人的管理的实质并非"管理"人，而在于"得"人，谋求人与事的最佳配合。饭店人力资源管理是要通过各种有效的激励措施，创造"自动自发"的人事环境，使员工的积极性和聪明才智得到最大限度的发挥，使之安于工作、乐于工作。

三、饭店人力资源的开发与管理

（一）饭店员工招聘与录用

招聘是饭店吸收与获取人才的途径，是获得优秀员工的保证。招聘实际包括两个相对立的过程，即招募（Recruitment）和选拔聘用（Selection）。招募是聘用的基础与前提，聘用是招募的目的与结果。招募主要是通过宣传来扩大影响，树立饭店形象，达到吸引人应聘的目的；聘用则是使用各种技术评测与选拔方法，挑选合格员工的过程。很多组织往往忽视招募，只是把工作重点放在选拔聘用上，这是不对的。因为这有可能导致错误的录用与错误的淘汰。应该注意招募的计划、时间、宣传、渠道选择等多方面，因为它可以节约选拔与培训成本，提高人与职的适应性。

1. 饭店员工招聘的原则

饭店招聘录用应本着用人所长、容人所短、追求业绩、鼓励进步的宗旨，以面向社会公开招聘、人职匹配、全面考核、择优录用为原则，从学识、品德、能力、经验、体格、符合岗位要求等方面对应聘者进行全面考核。同时，在招聘工作的管理上强调计划性和效率原则。

（1）计划性原则。正常运营的饭店，人才的需求有三种情况：一是因营业量增加或员工升迁、辞职、辞退而造成人员短缺或职位空缺，时间紧迫需要紧急招聘；二是饭店扩大营业，增加新的服务设施或项目需要增加员工；三是从长远角度预测人员变动趋势，预测离退休人员人数比例及缺员时间，估计员工流动比例等。

（2）公开原则。饭店招聘时应把招聘种类、数量，应聘的资格、条件、要求，以及招聘的时间、地点和招聘的方法等信息通过一定的渠道和方式向社会公告周知，公开进行。这样做一方面可以将招聘置于公众监督之下，防止不正之风的出现；另一方面可以吸收广大应聘者，形成竞争局面，有利于选拔更优秀的人才。

（3）竞争原则。竞争原则是指通过选拔竞争和考核鉴别确定人员的优劣和人选的取舍。为了达到竞争的目的，一要动员、吸引较多的人报考；二要严格考核程序和手段，科学地录取人选。

（4）平等原则。平等原则是指对所有应聘者一视同仁，不得人为地制造各种不平等的限制或条件和各种不平等的优先优惠政策，不拘一格地选拔、录用各方面的优秀人才。否则，一旦录用了不合适的人员，不仅影响饭店的员工队伍的素质，直接造成服务质量的问题，而且招聘过程的不公平会严重损害饭店的组织风气和社会声誉。

（5）能级原则。人的能力有大小，本领有高低，工作有难易，要求有区别。不同的职位、职级的工作不同，选择人员的能力标准、任职资格也不同。招聘工作，不一定要最优秀，而应量才录用，做到人尽其才、用其所长、职得其人，把合适的人放在合适的岗位上，这样才能持久、高效地发挥人力资源的作用。

（6）全面考核、择优录用原则。全面考核、择优录用是对应聘者的德、智、能、体等各方面进行综合考核和测试，并根据考核结果进行选拔和录用。劳动者的德决定着劳动者的职能的使用方向，关系到劳动者能力的发挥。智是指一个人的知识和智能。能是指一个人的技能和能力。对智、能的考核，不仅是对知识的测试，还包括智能、技能、能力和人格等各方面的测试和评估。体是身体素质。体质是劳动者智、能得以发挥的生理基础。对体的考核，是其他一切考核的前提。如果没有健康的身体，有再高的智、能，也无法胜任工作。

（7）效率原则。效率原则是指根据不同的招聘要求，灵活选用适当的招聘形式，用尽可能低的招聘成本录用高质量的员工。

（8）守法原则。人员招聘与选拔必须遵守国家法令、法规、政策。在聘用过程中不能有歧视行为。

西餐厅沦为酒店“培训学校”（节选）

“最近我们一直在招服务员，没办法，人手严重不足！”上海一家西餐厅老板向记者抱怨道。据了解，近段时期，由于新建酒店不断挖人，导致西餐厅的一线服务员和厨师处于严重短缺状态。

线上线下同步招聘。登录招聘网站，映入记者眼帘的是一长串酒店招聘名单。每家酒店的岗位清单中，中西餐厅经理/服务员、中/西餐厨师、领位员、咖啡/酒吧服务员、调酒师都是目前最紧缺的职位，招聘人数甚至不设上限。

很多酒店除了发布网络招聘信息外，专场招聘会几乎是每场必到。记者曾在多场旅游酒店人才招聘会现场看到，已开业和在建的酒店都在扎堆招聘。与这些星级酒店同场抢人的还有很多高级餐厅，如外滩3号莫尔顿西餐厅、BARBAROSSA LOUNGE西餐酒吧、和伊授桌餐饮管理(上海)公司等，招聘需求也都集中在餐饮服务、厨师、收银、酒吧等一线岗位。

“最近一段时间，酒店招聘实在是太猛烈了!”Stiller's西餐厅负责人Philip先生有些无奈地说。近几个月，很多新建酒店扎堆招聘，岗位多，招聘量大，对西餐厅的冲击不小，他的餐厅已经走了好几位服务员了。

据了解，由于酒店招聘规模大，加上工作环境优于餐厅，对业内人员来说，在就业选择上，酒店的确具有一定的吸引力，这就造成与Stiller's遭遇同样境遇的西餐厅不在少数。

Philip先生说：“高星级酒店服务员所需的基本素质是形象好、反应快、懂外语、擅表达、殷勤热情、懂得礼仪，而能够满足以上条件的员工在人才市场上很难招聘到。西餐厅的员工不仅符合上述条件，而且具有一定的工作经验，且综合素质要高于普通快餐厅，刚好是这些酒店的最佳人选。”

的确，采访中记者也了解到，对于需求量最大的餐饮服务与厨师等岗位，酒店更倾向招拥有几年工作经验的成熟人才，而西餐厅在员工的选拔与聘用方面，刚好与酒店的任职门槛相符，直接从西餐厅挖墙脚，已经成为酒店招揽人才的一条新途径。

(资料来源：梁杰.西餐厅沦为酒店“培训学校”[N].新闻晨报.2010-06-21)

2. 饭店招聘的流程

(1) 确定职位空缺。职位空缺是在酒店人力资源规划和工作分析的基础上确定的，是招聘活动的起点。它包括确定职位空缺的数量和质量两个方面。只有明确获知饭店中各部分的空缺职位及其具体要求后，才能制订招聘计划，实施招聘工作。

需要强调指出的是，饭店填补职位空缺的方法很多，招聘只是其中的一种，因此只有当饭店选择了招聘方法时，整个招聘工作的程序才会开始运作；否则即便存在职位空缺，招聘也不会转化为现实的工作。例如，饭店通过增加其他职位的工作职责，增加其他员工的工作时间、工作量，或通过培训、技术改造等手段提高员工的工作效率，都可以减少原有的人员编制，解决职位空缺的问题，代替招聘补充人员的途径。

确定职位空缺的具体步骤是：首先用人部门提出申请，即向人力资源部提出需要人员的人数、岗位、要求，并说明理由。其次人力资源部复核申请，并对照职务说明书明确岗位任职要求，分析饭店内部人力资源的供给情况，确定空缺岗位是否能够在内部员工中补充，从而确定需要从外部招聘的岗位和人数；最后上报给饭店领导审批。

(2) 制订招聘计划。招聘计划是在饭店人力资源规划的基础上，根据饭店用人部门确定的职位空缺，对招聘的岗位、人员数量、时间限制等因素做出详细的计划和部署。制订招聘计划是为了使招聘工作更具有合理性和科学性，保证招聘质量。招聘工作直接影响饭店人力资源的开发与管理，招聘工作不到位严重影响饭店以后的发展。一般来说，招聘计划的具体内容主要包括以下几个方面。

① 人员需求清单，包括招聘的岗位名称、人数、任职资格等内容。

② 招聘信息发布的时间、方式、渠道和范围。

③ 招聘小组人选,包括小组人员姓名、职务、各自的职责。

④ 招聘对象的来源和范围。

⑤ 招聘工作时间表,尽可能详细,以便于他人配合。

⑥ 应聘者的考核方案,包括考核的场所、大体时间、题目设计等。

⑦ 招聘预算,包括资料费、广告费等。

⑧ 招聘结束时间和新员工到位时间。

⑨ 招聘广告样稿。

(3) 发布招聘信息。发布招聘的时间、方式、渠道与范围都是根据招聘计划确定的。由于所需招聘的岗位、数量、任职者要求不同,招聘对象的来源与范围不同,以及新员工到岗的时间不同和招聘预算的限制,发布信息的过程也将不同。

饭店在发布招聘信息时,应该遵循下列原则。

① 面广原则。如果只考虑招聘的效果,不考虑成本因素,那么,发布招聘信息的面越广。接收到该信息的人越多,应聘的人也越多,这样可能招聘到合适的人选的概率就越大。

② 及时原则。在条件许可的情况下,招聘信息应该尽早地向人们发布,这样不但有利于缩短招聘进程,而且有利于使更多的人获取信息,使应聘人数增加。

③ 层次原则。招聘的人员处在社会的某一层次,要根据招聘岗位的特点,向特定层次的人员发布招聘信息。

发布招聘信息的渠道有以下几种。

① 广播与电视广告。由于饭店产品的特点以及费用的因素,饭店企业使用广播与电视广告并不多。有时企业将对高级人才的招聘以访谈面试的形式出现,饭店可以借机宣传企业的形象。

② 报纸广告。报纸是企业进行招聘时使用最频繁的媒体,因为报纸广告的费用比电视广告的费用要低得多,同样能吸引众多的申请者。因此报纸是我国饭店使用最广泛、最多的媒体。报纸广告不仅受饭店的欢迎,还受到了应聘者的欢迎。其主要优点是:应聘者可以在不同的时间、地点阅读,并能够方便地复印抄写。

③ 行业或专业杂志广告。行业或专业杂志广告,也是企业招聘专业的管理人员和技术人员的最佳选择。因为行业或专业杂志的读者,大多是与行业有关的专业人员,杂志的读者群比一般的报纸更为集中,所以,广告的针对性就更强一些。当企业在这类杂志上发布招聘广告时,招聘信息就会被目标受众接受。进行杂志广告招聘要注意两点:一是由于专业杂志的印刷期比较长,所以招聘广告发布的提前量要比较充分,并要注明招聘截止日期。二是杂志广告的创作要美观又有创意,做到既能吸引读者目光,又能宣传企业形象。

④ 网络广告。网络广告是一种传播范围广、目标明确、灵活性强,且不受时空限制的广告形式。企业在网络上发布广告主要有两种途径:第一种是在企业自身的网站上发布招聘信息,这可以将企业的每一个空缺岗位逐一列出,必要时还可以作适当的描述,可以清晰地罗列对应应聘人员的资格要求,上述这些内容可以不受篇幅的限制,并且招聘广告发布的费用相当低廉。但是这类广告是否被有效地发布,与企业自身的知名度和网站的知名度密切相关。因此,只有名声较大的企业才能够运用此种途径。第二种是在门户网站或者专业的招聘网站上发布招聘信息,这种方式的广告费用较高,篇幅也有所限制。

⑤ 微信广告渠道。随着互联网发展的日渐成熟，依托于互联网的新兴网络媒体也一批又一批地发展起来。微信的出现，带来了移动互联网领域的一场“革命”，前所未有的互动深度和精准推送的特点，把互联网新兴媒体推上了一个高峰。微信广告招聘是一种新型的招聘渠道，凭借精确化招聘、全员招聘、高效率、低成本等优势，能有效提升企业招聘效率，为企业节约招聘成本。至2018年底，我国微信用户数量超过十亿，这样一个手机即时通信应用软件引起众多饭店商家的关注。随着我国饭店业发展进入一个新的阶段，竞争形势不断发生着变化，对人员的需求也更加紧迫，众多饭店开始建立自己的微信招聘平台或者具备招聘功能的微信公众号，例如，世界著名酒店集团希尔顿的微信招聘平台名称为“希尔顿招聘”。饭店业基于微信公众平台打造行业专属的招聘平台，有助于饭店业在招聘渠道上进行拓展和创新，在节约成本的基础上达到很好的招聘结果。

（二）饭店员工的培训

1. 饭店员工培训特点

（1）培训针对性较强。饭店培训要求培训内容与现岗位职责专业对口，培训方式采取理论讲述和操作示范相结合，使每一个经过培训的员工能较快地适应自己所从事的工作。

（2）培训季节性明显。饭店经营有淡旺季之分，饭店培训工作也应有明显的季节性。“忙时少学，闲时多学”应是安排培训时间的要点。

（3）培训方案应具有多样性。培训方案可采用专题培训与管理培训、内部培训与外部培训、基础培训与系统培训、短期培训与长期培训相结合的方式。

2. 饭店员工培训对象、培训内容

（1）决策管理层（总经理、副总经理、总监、部门经理）培训。对高级管理人员培训的主要内容是战略管理、市场与竞争观念、营销策略制定、企业文化理念、预算管理、成本控制、经营决策和管理能力提升等。

（2）督导管理层（部门副经理、主管、领班）培训。培训重点在于管理理念与能力的训练、酒店专业知识的深化培训及如何处理人际关系、处理客户异议等实务技巧。

（3）操作人员层培训。培训重点是提高他们的整体素质、服务意识，即从专业知识、业务技能、工作态度三个方面进行。新员工培训要注重岗前培训及部门对新员工上岗后适应期的关照。在职员工培训要了解培训后的目的、学员掌握情况、培训进度及追踪培训效果。在培训结束后成立研讨班和推进小组，及时总结、分析所学，如知识考核、技能比武、演示等，每次培训结束都要推行知道、掌握、运行三个环节，不断地实践、应用、反馈，重视培训成果的固化。

（三）饭店员工的绩效考核

绩效考核是依据工作岗位描述和工作任务分析，对员工的业务能力、工作表现和工作态度等进行评价，并给予量化，考核结果直接影响员工晋升、奖惩、工资、培训机会等，它有利于调动员工的积极性和创造性。

饭店员工绩效考核的内容包括：① 考评员工的素质。主要是检验员工的人格品质与道德水准，包括员工是否有上进心，是否忠于本职工作，员工组织性、纪律性、职业道德、个人卫生及仪容仪表等。② 考评员工的能力。对不同职务员工的业务能力要做分类考评。③ 考评员工的态度，主要指员工的事业心与工作态度，包括出勤情况、工作的主动性与积极性等内容。④ 考评员工的绩效。依据《作业指导书》和《年度经济指标》，结合各岗位工作实际提取量化考核指标，如考核表中一级指标为思想道德，对应的二级指标则为是否有上进心，是否忠于本职工作等项，并在每一项二级指标后设置相应分数，最后核定分数为思想道德项的得分。以此类推，设计其他一级指标及各项考核内容。

（四）饭店员工的职业生涯规划

重视员工的职业生涯规划，满足员工个人发展需要。饭店应从员工一入店开始就指导员工确定自身的职业目标，帮助其设计个人的成长计划，并为员工提供适当的发展机会。这样便可以减少员工的流失，提高员工的满意度。

1. 重视员工培训

对新员工进行入职培训后，都要有针对性地帮助员工确定自身的职业目标。结合目标进一步开展岗位培训，采取理论讲述和操作示范相结合、短期培训和长期培训相结合、就业指导师与直接主管指导相结合等培训方式。同时定期采用问卷、考试、面谈等形式，开展培训效果的评估，帮助员工改进技能并发掘员工潜力，实践职业生涯规划。

2. 建立店内招聘系统

饭店职位出现空缺时，首先采取布告牌、组织刊物等公开方式内部招聘，给员工以充分的发展机会。内部无法满足时，则通过网络、猎头公司等职介机构进行外部招聘。

3. 采取多种形式帮助员工进行职业生涯规划

（1）定期变动工作岗位或实行轮岗，通过员工交流培训，一定程度上可避免员工产生消极怠工情绪，提高员工积极性。通过岗位轮换，员工应能熟悉多种服务程序，掌握多种技能，从而有利于加强部门间的沟通，合理利用人力。

（2）为员工提供自我评估的工具。通过测评软件、及时的工作反馈等方式，让员工正确评估自己。

（3）提供多种晋升途径。饭店可为前台服务人员和后台服务人员制定两种不同类型的晋升制度，并为每个职位设立几个不同的等级。优秀的服务人员可晋升职位级别、增加工资，却不必脱离服务第一线。不同等级的服务员需承担不同的职责。例如，高级服务员不仅需完成自己的服务工作，而且要培训新服务员。这样，既可以实现饭店对优秀员工的有效鼓励，又可以使企业达到合理用人的目的。

（五）饭店员工薪酬

为了有效地吸引和留住人才，饭店应建立一套完善的报酬体系。它应该包括直接报酬、间接报酬、非金钱性报酬三方面内容。饭店为员工提供的直接报酬为基本工资、加班费、津贴、奖金等。间接报酬为医疗保险、养老保险、带薪休假等福利。非金钱性报酬为精神奖励，如某饭店每半年评选一次“优秀员工”“文明员工”；定期举办技能比赛，评比“××岗位能手”等。此外，某饭店薪酬奖励中注重将物质奖励和人性奖励相结合。对中高层管理者实行宽带工资制，调薪不调级；对普通员工和基层管理者实行岗位绩效工资制，包括岗位条件差别、个人资格和技能水平、工作绩效三个部分的内容，岗变薪变。在薪酬奖励过程中，充分实行物质奖励的同时，设置薪酬面谈、薪酬调查等环节及时掌握员工心理薪酬的变化情况，为定级调薪提供依据，努力实现与员工心理薪酬的平衡，实现物质奖励与人性奖励的结合。

四、饭店人力资源的激励

（一）激励的内涵、方法及相关理论

1. 激励的内涵

激励，就是指利用某种外部诱因来调动人的积极性和创造性，以一定的行为规范和惩罚措施来引导和规范组织成员的行为。饭店员工激励指饭店根据每个员工的工作效率以及工作能力，利用相应的奖酬、福利等形式来调动其积极性，并且通过制定相应的规章制度和惩罚措施来约束员工的行为。

2. 激励的基本方法

（1）物质激励。物质激励的措施包括薪酬激励、福利激励、荣誉激励。薪酬激励是最根本的，良好的薪酬体系配合一定的奖惩措施，能起到一定的激励作用。福利是企业为员工现在及将来的生活提供保障性和保护性的报酬形式。荣誉奖励对于员工则是一种更高层次的奖励，通过给予员工相应的荣誉，增强其荣誉感，更好地调动积极性，提高工作效率。

（2）精神激励。包括企业文化激励、情感激励、制度激励。企业文化影响最深、作用最持久，将文化贯彻到管理中，员工认可并融入，内化为员工理念，成为其内在动力。情感激励有别于物质激励，员工需要得到上司及同事的尊重及关爱。完善的制度能增强员工凝聚力，激发工作热情，提升归属感以及忠诚度。

3. 马斯诺需求层次理论

20 世纪美国著名的社会心理学家亚伯拉罕·马斯洛提出了需求层次理论，将人的需求划分为五个层次，由低到高分别为生理需求、安全需求、社交需求、尊重需求和自我实现需求。

4. 双因素理论

双因素理论是由美国心理学家赫茨伯格于 1959 年提出的。该理论认为激励因素、保健因素是引起人们工作动机的主要因素。① 激励因素是使员工感到满意的因素。包括上级对工作的认可、工作上的成就感等能满足自我实现的因素。激励因素能提高员工工作积极性和满意度。② 保健因素是使员工感到不满的因素。企业的管理模式、工作条件以及福利等不能提高员工工作积极性与归属感的消极因素就是保健因素。

（二）激励理论在饭店中的应用

饭店产品的销售需要员工与顾客面对面完成，客人的满意是企业的生命线，它依赖员工的勤奋与热情。因此，必须充分了解和针对员工的需要，采取相应措施使员工需要得到满足，以达到激励目的。

1. 需要层次理论在饭店的应用

（1）生理需要。满足员工生理需要，关注员工衣、食、住、行等基本需要。包括发放工资和福利，提供清洁卫生的员工餐厅，为员工提供免费工作餐。

（2）安全需要。为员工提供医疗、工伤或意外伤害保险，满足员工人身安全。

(3) 社交需求。饭店管理层应关心员工情感生活,使员工在饭店感受到家的温暖,产生归属感。此外,饭店还可以通过让员工主动参与管理、提供合理化建议,建立互助金制度、教育培训制度、协调制度来满足员工社交需要。

(4) 尊重需要。应给予员工充分的尊重,采用协商方式,减少管理者的干预,发挥员工的自主性,通过人事考核、晋升、表彰、进修等方式使员工得到关注和认可。

(5) 自我实现需要。饭店通过员工晋升制度、让员工负责独立部门工作或承担一项发挥其能力的重任,满足员工的成就感,通过内部招聘竞岗、重奖优秀员工等方式来满足员工自我实现需要,达到留住和吸引优秀员工、用人所长的目的。

2. 双因素理论在饭店的应用

(1) 工作丰富化。饭店的绝大多数服务性工作都是简单而重复的体力劳动,容易使员工产生厌倦感,失去工作兴趣和积极性。采取工作丰富化,饭店在服务方式和流程方面广泛接受员工建议,采用多种服务形式提高工作兴趣和成就感,激励员工积极性。

(2) 工作扩大化。饭店通过增加员工从事工作种类,使员工掌握承担工作的技能、增加工作兴趣、激发服务热情、提高工作积极性、丰富工作技能,做到"一专多能"。在饭店某一岗位出现空缺时,可能迅速在饭店内部进行调剂、增补,从而降低劳动成本。

(三) 饭店人力资源激励的措施

1. 建立科学的人才晋升制度

建立科学的人才晋升制度,为员工提供广阔的职业发展空间,有效实现员工的个人追求,提高工作积极性和效率,增强员工主人翁意识,实现员工与饭店共成长,降低饭店的人才招聘成本。内部员工的晋升也将有利于实现团结互助、互利共赢。

2. 采取针对性的激励措施

目前,一味笼统的激励或许会满足大部分员工的共同需求,但不可能对所有员工都有效。根据需求层次理论,不同层次的人有不同需求,关注员工需求差异化,有针对性地实施不同的激励措施,能最大限度地激发员工的积极性,达到人人对激励措施满意的情形,形成人人愿意为饭店付出的积极态度。

3. 加强员工的心理沟通

不论是上级对员工的关心、口头奖励还是批评指正,都能帮助员工找到归属感,挖掘其内在潜力。正强化激发积极性,负强化帮助纠正错误,提高自觉性。将二者相结合,正强化为主,负强化为辅,加强管理者与基层工作人员的沟通,及时反馈工作,关注内心需求。注重员工的心理健康将有利于形成良好的工作氛围,建设企业文化,增强员工的幸福感。

4. 营造公平公正的竞争环境

公平竞争环境的缺失导致员工失去工作动力,员工长期得不到重视,导致饭店内部出现不团结现象,进一步影响饭店经济效益,因此,建立一个公平的竞争环境至关重要。员工在工作过程中常有抱怨情绪,这更多体现在管理制度及晋升制度的不公平。他们将自己与老员工进行比较,同样是员工,不同的待遇问题时常困扰着一些员工,消极的情绪随之产生影响工作表现。只有建立公平公正的竞争环境才能更好地发挥员工的内在潜力,提高其积极性和工作效率。

（四）建立企业文化与个人目标

企业文化对员工的影响至关重要，企业传达出来的气氛和感觉，在一定程度上规范着员工的行为方式，积极向上的企业文化深入人心，有利于员工正确价值观的形成，实现企业与自我的统一。饭店应引导员工进行职业生涯规划，将个人融入集体，领导与员工沟通，深入了解其内在需求，为其今后发展提供建议，将企业的发展与员工的个人发展相结合则更有利于员工发挥主人翁意识，从而更好为顾客服务，更好为企业谋利。

（五）强化纪律制度管理

企业若没有完善的规章制度和严明的工作纪律，则会一盘散沙、矛盾频出。加强纪律管理，奖罚分明，对员工不仅是一种激励，更是一种约束，这更加体现公平公正原则。每个人有每个人的工作职责，每个岗位有每个岗位的工作制度，无规矩不成方圆，严明的工作纪律在企业中能起到很好的监督作用。饭店做到以奖励为主，惩罚为辅，加强对员工的管理监督，使员工真正体会到公平性，这有利于增强凝聚力，促进饭店的和谐与稳定。

第三节　饭店财务管理

谭鱼头的信息化与财务管理

十多年前，谭鱼头还是成都郊区一家十来人的小店。而现在，创始人谭长安正试着将中式餐饮的色香味和麦当劳的现代化管理相结合。目前，谭鱼头火锅已经走出了成都，在全国有117家店面。其中87家是直营店，30家是连锁加盟店。

从单店经营到连锁管理，谭鱼头取得现在业绩的制胜法宝就是后台的IT系统。当年，谭鱼头的第一家火锅店刚开业时，因为味道好，30多张桌子的餐厅天天爆棚，门口经常都有几十个人排队等位。这让谭长安反思了传统手写菜单传菜的低效，萌生了求变的念头。

2000年，谭鱼头从上至成都总部，下至各连锁经营店，开始了IT系统的建设。现在，谭鱼头每个连锁店，基本都采用这样的应用模式：餐厅使用POS机点菜，后台厨房的打印机同步提交顾客的点菜信息，库存管理员根据点菜系统中的物料消耗，随时补货；财务系统根据点菜系统和结账系统的数据，对每天的销售状况进行精细统计。常规应用大致如此，实践中还融合了很多实用的管理功能。

以上菜这个具体操作为例，前台点菜的时间，厨房准备的时间，给客人上菜的时间都可以用系统记录下来。哪些菜必须在几分钟内提交给顾客，都有具体的要求。否则，服务员、店堂经理就要受罚。中式餐饮长期以来粗放式的管理，在谭鱼头第一次实现了精细化。

从单店的IT系统应用效果来看，目前已显效益。以亚运村店为例，刚开业时有700多位员工，但是当点菜、财务、OA等应用系统全面运转后，餐厅的点菜、写菜单这些业务环节全都由IT系统高效率替代了，服务员人数减到了目前的400人。人力成本是餐饮企业的一笔重要支出，虽然国内餐饮行业雇佣的劳动力相对低廉，但对于一直渴望向国外市场发展的谭鱼头来说，国外高昂的人力成本，多节省1个员工，都是为企业创造利润。

从2003年起，谭长安又陆续花了2 000多万元打造公司的IT管理系统，将谭鱼头全国分店的销售数据每天传回总部。每天晚上，谭长安都会打开电脑，仔细查看谭鱼头遍布全国的各家直营店的销售数据。而每个月末，他的电脑里都会有一份详细的报告，记录每家门店的收入、员工数量、甚至还有当月最受欢迎的菜品。这一切，得益于谭鱼头2003年开始使用的软件管理系统。

"这些数据是不说假话的。"谭长安说。他从1996年开始创办鱼头火锅店，如今他的谭鱼头火锅连锁已经遍布全国。目前，谭长安正打算对这套软件管理系统进行升级，"让它和肯德基、麦当劳的一样好"。

（资料来源：夏天，祝红.现代酒店管理[M].北京：中国商务出版社，2018）

一、饭店财务管理的概念

财务，是对社会经济环节中涉及钱、财、物的经济业务的泛指。饭店财务是客观地存在于酒店的生产经营活动中，通过货币资金的筹集、分配、调度和使用而同有关方面发生的经济关系。

饭店财务管理是指对饭店财务活动的管理。财务活动即饭店财产物资方面的业务活动及事务活动，包括各种财产物资的取得、支配、耗用、回收、分配等活动。

在市场经济中，各种财产物资具有价值和使用价值，财产物资价值的货币表现就是资金。为了保证业务经营活动的正常进行，饭店首先要筹集一定数额的资金，有了资金后，还要做好资金的投放，使之形成饭店业务经营所需要的各种财产物资，即各项资产。而在饭店的业务经营过程中，资产的价值形态不断地发生变化，由一种形态转变为另一种形态。饭店是借助有形的设备、设施，通过提供服务而获取经济效益的生产经营单位。饭店经营者运用投资者提供的资金进行经营。从形式上看，饭店财务是货币等财产资源的收支活动，它表现为饭店资源量的增加与减少，其基本内容体现为筹资、投资与分配等；从实质上看，饭店财务体现着饭店与各方面的关系，由此体现着一定的社会经济利润。饭店财务活动包括饭店由于筹集资金、运用资金、分配利润，而产生的一系列经济活动，饭店财务活动的总和构成饭店的资金运动。饭店财务管理的对象就是资金的运动。

饭店财务管理是随着饭店规模不断扩大、管理不断深化而出现的一种管理职能，它主要解决饭店经营中的一些理财问题。管理者根据饭店的经营目标和经营需要，按照资金运动规律对饭店的财务问题进行科学有效的管理，并正确处理饭店同社会各种利益关系，团体和个人之间的经济关系。

二、饭店财务管理的主要职能、工作内容及财务关系

1. 饭店财务管理的主要职能

饭店财务管理从计划管理开始，通过对整个经营过程实施必要的控制，达到预定的目标。并且通过饭店财务状况的分析，对整个酒店的经营状况进行评价。因此，饭店财务管理具有财务预算、财务控制和财务分析三项基本职能。

2. 饭店财务管理的主要内容

财务管理是有关资金的筹集、投放和分配的管理工作。饭店财务管理的主要内容包括以下几个方面。

(1) 筹资管理。饭店为了保证正常经营和扩大经营的需要,必须拥有一定数量的资金。饭店的资金可以从多种渠道,用多种方式来筹集。不同来源的资金其使用时间长短、附加条款的限制和资金成本的大小,都各不相同。这就要求饭店在筹资时不仅从数量上满足经营的需要,而且考虑筹资方式给饭店带来的资金成本的高低、财务风险的大小,以便选择最佳筹资方式。

(2) 投资管理。饭店筹集的资金要尽快用于经营,以便取得盈利。但任何投资决策都带有一定的风险性,因此在投资时必须认真分析影响投资决策的各种因素,科学地进行可行性研究。对于新增的投资项目,一方面要考虑项目建成后给酒店带来的投资报酬;另一方面要考虑投资项目给饭店带来的风险,以便在风险与报酬之间进行权衡,不断提高酒店价值。

(3) 营运资金的管理。饭店营运资金也称营运资本和流动资金。一般是指流动资产减流动负债后的余额,即饭店存置于银行的现金、投资于易售有价证券、占用于应收账款与应收收票据和存货储备等项流动资产的总额,减去在经营过程中发生的流动负债(应付账款和应付票据)等。有时将此项余额称为"净营运资金",而将"营运资金"指代流动资产。但是如果提到营运资金的管理则包括对流动资产和流动负债的管理。饭店的经营活动,无不涉及营运资金的范畴。因此,对营运资金的管理显得相当重要。

(4) 成本费用管理。饭店成本费用管理是饭店财务管理的重要内容,饭店成本费用是经营活动中发生的各种资金耗费。因此对成本费用的管理也就是对资金耗费的管理,降低成本费用是增加盈利的根本途径。

(5) 利润(股利)管理。利润是饭店在一定时期经营活动所取得的主要财务成果。当前我国国有饭店称之为利润,而股份制饭店称之为股利。从整个社会来看,利润是社会再生产的重要来源;从饭店来看,取得利润是酒店生存与发展的必要条件,也是评价一家饭店经营状况的一个重要指标。股利管理是饭店财务管理的一个重要内容,对提高饭店的经济效益具有重要意义。

(6) 财务评价。提高经济效益是一切经济工作的出发点和归宿。经济效益评价即财务评价是经济工作不可缺少的一部分。合理的财务评价方法是决策科学化的有力工具,任何一个经济管理干部、任何一个饭店领导、任何一个需要同资金使用打交道的主管人员,都应当懂得财务评价的基本原理和方法。

锦江饭店的财务报告

2007 年业绩报告称,锦江饭店在报告期内出售其所持有的浦发银行 600 万股 A 股,实现投资收益 1.663 亿元,扣除所得税费用及少数股东权益后收益约为 1.26 亿元。受益于出售浦发银行股份和其他股权投资收益大增,锦江饭店(2006.HK)上半年净利润同期大幅增长 84.7%,达到 2.95 亿元,每股盈利由 4.84 分上升至 6.46 分,不派发中期股息。

锦江饭店 2007 年上半年收益由 14.51 亿元微升 2.3% 至 14.84 亿元。其中,星级饭店营运占 11.63 亿元,较 2006 年同期倒退 1%。公司解释称原因有二:一是受和平饭店、和平汇中饭店及新锦江大酒店装修工程拖累;二是锦江饭店全新打造的五星级饭店,亦被视作华中地区旗舰饭店的武汉锦江大酒店，预期将于2007年下半年才能正式开业。锦江饭店表示，锦江之星旅馆将作为集团重点发展项目，期内新增10家自营旅馆及39家加盟旅馆。截至2007年6月底，锦江之星旅馆总数由2006年底的181家增加至230家。

（资料来源：李伟清.酒店经营管理原理与实务[M].北京：中国旅游出版社，2012.）

3. 饭店主要财务关系

随着饭店经营活动的不断进行，财务活动也日益频繁。在财务活动中，饭店必然与各方面发生经济联系，产生各种经济利益关系。饭店在财务活动中与有关各方面所发生的经济利益关系，称为财务关系。它包括以下几个方面。

（1）筹资中的财务关系。在筹资活动中饭店是接受投资者，而且饭店出资的投资者可以分为所有者、投资者和债券投资者。因其对饭店的投资责任不同，享有的权利也不同。具体表现在以下几个方面：投资者因其投入的资本承担财务风险而产生的经济责任；投资者对饭店获得的利润按投资份额享有分配权；投资者对企业破产承担责任。在这些关系中，投资者要选择合理的投资方式和投资的饭店。相应的饭店也要适当地选择合理的筹资方式和投资者，最终实现投资者与饭店之间的利益均衡。

（2）投资经营中的财务关系。投资经营，是将筹集的资金用于生产经营的各个方面。投资经营中的财务关系与筹资中的财务关系相同，只是饭店由受资者变成了投资者。饭店作为投资者与受资者之间的关系及投资与分配的关系属于所有权关系。投资经营，会使饭店的资金流动，资金流动就会带来资金收益，相应地也会带来投资经营风险。这就要求饭店在收益与风险之间进行权衡，以求以最小的风险获得最大的收益，饭店若作为债权人将其资金购买债券，提供借款和商业信用等形成的经济关系，在性质上属于债权债务关系。

（3）分配中的财务关系。参与企业分配的主体有以下几类。

① 国家。国家以行政管理者的身份无偿参与社会剩余产品包括企业利润的分配。饭店必须依法经营，并按照法律规定缴纳各种税款，包括流转税、所得税和各种计入成本的税金。这种财务关系，体现的是酒店同政府之间的一种强制的和无偿的财务分配关系。

② 所有者。所有者参与饭店分配的方式是按资分配，即所有者按其对企业投资的多少进行分配。

③ 债权人。债权人为饭店借入资金，以贷款者身份参与饭店分配，即饭店要按时以还本付息的方式向债权人偿还本金和支付利息。这是一种有偿分配，这种分配带有一定的强制性。

④ 员工。饭店员工以其自身提供的劳动参与饭店分配，即按劳分配。这也是一种有偿分配。饭店根据员工的劳动情况向员工支付工资、津贴，用利润向员工支付，并提取公益金等。员工分配最终会导致所有者权益的变化。

饭店的上述财务关系是在饭店为从事生产经营而进行的资金筹集、调拨、使用、分配、偿还等财务活动中产生的。饭店财务其本质就是饭店经营过程中的资金运动及其体现的财务关系。而财务管理的对象就是资金运作及财务关系。饭店财务管理则是根据国家政策法规和资金运作规律，组织财务活动，处理各种财务关系。通过对资金的运用过程实施管理与控制，实现财务控制，促进经营发展，提高经营效益。

三、饭店财务管理的主要目标

1. 以利润最大化为目标

利润代表了饭店新创造的财富，利润越多则饭店的财富增加得越多，因此股东把利润作为考核饭店经营情况的首要指标，饭店员工的经济利益同饭店实现利润的多少紧密地联系在一起。以利润最大化作为财务管理的目标，饭店必须讲求目标管理，以目标来指导和控制饭店的经营活动，以目标作为管理人、财、物等各要素的基础，使饭店管理始终围绕目标的实现而各司其职、各尽其责。

2. 以财富最大化为目标

财富最大化是通过饭店的合理经营，采用最优的财务政策，再考虑资金的时间价值和风险报酬的情况不断增加饭店财富，使饭店总价值达到最大。在股份制饭店中，股东的财富由其所拥有的股票数量和股票市场价格两方面来决定。当股票价格达到最高时，则股东财富也达到最大，这样饭店总价值最大化与股东财富最大化一致。所以，股份制饭店中财富最大化，也可以表述为股东财富最大化。

以财富最大化作为饭店财务管理的目标就是要正确权衡报酬增加与风险增加的得与失，努力实现两者之间的最佳均衡，使饭店价值达到最大，即财富最大化。一般而言，财富最大化是财务管理的最优目标。

3. 以社会责任为目标

饭店应承担对社会应尽的义务。如果每一个饭店都能够积极承担一定的社会责任，如保护消费者权益、合理雇用员工、为职工提供培训和深造的机会、保护环境等，将会为整个社会的繁荣和发展做出积极的贡献。但企业在追求利益、追求利润及财富最大化时，往往与一些社会利益相矛盾。过多承担社会义务，会影响饭店的收益和利润的增加，如饭店所进行的环境保护投资。尽管由于保护生态环境带来收入的减少，但饭店在承担这一社会责任的同时，也改善了其在社会公众心目中的形象，提高了其在公众心目中的地位，从而可以获得长远的经济效益。

四、饭店财务管理的组织机构

建立健全饭店财务管理的组织机构，是有效开展财务活动、调节财务关系、实现财务管理目标的重要条件。饭店财务管理组织的机构设置一般有三种类型。

1. 以会计为核心的财务管理机构

其特点是会计核算职能和财务管理职能合二为一，在这种机构内部，是以会计核算职能为核心来划分内部职责的，设有存货、长期资产结算、出纳、成本收入报表等部门。这种机构适用于中小型酒店。

2. 与会计机构并行的财务机构

其特点是会计核算职能与财务管理职能分离，财务管理职能由独立于会计机构以外的财务管理机构履行。财务管理机构专门负责筹资、投资和分配工作，组织资金运动。在该机构内部按职责不同划分为规划部、经营部和信贷部。

规划部的主要职责是进行财务预测和财务计划。财务预测的内容是金融市场的利率与汇率、证券市场的价格和现金流量,为筹资和投资提供依据。财务计划的主要内容是:编制现金预算,确定筹资计划;编制利润计划,确定饭店生产经营目标;编制投资计划,确定饭店实物投资和金融投资的动向。

经营部的主要职责是寻找资金的筹措渠道,进行金融市场融资及投资,实施资金分配。

信贷部的主要职责是:调查客户资信状况,掌握其生产及经营状况和偿债能力;对拖欠款进行债务催收和清理,对还款情况进行后续跟踪调查。

这种财务管理机构适用于大型饭店。

3. 公司型的财务管理机构

其特点是它本身是一个独立的公司法人,能够独立对外从事财务活动。在公司内部除了设置从事财务活动的业务部门以外,还设有一般的行政部门。这种财务管理机构一般设置在集团和跨国公司内部,主要负责集团公司和跨国公司的整体财务管理和各个成员之间的财务协调,以及企业成员的自身财务管理。这种财务管理机构适用于一些大型饭店集团和跨国公司。这种机构已不只是发挥企业的财务管理职能,而是发挥对众多饭店集团进行整体财务管理的职能。这种财务机构通常又称作财务公司。采用法人形式的财务公司,有利于其对外履行筹资和投资的职能。

五、饭店财务管理的主要特点

饭店作为一个综合性的服务组织,它所提供的商品与其他企业生产、提供的商品不同。饭店的产品是为旅游者提供衣、食、宿为主的各种服务,因而饭店财务管理有其自身的特点。

1. 投资效益的风险性

饭店固定资产投资金额大,一般要占总投资额的80%左右。由于固定资产具有使用年限长的特点,一旦投入往往难以改变,如果饭店市场的形势不好,必然导致投资效益低下,饭店的巨额固定资产投资在饭店建成以后要经过较长时期的经营活动才能逐步收回。所以其投资决策成功与否,对饭店未来的发展方向、发展速度和长期获利能力都有重大影响。在投资决策之前一定要对投资方案的预期经济效益做深入全面的评价,用审慎的态度、科学的方法选择最有利的投资方案,规避风险,获取最大利益。

2. 客房商品销售的时间性

饭店是通过提供服务和劳务直接满足宾客需要的,当宾客在饭店消费时,饭店设施与服务的结合才表现为商品。客房销售有着强烈的时间性,如果当天不能实现销售即出租给宾客,则当日的租金收入永远失去,因为客房商品无法实现库存。客房销售的时间性要求饭店财务部门积极支持营销部门的促销活动,提高客房出租率,增加客房收入。

3. 宾客结算的即时性

饭店为了方便宾客结账,一般在宾客离店时一次性结清应付款,不论宾客何时离店都应立即办理结账手续,防止出现错账、漏账和逃账。这就要求饭店财务部门必须昼夜提供值班服务,尤其是及时为客人提供入住、货币兑换、离店等各种服务。从这一方面讲,饭店财务管理工作的时间性比一般企业要强。

4. 更新改造的紧迫性

饭店的各类设备设施是否新颖,对营业状况影响很大。这种状况也决定了饭店的资产设备更新周期短，需要经常进行更新和改造，以保持饭店的全新面貌。因此饭店财务管理人员要注意研究各种资产设备的经济生命周期，寻求最佳更新时机，适时装修改造，以获得更高的资产使用效益。

5. 经济效益的季节性

饭店的经营体现着明显的季节性，这导致饭店经济效益也出现了明显的季节性波动。结合季节性的特点，饭店应合理进行安排使淡季不淡，取得最佳经济效益。

第四节　饭店资产管理

饭店资产管理主要体现在降低运营成本，提高经济效益，解决资产管理中的不规范、资产利用率过低等问题。通过资产管理可以有效地将多余闲置的资产合理化分流，促进资产整合调剂和共享，提高资产的使用率。在商业竞争日益激烈的今天，资产的管理与控制也不再局限于成本范畴。它进一步成为获取利润的战略工具，这就需要饭店在资产的购买、使用、维修直至报废的整个生命周期内对资产进行基于流程的动态管理及控制，降低资产的运行维修成本，提高资产可利用率，环环相扣，达到获取最大利润的目的。

一、饭店资产管理控制程序

饭店资产是饭店拥有或控制的存货、固定资产和无形资产，是饭店经营的必备要素。对饭店资产进行科学合理的管理及控制，全面梳理资产管理控制程序，可以及时发现资产管理中的薄弱环节，并采取切实有效的措施加以改进，极大推动饭店的发展。

（一）目的

（1）保障饭店资产的安全，有效保障饭店财务核算系统的规范与合理。

（2）提高资产的使用效率，保证各项资产的安全运转与有效运用。

（二）政策与程序

（1）资产的登记入册和清查工作。饭店内部各部门必须详细地登记备案本部门的资产（包括营业物品、办公用品以及家具等），财务部要定期对其资产进行盘点及清查以核对信息。

（2）对于资产管理，各部门并不能采取责任分摊的方式，而应本着“谁使用、谁保管、谁负责”的原则，落实责任，对工作人员的失职失责行为要进行严格教育。

（3）由各部门经理根据职业素养、工作经验等因素指定一名资产协管员，协助财务部门员工对本部门所有的资产进行控制，做到专人管理、落实到人。

（4）当各部门之间闲置资产需要调剂时应提交“交接记录”至财务部备案，而“交接记录”必须移交给双方的部门经理及部门资产协管员进行签字确认。

（5）发现各部门资产的损毁和遗失的问题，应立即提交报损申请至财务部，不得隐瞒或虚报。

（6）如要指定资产协管员需提交“知情书”（包括锁定人选的联系方式、住址等个人信息）至财务部备案，以便财务部员工在处理工作问题时可以及时通知到人。

（7）须以书面形式将所有部门要求总仓备货的物品记录下来，并通知仓库，特别要注意写明需备货的名称、规格、品牌、用途以及最低备货量等信息。

二、饭店固定资产标签管理

饭店固定资产标签是用来区分与识别饭店固定资产的一种特定标志。标签上一般有单位名称、使用部门、存放区域、购买时间、价格、使用人、资产标号等信息。对饭店固定资产进行标签管理，可以方便掌握资产信息，规范管理制度。

（一）目的

饭店固定资产标签管理可以对饭店的固定资产进行科学管理，明确相关工作人员的责任，以方便资产的正确核算及合理使用，确保饭店的资产得到安全利用。

（二）政策与程序

（1）每一个固定资产实物上都应粘贴书写和喷涂编号标签，以便识别和管理。

（2）当出现固定资产购入、变卖、转移、修理、报废等情况时，必须在有关凭证内填写固定资产编号（另可附情况类型），以备查询。固定资产编号不能随意改变，以防止出现不同项目的编号相互混淆的问题。

（3）客房和餐厅的固定资产不必张贴标签，但要在计算机系统中记录固定资产编号等信息，并由使用部门建立登记表，以备查询。

（4）到月末财务部整理固定资产档案时，按编码具体规则编写固定资产编号，不得出现重复编号、随意编号等问题。编号完毕后，通知工程部将固定资产编号标记在固定资产实物上。

三、饭店固定资产档案管理

饭店固定资产档案就是记录和汇总饭店资产的有关文件资料。它掌握着饭店资产的大部分信息。每当一种固定资产交付使用后，饭店有关部门应积极地收集整理有关资料，建立固定资产档案，并妥善保管。

（一）目的

做好固定资产档案管理，能确保固定资产的价值得到完整、准确、系统的体现。

（二）政策与程序

（1）会计室负责饭店所有固定资产的财务管理和计提折旧等工作。除此之外，会计室应根据工作素养、工作经验等因素，选定一名固定资产核算员负责管理固定资产明细账。

（2）固定资产管理员要建立固定资产登记簿，对固定资产的名称、标号、型号、规格、出厂序号、购建日期、数量、单价、总额、付款凭证号、产地、使用部门、使用情况、设备放置地点、技术资料存放地点等信息进行记录。

（3）固定资产档案资料要记录齐全。应包括批准的采购申请单和资本性支出审批申报表、购买合同合法的发票复印件、由使用部门签收的收货记录以及固定资产内部转移单、固定资产报废清理单等。

四、饭店固定资产内部转移程序

饭店固定资产不能像一潭死水一样静止不动，它需要流通转移，以充分利用。制定规范的固定资产内部转移程序，可以让我们在处理资产内部转移时事半功倍。

（一）目的

规范固定资产内部转移程序，对饭店固定资金进行有效调剂、合理利用，确保饭店固定资产优化配置，实现价值最大化。

（二）政策与程序

（1）饭店内部各部门之间对固定资产进行转移、调动时，必须填写固定资产内部转移单，内容包括转移原因、转移金额及调入调出部门等。此单一式三联，分别是财务部联、调入部门联、调出部门联。

（2）使用部门可以将自己认为属于闲置的固定资产通知给财务部，让其协助调配给其他部门。经相关部门协调后，由调出部门清楚填写与该资产有关的资料交财务总监、总经理批准，获准后方可转移调动。

（3）转移调动完成以后，由调入部门经理和负责人在转移单上签收，签收完毕后将转移单第一联交财务部固定资产管理员，第二联、第三联分别交给调出调入部门，由其调整固定资产登记表。

（4）财务部根据固定资产内部转移单上的情况及时更新计算机系统中的有关信息。

五、饭店固定资产盘点程序

饭店固定资产有价值高、使用周期长、使用地点分散、管理难度大等特点。正是由于这些因素造成饭店的固定资产盘点工作困难重重。但饭店还是要迎难而上，定期对固定资产进行盘点，以掌握饭店固定资产的实际情况并作出相应调整。这就需要按规范的固定资产盘点程序展开盘点工作。

（一）目的

按固定资产盘点程序对盘点工作进行科学高效的管理，确保饭店资产的安全与完整。

（二）政策与程序

（1）饭店对固定资产应至少每年实地盘点一次，尤其是对客房、餐厅固定资产的盘点。

（2）如果饭店要对固定资产实地盘点，应选择在营业淡季且行政工作并不繁忙的月份进行，以免工作量太大造成冲突，并按盘点的先后顺序确定具体时间，然后发文通知相关部门。

（3）由财务部根据相关要求制定各部门的固定资产盘点表，并会同各部门的固定资产管理员对固定资产进行全面的盘点。

（4）关于固定资产的盘盈、盘亏损毁，应当由固定资产使用部门及管理部门进行实际调查，查明具体原因。根据调查分析，写出书面报告，并提交财务总监和饭店总经理审批，审批后有关账目应在当年年末结账前处理完毕。

六、饭店物品报废及破损登记

在饭店的正常运营中，饭店物品也会经历“生老病死”的过程，它们可能破损，甚至报废。对于饭店物品的报废及破损情况，饭店不能置之不理，要及时记录，采取相应措施，维持饭店正常运作。

（一）目的

根据具体情况制定标准报废及破损程序，及时作出修理或另购的应对措施，并进行适当的财务费用记录。

（二）政策与程序

（1）任何在饭店每日营业运作中报废及破损的物品，在丢弃前都要登记，并进行财务处理，不得私自丢弃。

（2）报废及破损报告中必须包括以下内容。

① 出事地点，即造成物品报废及破损的地点。

② 出事日期，即物品报废及破损的具体时间，主要记录哪一天。

③ 所涉及物品的名称，尽量书写正规的产品名称。

④ 破损物品的尺寸、型号、数量等具体规格。

⑤ 上报的报废及破损物品的实际情况。

⑥ 报废及破损物品的单价/金额。

⑦ 具体说明物品报废及破损的原因，饭店目前该物品的库存情况等。

（3）部门经理在批准报废及破损报告前应调查报损原因和了解具体情况，并采取相应控制措施，对于金额超过200元人民币的物品必须附有书面报告。

（4）由成本控制经理核对报废及破损报告。具体核对清点报损物品名称、数量与实物是否相符，并将报告和核对结果转报给财务总监做最终批准。

（5）经批准的报废及破损报告将发至以下部门。

① 第一联交财务部记账，留案备查，并做相应的财务调整。

② 第二联交由报损部门留存，方便了解部门物品情况。

（6）报废及破损物品的处理。

① 报损的食品、酒水要妥善解决，交给管事部作为垃圾处理，并注明严禁使用。

② 对于破损的营运物品，其中报废的已经没有使用价值的，如低值易耗品、瓷器、玻璃器皿等，要交给管事部作为垃圾及时销毁；破损的但仍有使用价值的，如金属餐具等，可以作为废旧物品变卖，所得收入交财务部入账。

③ 任何报损物品都必须直接计入相关使用部门的费用，报损物品变卖得到的现金计入其他收入。

（7）固定资产提前报废程序。

① 由使用部门填写固定资产报损单,交由饭店的部门经理审核签字。

② 将部门经理审核后的固定资产报损单,转交工程部做技术鉴定,工程部经检验认可属于既不能修理又不能再使用的提出破损意见,送报财务部。

③ 财务部资产核算员认真核算、填写资产原值、折损金额和固定资产净值,将报废单据送交成本控制管理主管审核。成本控制管理主管审核通过后送交财务部经理和财务总监审批。财务总监审核通过后送交饭店总经理签字审批。

④ 编制记账。饭店财务部资产管理员将固定资产的明细表、报废单作为饭店固定资产提前报废的凭证,送交成本会计对固定资产的相关财务工作进行处理。最后将编制的记账凭证输入财务计算机系统。

本章小结

当今世界竞争是经济的竞争,是技术的竞争,是人才的竞争,更是服务的竞争。作为服务业中占据半壁江山的饭店业要想健康、持续、稳定地发展,必须充分把握商机,与时俱进,充分利用饭店自身的各类资源,正确行使饭店的各项职能。因此,本章从饭店品牌管理、饭店人力资源管理、饭店财务管理、饭店物资管理几个方面入手,分析其内在的联系。饭店行业的人员通过本章学习,应能对上述资源予以合理利用和有效管理。

课后案例

万豪酒店集团利用社交游戏招聘新员工

全球饭店巨头万豪酒店集团目前正经历一个重要的招募阶段。整个集团面临巨大的职位空缺,而这些职务大多数工作地点都不在美国。为吸引 18~27 岁年龄段的择业者,招募人员通过在 Facebook 有超高人气、每月有 1.35 亿活跃用户的 Farmville 社交游戏专门开发了一个工作职位的粉丝页面和一个名为“My Marriott”的应用程序。这个游戏让用户分散到饭店的各个基础部门,比如厨房、前台、客房等。各部门设置分秒必争的任务,用户通过完成任务可以获得积分,接手更难的任务和饭店其他高级岗位的工作。这个想法是要展示在经营厨房和餐厅时涉及哪些工作,或者是组织打扫几百个房间,是件多么不容易的事。这个游戏有英语、西班牙语、法语及汉语版本。在该公司网站的主要招聘页面都可以看到游戏链接。这个招聘网页已经拥有 1.2 万名粉丝,其中大多数用户来自美国、埃及和印度。

(资料来源:环球旅讯网)

案例思考题

请对这一招聘方案进行点评。

复习思考题

1. 简述现代饭店品牌营销战略必要性及选择。

2. 论述现代饭店文化品牌营销策略。
3. 简述饭店人力资源管理开发与管理。
4. 简述饭店员工激励的措施。
5. 简述饭店财务管理的工作内容。
6. 简述饭店财务管理的主要特点。
7. 简述饭店资产管理控制程序。

第三章

饭店业务管理

学习目标

1. 了解饭店前厅的地位和作用,掌握前厅的主要工作任务。
2. 理解前厅超值服务和金钥匙的相关知识。
3. 了解饭店餐饮服务与管理的内容和特点。
4. 了解饭店客房部的地位。
5. 掌握客房对客服务模式。
6. 了解饭店康体娱乐项目的设置,以及各项活动经营管理方法。

课前案例

崔经理欠账了

崔经理请几位教授到北京某星级宾馆的中餐厅用餐。服务小姐很有礼貌地把他们请到餐桌前入座,便开始请他们点菜。老朋友见面聊个没完,崔经理接过菜单看了一眼,便把它递给旁边的孙教授请他来点。孙教授对一些菜名不太熟,便边请服务员讲解边点菜。点了几个中高档的菜后,孙教授对服务小姐说:"我们年纪都大了,很想要一些清淡的汤菜,像粟米羹之类的东西。""我们今天没有粟米羹,但有燕窝鱼翅羹,这是我们的特色羹汤。"服务员不失时机地推荐到。此时崔经理正在和其他人谈话,孙教授见菜单上没有这道羹汤,以为价钱不贵,就点了点头:"请给我们10个人每人一碗吧。"

过了一会儿,酒水和菜就上桌了。大家边吃边聊,非常高兴。席间服务小姐给每人端上一小罐羹汤,并告诉大家这是"燕窝鱼翅羹",当时大家并没有在意,就用小汤匙喝了起来。孙教授几口就把羹汤喝完了,嘴里还嚷嚷着:"好喝,味道很鲜,只是有点像粉丝汤。"结账时服务员告诉崔经理,餐费共6 000多元人民币。大家一听都傻眼了,以为自己听错了。"我们实在没有要很多菜呀。"崔经理忙让服务员把账单拿过来,一看"燕窝鱼翅羹"一项就记录着近5 000元。

"小姐,这羹多少钱一碗?"孙教授忙问。

"498元。"小姐回答说。"你在介绍时怎么不告诉我们价钱呢?"孙教授有些张口结舌了。小姐却微笑不语。

崔经理安慰大家说,他既然请客就要让大家高兴。他告诉收款员身上只带了3 000多元现金,还有几百元港币,其他的欠款第二天一定送来,但餐厅不同意赊账。大家见状都翻兜找包,帮他凑钱,不巧的是钱仍凑不足。最后,餐厅终于同意崔经理留下身份证明天再来交钱。临出餐厅时,孙教授叹着气说:“今天我可犯了个大错误。”大家也都笑着和他开玩笑:“你刚一见崔经理就让他欠账,真有本事啊!”

那么,这次“欠账”真是孙教授的错误吗?

(资料来源:曹洪珍,刘翠萍.饭店管理概论[M].广州:广东旅游出版社,2013)

思考题

1. 导致崔经理欠账是谁的错?

2. 餐饮服务过程中要注意哪些问题?

第一节　饭店前厅管理

饭店业务是饭店工作的主要内容,是饭店存在和运行的基础。饭店管理最大量的工作是业务管理。另一方面,饭店对其各系统的管理也是围绕着业务活动而进行的,业务管理成了饭店管理体系的主线。本章主要研究饭店前厅、餐饮、客房、康乐这四大业务部门的经营管理。同时,这四大部门也是饭店主要经济收入的来源。本节首先介绍饭店的前厅部。

前厅部是整个饭店业务活动的中心。宾客进入饭店首先看到的、接触到的是前厅,宾客首先和饭店发生联系的部门是前厅,饭店首先向宾客提供综合性服务的部门也是前厅。无论从空间位置还是从功能位置来说,前厅部都是饭店不可缺少的一个重要业务部门。

一、前厅部的作用和任务

前厅是指位于饭店门厅处,宾客进入饭店首先接触的部分。前厅部是负责销售饭店产品、组织接待工作调度业务和为宾客住宿提供服务的一个综合性服务部门,被称为饭店管理系统中的神经中枢。

前厅部下设的职能岗位有接待、订房、问询、礼宾、外币兑换、商务中心、电话总机、票务中心等。

(一)前厅部的作用

1. 前厅部是饭店工作的门面

前厅是宾客对饭店的“第一印象”。宾客入住饭店通常有四个心理过程:第一印象、住店印象、离店感受和旅居回忆。这四个心理过程综合形成宾客对饭店的总体感受和评价。第一印象有着先入为主及对以后三个心理过程产生影响的作用。因此,饭店把前厅的工作做好了,给宾客留下良好的第一印象,就能起到事半功倍的效果。所以,前厅是饭店服务质量的重要标志。

2. 前厅部是饭店业务活动的中心

饭店的一切经营活动,都直接或间接地与前厅部有联系,它是整个饭店的枢纽。前厅部为宾客办理入住登记,宣传和推销饭店的各种产品,及时将客源、客情、客人需求及投诉等各种相关信息传达到有关部门,共同协调全饭店的对客服务工作,以确保饭店服务工作的高效和高质量。

3. 前厅部是饭店管理机构的参谋和助手

前厅部是饭店业务活动的中心，可以收集到关于饭店活动的各种信息，并定时定量地将这些信息进行整理和分析，定期向饭店其他部门提供饭店经营管理情况的数据和报表，定期向管理机构提供咨询意见，为饭店制定未来的发展战略和服务计划提供参考。

（二）前厅部的任务

1. 客房预订

预订业务是前厅管理和服务的主要业务之一。客房预订能保证宾客的活动需求，也有助于饭店有效地掌握饭店的客源。前厅部必须掌握饭店客房的类型和房态，适时向客人进行推销。

2. 建立宾客账户

建立宾客账户是为了记录客人与饭店的财务关系，保证饭店及时准确地得到营业收入。客人办理预订或入住手续后，前厅部为其开设一个专有账户，以记录客人在饭店住宿期间的消费情况。

3. 提供对客服务

前厅部在饭店直接承担着为客人提供机场、车站、码头等接送服务，入住登记服务，行李服务，换房、退房服务，邮件服务，问询服务，电话总机服务以及各种委托代办服务等。

4. 协调对客服务

前厅部是饭店与客人沟通的桥梁。前厅部人员要根据客人的要求，协调好前台、后台之间对客的服务，保持好与饭店各部门之间的有效联系，以达到使客人满意的目的。

5. 信息管理

前厅部是与客人接触最多的场所，是饭店信息的集散中心。它不仅负责收集、整理各类外部信息（如客源市场信息、国内外经济信息、旅游发展信息等）和各类内部信息（如客房出租率、营业收入、预订情况等），还要对其进行加工处理，然后将整理好的信息及时传递到饭店的各经营部门和管理部门。同时，要随时准备好向客人提供其所需的信息资料（如城市公交线路、旅游路线、餐饮、购物等信息）。

6. 建立客史档案

前厅部为了更好地发挥信息管理作用，需要为住店客人建立客史档案。在建立客史档案时，一般是将客人姓名、身份、公司名称、地址、抵离店日期、消费记录和特殊要求等内容记录下来，再按客人姓氏的字母顺序排列客史档案进行保存，定期对客史资料进行统计分析、整理和存档。建立客史档案可为饭店分析客源市场状况，为回头客提供优质服务、个性化服务提供依据。

二、前厅部的主要岗位

前厅部的工作任务是通过其内部各机构分工协作共同完成的。因各饭店性质、规模等不同，前厅部业务分工也不同，但一般设有以下主要机构。

（一）预订处

预订处是前厅部的心脏，专门负责饭店订房业务。其人员配备包括预订主管、领班和预订员。其主要职能是:负责饭店的订房业务,接受客人的预订;负责与有关公司、旅行社等建立业务关系;与前台接待保持密切的联系,及时向前厅部经理及前台有关部门提供有关客房的预订资料和数据,向上级提供 VIP 信息;编制报表;参与制订全年客房预订计划。

(二)接待处

接待处通常配备有主管、领班和接待员。其主要职能是:负责销售客房,接待住店客人,为客人办理入住登记手续,分配房间;掌握住店客人的动态及信息资料,控制房间状态;编制客房营业日报等表格;协调对客服务工作。

(三)礼宾部

礼宾服务人员一般由大厅服务主管(金钥匙)、领班、迎宾员、行李员等组成。其主要职能是:在门厅或机场、车站、码头迎送客人;负责客人行李的运送、寄存及安全;帮助客人招人;陪同散客进房并介绍服务,分送客用报纸、信件和留言;代理召唤出租车;协助管理和指挥门厅入口处的车辆停靠,确保畅通和安全;负责客人其他的委托代办事项。

(四)问询处

问询处通常配有主管、领班和问询员。其主要职能是:回答客人的询问,包括介绍店内服务及有关信息,市内观光、交通情况,社团活动等;接待来访客人;处理客人的邮件、留言等。

(五)电话总机

电话总机一般由总机主管、领班和话务员组成。其主要职能是:转接电话,为客人提供“请勿打扰”电话服务;提供叫醒服务;回答电话问询;接受电话投诉;电话找人;电话留言;办理长途电话事项;传播或解除紧急通知或说明等。

(六)商务中心

商务中心通常由主管、领班和职员构成。其主要职能是:负责为饭店客人提供商务、办公、差旅等方面的支持和服务,包括设备出租服务、传真收发服务、复印和打字服务、翻译和秘书服务、票务服务等。

(七)收银处

收银处一般由领班、收银员和外币兑换员组成。收银处通常隶属于饭店财务部管辖。收银处的主要职能为:负责处理客人账务,为客人办理离店结账手续,包括收回房间钥匙、核实客人的信用卡、负责应收账款的转账等。

(八)大堂副理

大堂副理是饭店联系客人的纽带,为客人提供个性化服务,提高客人在饭店住宿期间的满意度。其主要业务包括:接待客人,处理客人的投诉,独立应对饭店的突发事件,为客人提供问询服务,组织举办客人专项活动,管理饭店备用钥匙,做好每日前厅工作记录,巡查前厅各个岗位并协助工作，接待来访者等。

三、前厅部超值服务与金钥匙服务

（一）超值服务

1. 超值服务的含义

超值服务是指饭店的前厅部为了提高服务质量，给客人以意外和惊喜，超出客人的需求给客人提供的外延式服务。它是饭店在给客人提供硬件设施、软件服务的基础上，额外提供的具有一定价值含量的服务。

2. 超值服务的表现形式

超值服务的表现形式复杂多样，每一个细节都有可能提供额外服务。如客人询问的事情总台不能及时回答，应先记下房号，然后立即帮助查询，事后通知客人查询结果；在旺季的时候，很多预订的客人不能及时进房，特别是上午进店的客人可能因房间没有打扫好而无法进房，这时酒店让他们去酒吧休息等候，免费提供饮料或鸡尾酒；在客满或客人不能接受饭店房价时，帮助客人联系其他饭店的住宿；在雨雪天，迎宾员为客人准备一把雨伞；在登记时，注意客人的出生日期，如是客人生日，为客人送上一份生日礼物；等等。

（二）金钥匙服务

1. 金钥匙服务的含义

金钥匙服务是一种专业化的饭店服务。金钥匙服务人员是指从事饭店大堂工作，并且具有一定的工作经验，利用个人所掌握的丰富外界信息为客人提供个性化服务的特殊群体。

金钥匙服务理念的精髓是："先利人、后利己，用心极致，满意加惊喜，在客人惊喜中，找到富有人生。"在不违反法律和道德的前提下，为客人解决一切困难，"尽管不是无所不能，但也是竭尽所能"，要有强烈的为客服务意识和奉献精神，为客人提供满意加惊喜的个性化服务。

金钥匙服务被誉为"万能博士"。两把金光闪闪的交叉钥匙代表着金钥匙的职能：一把金钥匙开启饭店综合服务的大门；另一把金钥匙开启该城市综合服务的大门。

2. 金钥匙的产生和发展

（1）国际部分。

1929 年，金钥匙诞生在法国。以费迪南德·吉列特为代表，成立了一个城市中饭店业委托代办的组织，命名为"金钥匙"。

1952 年，正式成立欧洲金钥匙组织，总部设在巴黎。

1972 年，在西班牙举行的第二十届国际金钥匙年会上发展成为一个国际性的饭店服务专业化组织。

第一任国际饭店金钥匙服务组织主席是费迪南德·吉列特，其儿子让·吉列特是目前国际饭店金钥匙组织的法人。至今共有 11 位不同国家的饭店金钥匙负责人被推荐为国际饭店金钥匙协会的主席，现任主席为美国人玛佐丽·苏活曼女士。

（2）国内部分。

第一次听到金钥匙是在 80 年代中期，广州白天鹅宾馆总经理杨小鹏从欧洲考察带回了先进金钥匙服务理念。

第一次参加金钥匙国际会议是在 1990 年 4 月,广州白天鹅宾馆派前台部的三位员工赴新加坡参加国际金钥匙协会亚洲区部的成立大会。

第一枚中国金钥匙—— 1990 年底,白天鹅宾馆礼宾部负责人叶世豪加入了国际金钥匙组织,成为香港区的会员。

第一次服务研讨会—— 1995 年 11 月 3 日至 6 日,第一届中国饭店委托代办研讨会在广州白天鹅宾馆和从化培训中心举行,勾画出中国饭店金钥匙组织的雏形。孙东被选为中国区首席代表。

1997 年 1 月,第 44 届年会正式宣布吸纳中国成为 UICO 第 31 个成员国。

1999 年,中国饭店金钥匙组织作为中国旅游饭店业协会属下的一个专业委员会申请成立。

2000 年,第 47 届国际金钥匙组织年会在广州成功召开。

2 000 只孔雀和 4 000 只鸵鸟

某年的春交会期间,广州白天鹅宾馆 2023 房的泰国客人给饭店金钥匙柜台打了一个电话,说想买 2 000 只孔雀和 4 000 只鸵鸟。在大多数饭店职员看来,这似乎是一个童话故事。然而,这正是考验中国饭店金钥匙的想象力的时候,因为在他们的字典中,“不可能”是不轻易出现的。饭店金钥匙不愿意随便说“对不起”。金钥匙小孙就是这样一个人。在接到这一特殊的委托代办任务后,大家都觉得这事只能向动物园打听,但动物园回答只有几只孔雀和鸵鸟。正在一筹莫展之际,金钥匙小孙忽然想到几年前曾看到过一篇报道,内容是有一位姓方的“广州市十大杰出青年”办了一个野生动物养殖场,不知是否有希望。于是电话发挥作用了,经过耐心的查找,并在同事的帮助下,小孙终于找到了该养殖场的地址和电话。不知是运气还是缘分,这家养殖场还真有大量的孔雀和鸵鸟。这样,就在客人提出要求后的 25 分钟,小孙已帮客人联系到了购买这批动物的途径。第二天上午,小孙为客人安排了一辆车和一位翻译,把客人送到了养殖场洽谈有关购买的事宜。这位泰国客人非常满意,因为饭店金钥匙的能量和效率确实超出了他原来的想象。

(资料来源:韩军,谢璐.饭店前厅与客房管理[M].北京:中国旅游出版社,2013)

第二节　饭店餐饮管理

餐饮部是负责经营管理饭店各类餐厅、酒吧,并向饭店客人提供餐饮服务产品的饭店组织机构。餐饮服务是饭店业务的重要组成部分,其服务质量如何直接影响饭店的客源和经济效益,同时影响饭店的声誉。

一、餐饮部的地位和作用

“民以食为天”,饮食是人类生存和发展的最基本条件之一。世界经济的迅速发展,人们生活水平的极大提高,生活节奏的加快,都促进了餐饮业的迅速发展,使得餐饮部在饭店中的地位和作用日益增强。

（一）餐饮部是饭店的重要组成部分

饭店餐饮部的管辖范围包括各类餐厅、酒吧等餐饮设施，有些饭店的餐饮部还管理各种会议设施。所有这些设施均是顾客经常活动的场所，是顾客在饭店的活动中心。餐饮部的服务与饭店的服务质量息息相关，是饭店展示其形象的一个重要窗口。

（二）餐饮服务直接影响饭店声誉

餐饮部服务人员，特别是餐厅服务人员为顾客提供面对面的服务，其一举一动、只言片语都会在顾客心目中留下深刻的印象。顾客可以根据餐饮部为他们提供的餐饮产品的种类、质量以及服务态度等来判断饭店服务质量的优劣及管理水平的高低。因此，餐饮服务的好坏直接影响餐饮部的经济效益，更会直接影响饭店的形象和声誉。

（三）餐饮部为饭店创造可观的经济效益

餐饮部是饭店的主要营业部门，饭店的餐饮收入约占饭店总收入的1/3，餐饮经营有特色的饭店餐饮收入甚至已经超过了客房收入。因此，通过扩大宣传、推出有特色的餐饮产品、增加服务项目、严格控制餐饮成本等手段，使餐饮部增加收入，可为饭店创造可观的经济效益。

（四）餐饮部工种多，用工量大

餐饮部的业务环节多且复杂，从餐饮原料的领用，到厨房的初步加工、切配、烹调，再到餐厅的各项服务工作，需要许多员工才能配合完成。因此，餐饮部的多工种和用工量大的特点，为社会创造了大量的就业机会。

二、餐饮管理的内容

（一）掌握市场需求，合理筹划和设计菜单和酒单

菜单和酒单是饭店餐饮销售的主要工具。一份合格的菜单和酒单反映了餐厅和酒吧的经营目标和特色，衬托餐厅环境和氛围，为饭店带来收入和利润，给顾客留下美好的印象。菜单和酒单的设计已成为现代饭店餐饮管理的关键内容。

（二）开发餐饮新品种，创造经营特色

饭店餐饮服务要具有吸引顾客并与其他饭店、地方餐馆竞争的能力，最重要的是要有自己的特色。所以，饭店餐饮部要挖掘潜力，积极研发新品种、新项目，从而形成自己的经营特色。

（三）加强餐饮推销，增加营业收入

餐饮推销是饭店营销活动的重要组成部分。餐饮部应在饭店整体营销计划的指导下，研究

顾客的需求，选择推销目标，开展营销活动，积极承接各种宴会，抓住节假日和美食节的契机，以争取更多的顾客和提高顾客平均消费额。

（四）确保食品卫生和饮食安全

餐饮卫生和安全是饭店餐饮服务质量的重要指标。餐饮卫生和安全是否符合标准可直接影响饭店的声誉和经济利益。因此，必须加强食品卫生和饮食安全管理，强化预防措施，确保食品卫生、环境卫生和员工个人卫生都符合标准要求，以杜绝食品污染、食物中毒等事故发生。

（五）组织员工培训，提高行业素质和技术水平

餐饮部应根据本部门情况，制订员工发展计划和培训计划，配合人事部门对员工进行思想政治、职业道德和科学文化的教育，并开展有针对性的技术培训，以不断提高员工的行业素质和业务水平，形成稳定的、训练有素的员工队伍。

三、饭店餐厅的类型

大中型饭店一般都设有多个餐厅。根据其餐饮内容、服务方式、规格水平不同，大致可分为以下几类。

（一）正餐厅

正餐厅指食品精美、服务高雅、装饰华丽、环境舒适的桌式服务餐厅，饭店的各种中餐厅、西餐厅都属于此类。正餐厅一般使用点菜菜单，提供零点服务，菜单内容品种齐全，规格较高。正餐厅一般只供应午餐、晚餐，国外不少饭店的高级正餐厅只供应晚餐。中餐厅多采用传统的中餐服务方式，西餐厅服务则分为法式服务、俄式服务、美式服务等。

（二）风味餐厅

风味餐厅本质上也是正餐厅，但因其供应的菜肴富有特色，而区别于一般餐厅，故风味餐厅也称特色餐厅。风味餐厅可专供某一类菜肴，如海鲜、野味、素菜等，或突出某一地方菜系，如川菜、湘菜、粤菜、闽菜等，也可突出某一时期或某一民族的菜，如清朝宫廷菜、宋菜、清真菜等，也可专以某种烹调方法为主，如扒房、烤肉馆等。

（三）主题餐厅

主题餐厅因其装饰主题鲜明独特而得名，以其新奇独特的环境设计和装饰吸引客人。这类餐厅在国外饭店中较为多见，如以航海为主题的餐厅，除了陈列各个历史时期的船舰模型之外，还装饰各种与航海有关的饰品，如缆绳、铁锚等。

（四）宴会厅

宴会厅是饭店不可或缺的餐饮设施，大型的可容纳数百至上千名顾客，小型的仅可接待一桌或两桌顾客。我国各地饭店的宴会厅除可为住店顾客提供各类宴会服务外，还可以为当地企事

业单位、团体和居民提供各类宴会服务。

（五）咖啡厅

咖啡厅是一种规格较低的西餐厅，供应的食品比较简单，如面包、三明治、沙拉及有限的几种大众化主餐。但咖啡厅并非仅供应咖啡、饮料。

（六）自助餐厅

自助餐厅的特点是强调自助，除部分热菜由服务员按照顾客选择帮助装盘外，其他食品、饮料都陈列在餐台上，由顾客自行挑选。大多数自助餐厅要求顾客用晚餐后把餐具送到指定的窗口或架子上，以节省服务员时间。

中餐宴会布局安排

宴会，英语名称 Banquet，即因习俗或社交礼仪需要而举行的宴饮聚会，又称燕会、筵宴、酒会，是社交与饮食结合的一种形式。宴会是众人聚餐的一种群集性餐饮消费方式，不同的宴会有不同的目的和主题。人们把宴会称为“除电话、书信之外的重要的社交工具”。

中餐宴会布局安排如图 3-1 至图 3-4 所示。

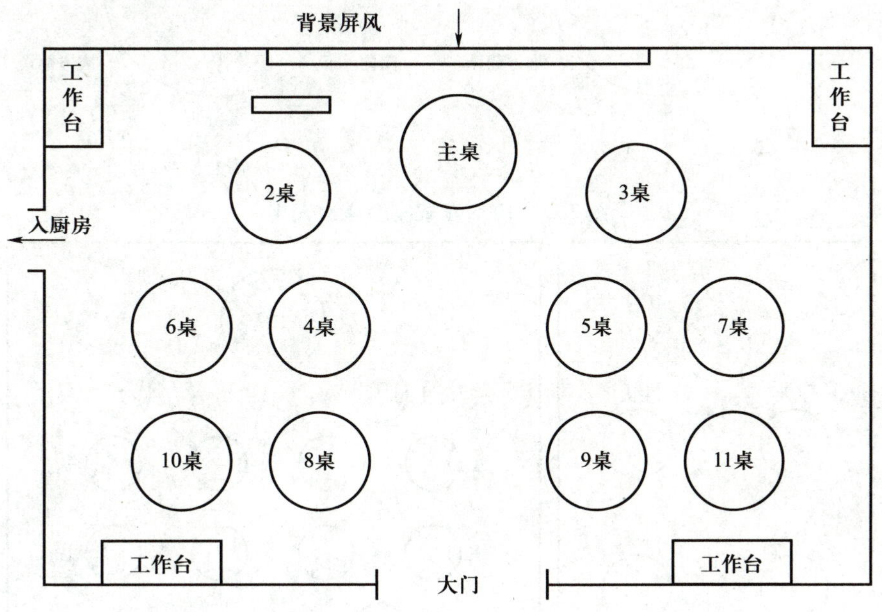

图 3-1 中餐宴会台形布局 A

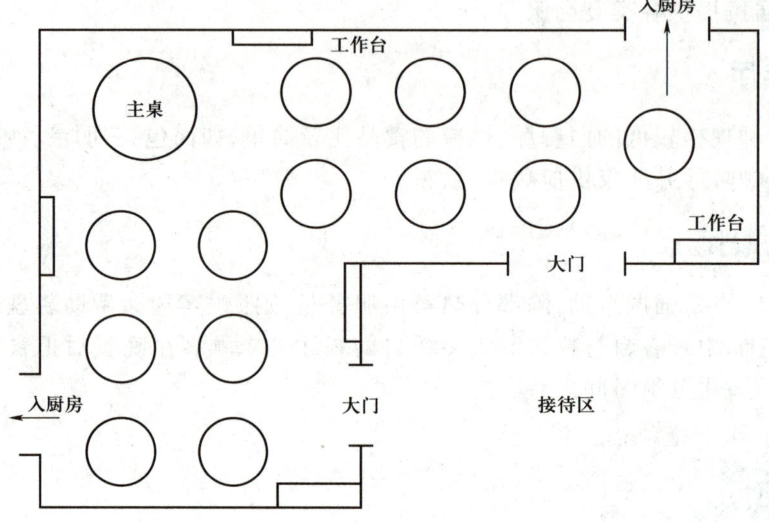

图 3-2　中餐宴会台形布局 B

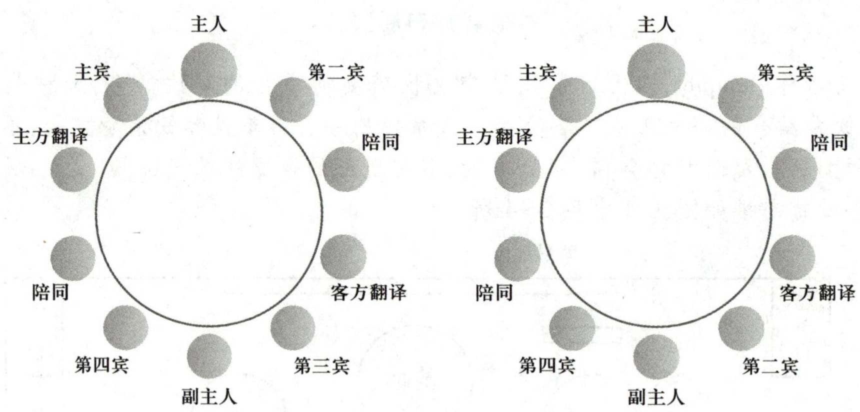

图 3-3　10 人正式宴会座次安排

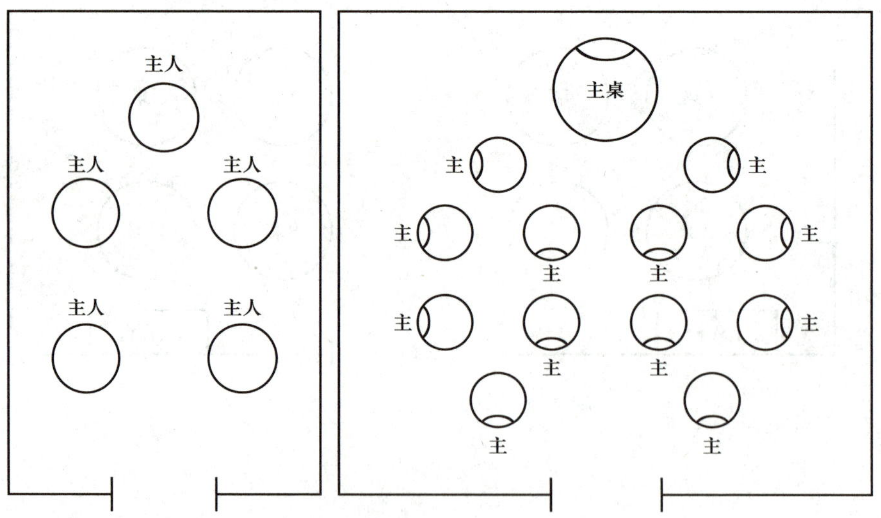

图 3-4　大型中餐宴会座次安排

第三节 饭店客房管理

客房是饭店的基本设施。客房部是饭店的一个重要部门,负责管理饭店有关客房的事务,其主要任务是为客人提供清洁、舒适、安全、实用的住宿条件,并给客人提供符合其要求的各类服务项目。客房服务质量的好坏直接影响客人对饭店产品的满意度,同时也对饭店的声誉和经济效益产生重大影响。

一、客房部的地位与作用

(一) 客房部是为客人服务的主要部门

客房是饭店的主体,是饭店存在的基础。客房是供客人休息、睡眠、工作、梳洗、会客等需要单独进行活动的场所。如果客人把饭店当作家外之家,那这一点在客房表现得最充分。因为客人在饭店的大部分时间是在客房度过的,所以客房服务质量的高低在很大程度上反映了饭店的服务质量。

(二) 客房部是饭店收入的重要来源

饭店通过为客人提供住宿、饮食、娱乐、洗衣、购物等服务项目而取得经济收入,其中,客房收入通常占饭店营业总收入的50%以上。从世界范围来看,我国饭店业发展还比较落后,经营项目较单一,缺少综合服务,因此,许多饭店客房收入在营业总收入中所占比例更大,大都超过了60%,有的甚至超过80%,这反映了客房部在整个饭店经营中的重要地位。

(三) 饭店的等级主要由客房服务水平决定

饭店等级水平的衡量,主要依据是饭店的设备和服务。客房服务水平包括两个方面:一是客房设备,包括房间、家具、墙壁和地面的装饰,客房布置及客房电器设备和卫生间设备等;二是服务水平,即服务员的工作态度、服务技巧和方法等。

(四) 客房服务质量是衡量饭店服务质量的重要标志

客房是客人在饭店中逗留时间最长的地方。因此,客房的卫生是否清洁,服务人员的服务态度是否热情,服务项目是否齐全,都对客人有着直接影响,客房服务质量是衡量整个饭店服务质量的重要标志。

二、对客服务模式

客房服务是饭店向客人提供服务的重要组成部分。饭店应加强对客服务的管理,提高客房服务质量,充分向宾客展示饭店的优质服务,不断提高宾客的满意度。饭店客房部的对客服务模式一般有以下三种。

（一）设立楼层服务台

楼层服务台即在客房楼层的适当位置(如电梯出入口处)设置的专门服务台,配备专职的服务员值台,负责本楼层的各项对客服务工作。这是我国饭店最传统、最普遍的一种对客服务模式。采用这种模式,服务员能够及时、直接地了解客人的需求,为客人提供规范性与针对性相结合的服务,使服务工作快捷高效、富有人情味。但是各楼层需要有专人照看,人力成本较大。

（二）设立客服中心

目前很多饭店尤其是高档饭店不设客房楼层服务台,而是设立客服中心。客服中心配备专职联络员,负责客房对客服务工作的联络协调。客人需要服务时,可用客房内线电话通知客服中心,联络员进行详细记录,并迅速将客人需求通知有关楼层服务人员,服务员则要根据相关要求和标准准确完成对客服务工作。必要时联络员可以跟踪、了解、观察服务工作的效率和质量。

设立客服中心可以减少客房服务人员的编制,降低劳动力成本支出,而且有利于客房对服务工作进行统一调控,强化客房管理。但是面对面的服务相对减少,随机性服务差,服务缺乏亲切感和针对性。

（三）既设客服中心,又设楼层服务台

这种模式吸收了前两种模式的优点,克服了前两种模式的部分缺点。在客人活动高峰时间,安排专职的楼层值台员负责对客服务。客人外出或夜间休息时,可以不安排专职楼层值台员,否则会出现人力资源浪费。客人需要服务时,可通过客服中心安排,在部分楼层设立服务台,安排专职值台员负责对客服务工作。

三、客房个性化服务管理与贴身管家服务

规范化服务是保证客房服务质量的基本要求。但规范化服务只能满足客人的共性需求,而不能满足每位客人的特殊服务要求,因此规范化服务只能维持客房部最基本的服务质量,要使客房服务质量上一个台阶,必须为客人提供个性化服务。

（一）个性化服务的定义及内容

个性化服务就是有针对性地满足不同客人合理的个别需求的服务。为客人提供个性化服务,不仅是提高客房服务质量的重要途径,而且是未来饭店管理的发展趋势。

个性化服务通常体现出服务员的主动性及发自内心地与客人之间的情感交流,一般包括以下四个方面的内容。

1. 更灵活的服务

更灵活的服务即不管是否有相应的规范,只要客人提出合理的要求,饭店就应当尽最大可能去满足他们。例如,客人对服务员提出要自己整理床铺,服务员应满足客人需求,让客人自己动手,而不是委婉地跟客人说:“对不起,我们饭店有规定,必须服务员完成,还是让我来吧。”如果是这样的话,客人最初的合理要求未得到满足,甚至感到被拒绝。饭店服务员应该以更灵活的服务来满足不同宾客的需求。

2. 满足癖好服务

满足客人的癖好，是最具体、最有针对性的个性化服务。客人的需求是千差万别的，有些客人的需求更是独特，我们应该满足客人的不同生活习惯和癖好。

3. 意外服务

由于在旅游过程中难免发生意外，客人急需解决有关问题，在这种情况下，雪中送炭式的个性化服务必不可少。例如，客人在住房期间患病或受伤，贵重物品丢失等，此时，服务人员应急客人之所急，想客人之所想，在客人最需要帮助时服务及时到位，必将给客人留下好印象。

4. 优质服务

优质服务是标准化服务和个性化服务的结合。标准化服务是基础，个性化服务是标准化服务的延伸和细化，在强调个性化服务的同时，不能放弃标准化服务或弱化标准化服务的作用。当某些个性化服务成为大多数客人的需求时，就应将这部分个性需要纳入标准化服务的范畴，使之成为新的规范服务内容，以不断改进饭店业的服务水平。

（二）客房贴身管家

贴身管家(Butler)服务源于欧洲贵族家庭的管家服务。贴身管家服务(Butler Service)是更专业和私人化的一站式酒店服务，它是集酒店前厅、客房和餐饮等部门的服务于一人的服务。下榻酒店的贵宾将得到一位指定的专业管家专门为他服务。贵宾的一切服务需要，诸如拆装行李、入住退房、客房服务、清晨叫早、订餐送餐、洗衣、订票、安排旅游和秘书服务等，都由这位贴身管家负责。这种更加个性化的服务极大地方便和满足了酒店贵宾的需求。

当顾客进入宾馆，在大堂就可以看见，不管是男管家还是女管家都统一穿着黑“燕尾服”，脸上总挂着亲切的笑容，在接待 VIP 时，都有周到细致的管理服务流程。首先要做好详细的接待计划，包括了解客人的生活习惯、个人爱好，如客人沐浴时喜欢的水温、用餐时爱吃的饭菜等。客人入住后，“燕尾服”要根据客人的喜好对事先拟订的接待计划进行调整和充实，为客人的起居、行程、用餐等生活细节提供服务，做好管家日记，管家的服务也是 24 小时不间断的。最重要的是，在服务期间，贴身管家最基本的职业操守还在于为客人的个人隐私进行严格的保密。除了酒店的 VIP 外，针对其他客人的具体情况，管家部将安排是否需要贴身管家服务。如部分老年顾客，如果存在行动不便且需要贴身照顾等情况，管家部将立即作出相应的安排。

贴身管家主要负责客人在饭店的生活起居，同时兼当客人的业务助理。其服务内容包括会议或会见安排、行程提醒、文件打印、衣物整理、生病护理、客房餐饮预订、陪同购物以及文化观光等。

总之，贴身管家要通过对客人体贴入微、周到、私密性的服务，使客人感受到生活起居的方便和饭店的特别关怀，从而使饭店的服务水平更上一个档次。

顶级酒店的贴身管家

央视曾经热播的电视剧《五星大饭店》，让大家领略到了贴身管家的体贴周到。管家服务已成为体现国际顶级酒店个性化、高品位服务的标志，并在国内的高级酒店中日渐时兴。

像保姆：十八般武艺全会。

贴身管家：Don；服务酒店：上海瑞吉红塔大酒店。

瑞吉红塔大酒店向来以"为所有客人提供24小时的专业管家服务"闻名。"要成为一名合格的管家，一招一式都需要经过千锤百炼。"瑞吉红塔助理专职总管家Don从事管家一职已有4年，当年接受的培训和考试，令他受益至今：仪态和礼节是第一课。比如，与客人说话时，距离最好保持在一臂半；敲客人的房门，每次按门铃的间隔，控制在7秒左右；走路不能东张西望，一旦眼睛余光扫到周围有客人，应立即停下脚步，为客人让路；下蹲也不能随随便便；给客人递笔时，应握住笔的前部，使客人接到的是笔的后部，让他们拿得顺手；送报纸时，将报纸斜靠在手臂上，露出每张报纸的报头，让客人一目了然……

到考试时，Don的考题是情景模拟题——把客人领进大堂，记录册该怎么拿？进店路线怎么走？先说什么后说什么？一圈下来，Don浑身湿透。管家必须百般技能样样精通，他得会熨衣服会叠西装，能替客人打包行李箱。Don还专门学过用熨斗熨烫报纸——温度要控制得恰到好处，这样可以防止报纸上的油墨弄脏客人的手。

像间谍：客人喜好预先知。

贴身管家：Hugh；服务酒店：金茂君悦大酒店。

接待每一位客人，酒店管家都必须事先"备课"。客人平时睡的枕头多高，喜欢鹅绒枕头还是弹性棉的？枕套喜欢用棉布还是丝绸？衣架需要木头的还是塑料的……掌握如此多的"个人档案"，为的是让客人一进酒店，就如同回了家。这些信息从何而来？靠的是管家的一双火眼金睛。

金茂君悦的管家Hugh通常会复印客人入住酒店期间的所有用餐记录。如果客人请朋友一同吃饭，他还会细心地将他自点和为对方点的菜加以区分。房间也是重要的线索来源。客人在房间里的冰箱中挑选的是红酒还是可乐？如果是可乐，是百事还是健怡？有的人喝咖啡不放糖，有的只加一滴牛奶，还有人只喝某年出产的酒，并且必定加冰块。有人喜欢用依云水洗澡，有人习惯早起，有人晚上喜欢吃夜宵……这些细节，管家看在眼里，一一记录在手册上。有了这些记录，接待回头客就方便了许多——只要一家酒店的管家记录下这些个人信息，下回客人再入住这家酒店在全球的任何一家连锁店，都能享受到宾至如归的服务。

像保镖：过滤信件、食物。

贴身管家：王正勇；服务酒店：威斯汀大酒店。

威斯汀大饭店的总管家王正勇接待过某国总统。总统一家7口入住时，恰遇台风，外出游览活动被取消，这家人不得不长时间待在酒店里。为此，王正勇在他们房间的电视里，增设了许多卡通节目；给十几岁的男孩安排篮球教练；给5岁的女孩安排保姆，哄她睡觉；他还向25岁的大女儿推荐了一些上海知名的酒吧，并且在大女儿每次外出前，都给总统夫人打电话，免得她担心。同时王正勇还要充当保镖的角色——替他们接收陌生信件，如果有必要，还要帮客人打开信件；客人用餐的食物，管家负责拿去检验。

遇到需要24小时服务的贵宾，管家会住在客人的隔壁。每天，管家依据客人的日程表提早起床，守候在客人的门口，保证他们"一天中最早见到的人是管家"；晚上，不论客人多晚回来，管家必须守在大堂接车，客人不睡下，管家也不能睡；即便已经睡下了，如果客人临时有事，召唤管家,他们必须立刻起身,通过专用通道,在第一时间到达。如果客人需要,管家还要充当翻译和私人顾问,陪同客人出门游玩;一旦遇到商务客人,管家得充当临时秘书,帮助收发 E-mail,复印、打印文件等。

(资料来源:上海瑞吉红塔大酒店,上海金茂君悦大酒店、上海威斯汀大饭店的员工口述整理)

第四节　饭店康体娱乐管理

一、饭店康体娱乐部的主要作用

(一) 增加饭店的服务范围

随着饭店业的不断发展,顾客的消费需求越来越多样化,单纯的客房、餐饮已无法满足客人住店期间的需要,所以,加强康乐设施、设备的投入,提供多种形式的康体娱乐服务项目,为客人在正常的商务、会议、旅游、餐饮活动之外提供更广泛的选择空间,对于提高客人的生活质量、满足客人的精神需求有着重要的作用。

(二) 满足客人的康乐需求

现代社会生活节奏快,工作压力大,为了快速恢复体力和精力,闲暇之余,人们通常会到各种娱乐、健身场所进行锻炼和放松,饭店康乐部门为消费者提供了一个良好的去处。饭店康乐设施和服务项目的好与坏也成为影响客人选择饭店的一个重要因素。

(三) 稳定饭店客源,增加饭店收入

随着人们对身心健康的重视程度越来越高,在选择住宿地点时,客人会充分考虑饭店所能提供的各种康体娱乐活动,尤其是一些商务型客人、旅游度假型客人等。客人对饭店康乐项目消费的增多,将会提高饭店的收入和盈利水平。

(四) 提升饭店整体形象

对于一家服务设施完善、康乐服务项目齐全的饭店来说,客人往往会从心理上对饭店的等级产生认同和信任感,从而提升饭店的整体形象。所以,国家星级饭店的评定标准中对不同星级饭店的康乐活动设置有明确的规定,服务设施达不到要求的不能成为高档饭店,这样可以有效保证星级饭店的硬件水平不断提高。

二、饭店康体娱乐项目的类型

(一) 康体项目

康体项目是指借助一定的运动设备、设施、场所,通过顾客主动参与活动,在愉快的气氛中促进身心健康的活动项目。康体项目不是广义的体育运动项目,而是专指一些具有较强娱乐性、趣味性的运动项目,如保龄球、台球、网球、壁球、高尔夫球、乒乓球、羽毛球、飞镖、游泳等。

（二）娱乐项目

娱乐项目是指通过提供一定的设施、设备和服务，使顾客在参与中得到精神满足的游戏项目。饭店常为客人配备的娱乐项目空间有歌舞厅、棋牌室、游戏机室等。

（三）保健项目

保健项目也是越来越受欢迎的项目，例如，洗浴桑拿、按摩保健、美容护肤等。

三、康体娱乐产品质量控制和管理的内容

（一）设施设备质量控制与管理

设施设备指所拥有的基础设施（如建筑物、游泳池、球场等）、机械设备装置（如音像设备、娱乐设备、健身康体设备等），应始终保持最佳技术状态和合理的使用状态。饭店康体娱乐部门应定期进行设备的更新与改造，以适应顾客康乐需求求新、求异、求变的消费特征。

（二）康乐环境与气氛质量控制

康乐场所良好的空间布局应能够既充分利用有限的空间，使场所得到合理的空间与功能分割，又能保证客人的活动与服务人员的服务提供顺畅而又互不打扰。需配备服务质量高、专业技术水平好、有较强应对突发事件能力的服务员，以保证服务环境得到较好的控制。

（三）康乐安全质量控制

安全控制与管理是为了保障在康乐场所的客人、员工的人身和财产安全以及饭店自身财产安全而进行的计划、组织、协调、控制与管理等系列活动，从而使在康乐场所的相关人员能够得到安全的保障。需制定科学、完善的康乐服务设施设备使用标准与服务工作程序规范，建立各种安全管理制度。

（四）服务项目关键环节的质量控制

康乐服务因其场所的复杂性和服务项目的多样性，使其服务的关键环节也有所不同。休闲娱乐型的服务关键在于现场监督与控制管理，即对有较大安全隐患的相关场所的安全防范，以及对一些具有较高危险性健身项目的场所指导与安全控制；紧急情况的应对与处理等。

康乐项目在酒店中的发展现状

“康乐”是一个新名词，源于国外，近几年在中国盛行。随着我国经济的飞速发展，国民的生活水平得到了显著的提高，特别是在一些大城市工作的白领阶层平时忙于工作，很少有时间进行体育锻炼，于是就兴起了“花钱买健康”的潮流，而康乐正是这一新兴事物的集

中体现。在我国很少有独立的康乐健身馆,大多康乐部都设置在酒店中,而且只有三星级以上的酒店才有资本设立康乐部。康乐项目有很多,比如健身、台球、游泳、保龄球、网球、高尔夫球、攀岩等。康乐部在酒店中的地位越来越重要,它能为酒店吸引更多的客人,带来更多的利润。各家酒店为了实现经济效益最大化都在想方设法地变更康乐项目,不断推出新颖和具有市场吸引力的娱乐项目。

康乐部在酒店中是一个新兴部门,国内的酒店管理者正探索切实可行的管理体系来规范和管理娱乐项目的经营。目前大体有三种常见的管理模式:首先是最常见的传统自营式管理模式。康乐部的人、财、物和所有业务由酒店统一经营和管理。这种模式的优势是酒店能根据自己的发展需要统一规划、协调发展,不足是适应市场变化的能力较差,这也是大部分酒店康乐经营盈利性差的原因之一。其次是业务外包式管理模式。酒店将康乐经营外包给专业型的企业来经营和管理,这有利于酒店将注意力集中到自己有竞争力的核心业务上。从事专业康乐经营管理的公司,不仅在项目经营上具有可靠性、专业性、前瞻性、系统性的特点,而且能降低经营成本,比酒店自己做更有把握。现代酒店的一些附属或非主营业务,如美容美发厅、歌舞厅等都包给外面的企业来经营。业务外包应选择专业特征明显并具有一定知名度的服务企业或机构。最后是独立实体式管理模式。当康乐部门独立对外的业务量比较大、市场影响力较大时,为了便于开发康乐业务,康乐从酒店中独立出来,以新的合资、股份,或作为酒店子公司等独立实体存在,如独立的俱乐部模式。这样酒店可以将康乐经营的风险或不确定性,转变成在正常的和可预见的环境中经营。由于人们观念的更新、审美情趣的变化,酒店经营者应对那些康乐形式单调、内容不受消费者青睐的项目加以改造,使其内涵加深、外延拓宽,从形式和内容上都更符合客人的需要。

(资料来源:苏枫.康乐服务与管理[M].广州:广东旅游出版社,2015)

本章小结

饭店业务是饭店工作的主要内容,是饭店存在和运行的基础。本章主要介绍了构成饭店主要收入来源的四大业务部门,即前厅部、餐饮部、客房部和康体娱乐部的经营与管理。首先介绍了饭店前厅部的地位和作用、前厅部的主要岗位、前厅部的超值服务及金钥匙服务;接着介绍了饭店餐饮部的地位和作用、饭店餐饮管理的内容及餐饮部的一些主要餐厅类型;紧接着分析了客房部在饭店中的地位与作用、客房部所设立的对客服务模式、个性化服务及贴身管家服务;最后介绍了康体娱乐部门的主要作用、饭店康体娱乐项目的类型、康体娱乐产品质量控制和管理的内容。

这四大业务部门不是孤立的,而是相互影响、相互联系的。四者友好合作、协调发展,才能促进饭店其他业务的顺利开展,共同为饭店的整体发展和服务提升做贡献。

课后案例 1

记住客人的姓名

一位常住的外国客人从饭店外面回来,当他走到服务台时,还没有等他开口,问询员就主动微笑地把钥匙递上,并轻声称呼他的名字,这位客人大为吃惊,由于饭店对他留有印象,使他产生一种强烈的亲切感,旧地重游如回家一样。

还有一位客人在服务台高峰时进店,服务员问询小姐突然准确地叫出:"××先生,服务台有您一个电话。"这位客人又惊又喜,感到自己受到了重视,受到了特殊的待遇,不禁添了一份自豪感。

另外一位外国客人第一次前往住店,前台接待员从登记卡上看到客人的名字,迅速称呼他以表欢迎,客人先是一惊,而后作客他乡的陌生感顿时消失,显出非常高兴的样子。简单的词汇迅速缩短了彼此间的距离。

此外,一位 VIP 随陪同人员来到前台登记,服务人员通过接机人员的暗示,得悉其身份,马上称呼客人的名字,并递上打印好的登记卡请他签字,使客人感到自己的地位不同,由于受到超凡的尊重而感到格外的开心。

学者马斯洛的需要层次理论认为,人们最高的需求是得到社会的尊重。当自己的名字为他人所知晓就是对这种需求的一种很好的满足。

在饭店及其他服务性行业的工作中,主动热情地称呼客人的名字是一种服务的艺术,也是一种艺术的服务。通过饭店服务台人员尽力记住客人的房号、姓名和特征,借助敏锐的观察力和良好的记忆力,提供细心周到的服务,使客人留下深刻的印象,客人今后在不同的场合会提起该饭店如何如何,等于是饭店的义务宣传员。

目前国内著名的饭店规定:在为客人办理入住登记时至少要称呼客人名字三次。前台员工要熟记 VIP 的名字,尽可能多地了解他们的资料,争取在他们来店报家门之前就称呼他们的名字,当再次见到他们时能直称其名。这被视作一个合格服务员应具备的最基本条件。同时,还可以使用计算机系统,为所有下榻的客人做出历史档案记录,对客人做出超水准、高档次的优质服务,把每一位客人都看成 VIP,使客人从心里感到饭店永远不会忘记他们。

(资料来源:韩军,谢璐.饭店前厅与客房管理[M].北京:中国旅游出版社,2013)

案例思考题

本案例说明了什么问题?饭店客史档案的记录和管理对饭店经营有什么样的作用?

课后案例 2

给客人留住面子

一位客人来到总台,在办理入住手续时向服务员提出房价七折的要求。按酒店规定,只向住房六次以上的常住客提供七折优惠。这位客人声称自己也曾多次住店,服务员马上在计算机上查找核对,结果没有发现这位先生的名字,当服务员把调查结果当众道出时,这位先生顿时恼怒起来。此时正值总台入住登记高峰期,由于他的恼怒、叫喊,引来了许多不明事由的好奇目光。

案例思考题

这位总台服务员的行为有什么不妥之处?如果你是这位服务员,你应该怎么做?

复习思考题

1. 前厅部的主要任务是什么？
2. 超值服务的内涵如何理解？
3. 餐饮部在饭店中的地位和作用是什么？
4. 餐饮服务管理的内容包括哪些？
5. 简述客房在饭店中的作用。
6. 贴身管家服务的内容包括哪些？
7. 康乐部门在现代饭店中所处的重要地位和作用是什么？
8. 现代饭店中所提供的康体娱乐项目有哪些类型？

第四章

饭店服务管理

学习目标

1. 了解饭店服务质量的含义。
2. 理解饭店服务质量的内容和特点。
3. 掌握全面质量管理的含义。
4. 熟悉饭店服务质量管理的基本程序。
5. 掌握饭店服务质量管理的主要方法。
6. 理解饭店定制化服务的特点。
7. 熟悉定制化服务保障体系的内容。

课前案例

完美的服务让总统像回家一样

美国时任总统布什于2001年来上海参加APEC会议,下榻上海波特曼丽嘉酒店。这家酒店接待过美国前总统克林顿。酒店一个很重要的准则,就是为每一个客人提供个性化体贴入微的服务,当然包括布什这样特殊的客人,使他感到在中国很安全,酒店就像他的家一样温馨。

这一次,布什没有携夫人一起来。但酒店知道他们是一对很恩爱的夫妇,于是,就从美国找来一批放大的照片,其中有他夫人和女儿的照片,还有他两条爱犬的照片,准备悬挂在总统套房的最显眼处,让他一走出电梯就可以看到。由于安全原因,布什上楼的路线一改再改,所有照片也只得一移再移。最后在18日晚上,布什终于来到了总统套房的楼层。当他第一眼看到自己夫人的照片时,顿时非常感动地问酒店管家:“你们是怎么找到这些照片的?”管家告诉他:“这是一个秘密,我们只希望能给您带来一些家的感觉。”他笑眯眯地说:“我已经有这个感觉了。”

布什有早起锻炼的习惯,而且特别喜欢跑步。酒店特意为他准备了一个放满各种跑步用品的包,里面有镶着他名字的运动衫、短裤、袜子、毛巾,甚至连鞋子上也有他的名字。他很喜欢这份特殊的礼物。他的管家在第二天早上告诉酒店，布什收到礼物的当天晚上，就穿着运动服在房间里跑来跑去。

丽嘉酒店的服务非常个性化，对客人的爱好了如指掌，细微之处令人惊叹。美国第一夫人最大的爱好是阅读，她在大学里学的是图书管理。酒店考虑到布什在上海时间紧，没有机会买东西送给夫人，于是就买了一套英文版的《红楼梦》，并在外面用绸缎做了一个精美的盒子，作为礼物送给第一夫人。更有趣的是，布什十分疼爱他的两条狗，以前去哪里都带着它们。酒店想方设法为两条狗专门做了两件中国绸缎的衣服，上面还绣了狗的名字。结果布什对这些特殊的礼物爱不释手。布什是得克萨斯州人，他身边很多工作人员都是他以前做州长时的老部下。除了布什外，怎样才能让他的工作人员在上海有宾至如归的感觉呢？送他们每人一枝黄玫瑰，因为黄玫瑰是得克萨斯州的州花，送黄玫瑰就是欢迎归来的意思。于是酒店在半年前就订了6 000多朵玫瑰，一方面采用黄玫瑰来做大堂中间的巨型盆花，另外包括记者在内的所有客人进入大堂时，酒店都会献上一朵黄玫瑰。这个效果出奇地好，当客人看到黄玫瑰时万分惊喜。后来，布什的公关顾问回美国后，给丽嘉酒店总经理寄来一张卡片。她告诉总经理，当她的美国朋友听到布什在上海时住的是波特曼丽嘉酒店时，很多人马上说："哦，这是一个美国酒店集团。"但她马上纠正他们："这个酒店比美国酒店还要好。"

布什离开的那天，当他再次经过酒店后台时，突然在洗衣房门口停了下来。他不顾外面60多辆车子都在等他，走进洗衣房与员工一一握手，而且主动提出要与员工合影留念。这是很少见的，难怪白宫工作人员后来评价酒店的工作几乎接近完美的境界。

（资料来源：马继刚.酒店管理[M].北京：中国旅游出版社，2016）

思考题

对于饭店的VIP，可以通过哪些个性化方式来体现饭店的热情好客？

第一节 饭店服务质量管理

一、饭店服务质量管理的含义及全面质量管理体系

饭店提供的核心产品就是服务，而服务质量则是饭店的生命线。饭店市场营销和客源组织带来了充足的客源，而能否留住客人，饭店能否长期生存和发展，关键在于服务质量的优劣及其质量管理水平。实践证明，依靠全体员工的积极性和创造性，运用科学的管理方法和手段，满足宾客的需求，才能提高酒店服务质量。饭店也必须不断探索和完善自身服务质量的途径和方法，以优质的服务质量赢得顾客的忠诚，以取得良好的经济效益和社会效益。

（一）饭店服务质量管理的含义

1. 饭店服务质量的含义

众所周知，服务质量是饭店业绩的主要因素。随着宾客对饭店服务质量越来越高的要求，饭店需要不断提高和完善自身的服务质量，以获得和保持良好的社会效益和经济效益。

我们所说的服务是指为满足客人的需要，饭店与客人接触的活动和饭店内部活动所产生的结果。

可以这样理解饭店服务质量:以其所拥有的设施设备为依托,为客人所提供的服务在使用价值上适合和满足客人物质和精神需要的程度以及服务活动所能达到规定的要求。它是在一定经济发展阶段的一种综合性服务现象,是发生在饭店服务提供者和接受者之间的一种无形的互动作用,饭店服务的供需双方在交换中实现了各自的利益的满足,但互动过程不涉及所有权的转移。

2. 饭店服务质量的内容

(1) 饭店服务设施设备的质量。饭店服务设施设备是饭店提供饭店服务的基础,是饭店服务的有形依托和表现形式。饭店服务质量对饭店设施设备的基本要求是:服务设施设备的总体水平达到与星级标准、绿色标准或其他等级标准相应的水准;服务设施设备应尽可能完善,让顾客感到实用、方便;各种设施设备应处于良好的使用状态;对各种设施设备应有严格的维修保养制度,确保饭店的接待服务正常运转。

(2) 饭店实物产品质量。它是满足客人需要的重要体现。主要内容有:① 饮食产品质量。产品风味正宗地道,原料选择与配备、食品卫生等要合格,追求优质;要色、香、味、形、器、质、名、意、营养、健康等要有特色;要精致可口、营养卫生、独具特色、迎合顾客的需求。② 购物产品质量。商品数量充足、结构合理、花色品种丰富齐全、货真价实、民族特色突出、纪念意义浓重、外观包装精美新颖等,满足顾客的需求,它们最终以商品本身的内在质量为主,是饭店满足顾客的购买偏好的重要物质体现。

(3) 服务用品的质量。它是指直接提供给顾客消费的各种生活用品和服务人员使用的各种用品。前者是满足顾客物质需要的直接体现;后者是提供优质服务、保证满足顾客需要的重要条件。要符合饭店的相应等级规格,作到用品齐全、清洁规范、数量充足、供应及时等。

(4) 劳务活动质量。即以劳动为直接形式创造的使用价值的质量。劳务活动质量是饭店服务质量的主要表现形式,其内容包括:礼貌礼节,如任何时候以客为先;职业道德,诚信、保密、关爱;服务态度,主动、热情、周到等。

(5) 服务环境质量。包括饭店的环境气氛、清洁卫生情况、安全状况。饭店的环境气氛包括饭店建筑、布局、装饰装修等除了满足顾客的物质消费需求外,它们共同营造的氛围给顾客带来的美感和满足感。饭店的清洁卫生情况主要包括饭店各区域的清洁卫生、食品饮食卫生、房间用品卫生、个人卫生等。它体现了饭店的管理水平,是服务质量的重要内容。同时,饭店在环境氛围上要营造出一种安全的气氛,给顾客心理上的安全感,但不是戒备森严,否则,反倒会令顾客不安。

3. 饭店服务质量的特点

同一般商品比较,饭店服务质量有其自己的特点。

(1) 服务的时间性。服务的时间性是指服务工作在时间上能否满足客人的要求。

饭店服务对时间性有着极强的要求:客人入店登记、离店付款时都会要求省时;在餐厅用餐时对上菜的速度要求适时;对每天凌晨的叫早服务要求准时;对于所有饭店提供的服务项目都要求及时。例如,喜来登酒店的智能客房以最灵活的登记、结账方式使得商务客人节省了最宝贵的时间,这充分体现饭店为高档上午客人提供最方便的服务,考虑服务的时间性。

因此,省时、适时、准时、及时就构成饭店服务工作的时间性特色。

(2) 服务场所的功能性。服务场所的功能性是指服务场所的环境和设备设施的完好程度。

这种功能覆盖了饭店的每一处角落和每一个空间。包括大堂、电梯、楼层、客房、餐厅、商店、娱乐场所，所有的设备、所有的设施、所有的家具、所有的陈设，甚至包括了空气的湿度和温度。例如，威斯汀酒店以“天堂之床”著称，精心设计最适合人的身体曲线的床，让客人享受最舒适的休息感受。

从饭店服务质量的角度来看，这种功能性有两层含义：① 保持服务功能的基本有效性；② 服务功能与饭店本身的档次相一致。

(3) 服务的经济性。价格质量比对于客人来说永远是重要的。饭店的价格政策也应该属于服务质量的范畴。到底是由于客人付钱我们才提供服务，还是由于我们提供了服务才向客人收取费用，这些颇有些像鸡和蛋谁为先的探讨，意义似乎不大。饭店必须让客人感到物有所值，这也是服务质量的具体体现。

经济性是为了说明被服务者为得到不同程度的服务所需要的费用是否合算。它是相对于服务的其他特性而言并与之密切相关的。

(4) 服务的安全性。对于饭店服务的安全性，我们应该从广义上加以理解。保证客人的人身安全是饭店服务应具备的最基本条件。长期以来，人们往往把保障服务的安全性仅仅看成保卫部门的工作，其实它应该贯穿于饭店所有部门的经营管理工作之中。比如，客房部要格外重视消防安全和客人所带财物的安全，当然也要注意到卫生间地面和浴缸是否防滑的问题；餐厅部应特别注意食品卫生方面的安全；康乐部要防止客人在娱乐健身时可能发生的意外；电话机房要注意接线服务中可能给客人造成的不安全感；运输部门则为客人提供最安全的交通服务。

饭店服务的安全性包括了物质和精神两个方面，它是服务质量中不可忽视的重要因素。

(5) 服务的舒适性。现代饭店业除了向客人提供基本的食、宿、娱乐服务外，还应使客人在接受这些服务的过程中感觉到一种享受。尤其在高星级饭店，客人在实惠和舒适之间往往更注重后者。这种舒适性除了应该在用具方面尽量高档豪华外（一般来说，这一点有钱便可以做到），更重要的是要表现出与现代社会相应的文化品位，这一点则非金钱所能做到。饭店文化品位可以从以下几个方面来审视：

格调是否高雅？色彩是否和谐？光线（灯光和自然光）是否给人以舒适感？陈设（艺术品）是否与环境相协调？选择什么样的音乐（背景音乐及演出）？选择什么样的员工服装？

当然，这还包括那些最基本的客用品（具）的舒适程度和艺术感。

(6) 服务的文明性。文明服务涵盖了服务人员的语言、动作、仪表、仪容。客人往往期望在接受服务的过程中获得一个自由、亲切、尊重、友好、自然与谅解的气氛，从而形成一种和谐的人际关系。在这种条件下完成的服务，就是文明服务。较之冰冷的态度，热情和礼貌的服务固然已经产生了一种质的变化，但只有在此基础上加上“自然”二字，才能真正达到服务的最高境界。饭店服务的文明性是它有别于工业企业质量管理中产品质量的显著特征，应该形成一种特色。

4. 饭店服务质量管理的内涵

综上所述，饭店服务质量是指饭店以设备、设施为依托，所提供的劳务在使用价值方面适合和满足客人需要的物质和心理的程度。饭店服务质量管理实际上是服务的使用价值的管理，它构成了饭店日常管理的中心工作，是饭店管理的核心部分。

对此，我们可以从以下几个方面予以理解。

(1) 质量管理是饭店所有管理工作的一个重要组成部分，它不能代替其他管理，如营销管理、采购管理、人事管理等。但由于市场竞争中质量的重要性，又由于质量是饭店内各个部门和全体员工努力的结果，是饭店整个工作和管理水平的综合体现，因而质量管理就成为一个饭店管理工作的重点和中心环节，以质量求效益也就成为一家饭店发展所必经的途径。

(2) 饭店有各方面的管理职能，其中制定和实施质量方针是质量管理职能。如果我们对质量方针的概念清楚了，并按照要求制定了饭店的质量方针，那么，实施质量方针的主要活动就是建设一个饭店的质量体系，并使其有效地运作。

(3) 由于饭店的产品或服务的质量直接面对市场、面对社会、面对顾客，质量的好坏对于饭店来讲关乎生存与发展。因此，质量管理的职责是由该饭店的最高管理者来承担的，这种职责不能推卸给副职、助手或其他人，也不能推卸给质量管理部门。当然，最高管理者可以委托其他人或部门来承担具体的质量工作，并使之承担相应的质量职责。

(4) 质量是和饭店内每一名员工密切相关的，他们的工作都直接或间接地影响着产品或服务的质量。因此，为了获得所期望的质量，必须要求饭店内所有成员都积极参与质量管理活动，不断改进和提高质量水平。同时，每一位成员也都承担着与自己工作相关的质量职责。

(5) 质量管理是一项全局性和系统性的活动，涉及饭店内的各个部门，也涉及饭店外相关的其他组织和顾客，形成了相互关联、相互作用的全面的系统工程。因此，饭店中所有部门都承担着相应的质量管理职责，这些职责在每一个部门的工作程序文件中应该加以明确规定。

由于饭店产品的质量在很大程度上取决于服务员的即兴表现，而服务员的这种表现又很容易受到他们情绪波动的影响，因此，饭店产品的质量具有不稳定性。为了塑造良好的市场形象，提高客人对饭店的选择率，饭店的经营者们也开始对饭店实行越来越严格的质量管理。

(二) 全面质量管理体系

产品是过程的结果，要生产出质量好的产品，必须有一个好的过程。全面质量管理是质量管理发展的一个阶段。费根鲍姆首先提出这个概念，认为质量问题不局限于制造过程，解决问题手段也不局限于统计方法。质量管理由制造过程逐渐发展到满足顾客要求所必须关注的各个方面(全面)。

全面质量管理也就是全面的质量控制。人们喜欢借用“木桶理论”来解释实行全面质量管理的必要性，即一只由长短不一的木条拼装成的木桶，它的盛水量取决于最短的那根木条的长度。

对此，每一个人可能都有所体会：当你下榻一家饭店，享受了优质的客房服务，享受了众多的美味佳肴、总经理的特别关照、服务员热情周到的照料，一切都是那么美好，那么值得回味。但在离开饭店时却不小心摔伤，带着这个十分不美好的记忆，你也许从此再也不愿回到这家饭店了。

餐饮部接待一位重要来宾，经理反复检查，员工高度重视，厨房的菜品好，服务员的服务也好，餐厅的环境幽雅、价格公道，只是最后结账员重复计算了一道菜的价格，引起了客人的强烈不满，用经理自己的话来讲叫作“前功尽弃”。

客人的摔伤和那计算错了的菜单成了高高的木桶中最短小的那根木条。避免短木条出现的有效措施就是实行对饭店服务的全面质量管理，这种全面质量管理可以从以下五个方面来加以理解。

1. 全方位管理

饭店服务质量的高低取决于各部门每一位员工的工作结果，因此，饭店的每一个岗位都应参与质量管理。

服务工作全面质量管理的对象是全面的,即广义的质量概念,不仅要对被服务者的需求质量进行管理,而且要对全企业的各种工作的质量进行管理;不仅要对物质需求质量进行管理,而且要对精神需求质量进行管理;不仅要对功能性质量进行管理,而且要对经济性、安全性、时间性、舒适性和文明性等方面进行管理;不仅要对物进行管理,更重要的是对人进行管理。总之,服务工作的全面质量管理是对全面质量所进行的管理。这种管理要求我们不能只把眼睛盯到一个或几个局部,因为这样不可能解决饭店提高服务质量的根本问题。

2. 全过程管理

全过程是指服务工作的全部过程,包括服务前、服务中和服务后三个阶段。服务的全过程不仅是面对客人所进行的服务,而且包括了这之前所做的准备工作和这之后的善后工作。

一些饭店管理人员对于全过程管理缺乏明确的认识,便出现了以下局面。

(1) 重服务操作,轻服务前的准备和服务后的善后。

很多服务过程中暴露出来的问题,往往源于前期准备不够充分。比如,厨房出菜不及时,可能是营业前的加工准备不够所致;宴会服务零乱,可能是人员安排分工不当所致;大型团队办理入店手续迟缓,可能是前期排房或其他物品准备工作不足所致。

(2) 重营业高峰期,轻营业低谷期。

(3) 重迎来送往,轻服务过程。

3. 全体人员管理

优质服务不单单是饭店前台人员努力的结果,同时也需要后台人员所提供的保障。我们所说的服务质量管理,实际上是指工作标准的确立和以此为根据来指导检查工作结果,并对工作结果进行分析。如果符合标准,应思考是否还需要继续改进,如果不符合标准,应及时明确是标准的问题还是员工的问题。如是前者,则应修订标准;如是后者,就要对员工进行培训和调整。

4. 全方法管理

饭店全方法管理是多种多样管理方法的有机结合,是在有机统一的前提下,根据实际需要,采用灵活多样的方法和措施,提供优质服务。

5. 全效益管理

饭店服务既要讲究经济效益,又要讲究社会效益和生态效益,它是三者的统一。只有在获得一定经济效益的基础上,饭店才能生存和发展。同时作为社会的重要一员,饭店又必须兼顾社会效益和生态效益。

由此可见,饭店的全面质量管理就是指饭店每一岗位、每一项工作从始至终的全过程和每一个人都要参加,采用多种方法实现综合效益的质量控制管理。

语言的魅力

一天,餐厅里来了三位衣着讲究的客人,服务员引客至餐厅坐定,其中一位客人便开口:“我要点××菜,你们一定要将味调得浓些,样子摆得漂亮一些。”同时转身对同伴说:“这道菜很好吃,今天你们一定要尝尝。”菜点完后,服务员拿菜单去了厨房。再次过来时,服务员便礼貌地对客人说："先生，对不起，今天没有这道菜，给您换一道菜可以吗？"客人一听勃然大怒："你为什么不事先告诉我？让我们无故等了这么久，早说就去另一家餐厅了。"尽管服务员一再表示抱歉，客人仍觉得在朋友面前丢了面子，于是拂袖而去。

（资料来源：新市场：酒店餐饮提升手册[M].北京：企业管理出版社，2016）

案例思考题

1. 该餐厅在管理方面存在什么问题？

2. 本案中的服务员怎么说才不会让客人有太大的意见？

二、饭店服务质量管理的基本程序

（一）制定饭店服务规程

1. 饭店服务规程的含义

饭店服务规程是指以描述性语言，对饭店某一特定的服务过程所包含的作业内容和顺序及该服务过程应达到的某种规格和标准，所做的详细而具体的规定。简单地说，它是某一特定服务过程规范化的程序和标准。饭店服务规程可以让每位员工都明确其服务工作的目标，也使得饭店管理者有检查和监控服务质量的依据。饭店服务规程通常包含以下四个要点。

（1）服务规程的对象和范围。服务规程是以饭店某一特定的服务内容为对象。服务规程既然是以服务过程为依据，这样就对服务规程的范围作了限定。

（2）服务规程的内容和程序。服务规程要规定每个服务过程所应包括的内容和作业程序。如总台入住登记，服务规程除要规定接受订房、登记、排房、收取押金等基本程序内容外，还要具体规定每一环节的内容细节，如动作、语言、姿态、手续、信息传递、权限、时限、例外处理等。服务规程的规定要符合服务过程的规律，同时要考虑减轻员工的劳动强度、减少物资消耗。

（3）服务的规格和标准。不同星级、不同档次的饭店有不同的规格，不管哪一规格的服务都应该有标准。服务规程就是要规定服务的规格以及与之对应的标准。

（4）服务规程的衔接和系统性。每套服务规程的首尾都要有与其他规程互相衔接、互相连贯的内容。如前台部门报维修的规程与工程部的维修规程的衔接；客人离店查房的规程和总台收银结账规程的衔接；餐厅值台和跑菜规程的衔接等。

2. 饭店服务规程的编制

饭店服务规程的编制过程大体包括以下四个步骤。

（1）提出目标和要求。由饭店决策层根据饭店等级经深入的分析研究后，提出本饭店服务规程应达到的目标和具体要求，并将其布置落实到相关部门。

（2）编制服务规程草案。各部门管理者召集下属主管、领班和资深服务人员讨论确定本部门的所有服务内容和服务过程，并制定每一服务过程的规程草案。具体内容应包括：该服务过程的主要环节；每一环节都要细细推敲、琢磨，制定最合理的服务顺序、最佳的服务时机，包括服务员的标准服务用语、服务姿态，以及对特殊客人的服务和突发事件的处理都要做详细规定。

（3）修改服务规程草案。草案出台后，首先应交该服务过程所在班组的全体人员进行讨论，做进一步修改，使其更具操作性；其次将规程草案在小范围内试行，在实践中再做进一步修改，使其更具可行性；最后将规程草案交饭店决策层审定。饭店决策层应对照目标和要求，由店务会议或由聘请的饭店管理专家、学者将每一服务规程进行评审。经审定通过的服务规程，作为规章制度予以颁布实施。

(4) 完善服务规程。随着饭店等级的提高、宾客需求的变化及饭店业的发展，饭店服务规程也会陈旧过时。所以，饭店应随时调整服务规程，并定期进行修订，使之更趋于适用和完美。

3. 饭店服务规程的实施

制定科学合理的饭店服务规程非常重要，但更重要的是饭店服务规程的实施。只有切实地实施服务规程，才能保持并不断提高饭店服务质量，否则，服务规程不过是一纸空文。饭店服务规程的实施过程通常为：

(1) 服务质量意识教育。通过质量教育，树立员工的服务质量意识，使员工认识到服务质量对饭店及员工个人的重要性，从而增强饭店员工执行服务规程的主动性和自觉性。饭店服务质量意识教育，包括服务观念、标准观念、全面质量管理观念等教育。饭店服务质量教育可更新员工的质量观念，树立员工质量意识，提高员工整体素质，从而提高饭店服务水平，是非常有效的一种服务质量管理手段。

(2) 服务规程作业培训。让员工自觉执行服务规程，首先要让员工掌握规程。饭店通过服务规程的培训，可使员工了解服务规程的适用对象和范围，熟悉和掌握服务规程的内容和要求，从而提高员工执行服务规程的规范性和准确性，提高饭店服务质量。

(3) 服务规程过程的督导。饭店各级管理者应对所辖范围员工的服务规程执行情况进行认真、严格的监督、检查和指导。主要可以通过服务质量信息系统和原始记录了解规程执行情况，也可以通过现场巡视检查及时发现存在的质量问题并作及时的纠正，使员工养成实施服务规程的良好意识和习惯。同时，饭店管理者还应经常进行服务质量的对比与评价，并根据实际情况制定出有效的奖惩措施，从而调动员工执行服务规程的积极性。

制定饭店服务规程

以小组为单位，一个小组就是一个饭店管理团队，假设一家虚拟的饭店(包括名称、类型和等级等)，就总台收银结账制定服务规程。实训方法如下。

(1) 实训老师对实训进行要点提示，并提出相关要求。

(2) 各小组拟定饭店总台收银结账服务规程。

(3) 以小组为单位汇报饭店总台收银结账服务规程。

(4) 小组间相互旁听并进行点评。

(5) 实训老师进行点评。

实训思考

通过本次活动，你学到了什么？

(二) 建立服务质量投诉应对机制

顾客因对饭店服务不满而提出投诉未必不是一件好事。曾有统计资料表明，投诉客人的大多数会成为饭店的回头客,因为这些客人认为饭店服务有不足,但他对饭店有信心,相信饭店会改进服务;绝大多数感觉到不满而没有投诉的客人往往不会再光临这家饭店。所以,饭店管理者应制定快速有效的服务质量投诉应对机制,明确处理服务质量投诉的原则、方法和措施,妥善、及时地处理投诉,把宾客投诉视为发现问题、改善服务质量的机会和动力。

饭店处理客人投诉的原则通常有:不争论原则,即使客人是错的,也抱着宽容的态度,不与客人争辩;隐蔽性原则,即处理投诉时应尽可能减少对其他客人的影响;及时性原则,即投诉的处理以第一时间处理为好;补偿性原则,即给予客人适当的情感补偿和实物补偿。在处理客人投诉之后,管理者还应及时对所发生的问题进行深入调查,以找出问题的关键成因,并采取措施,如修改质量标准、工作程序或进行有针对性的培训等,以防止同类问题再次出现,最终使饭店服务质量趋于"零缺点"。

(三)建立服务质量评价体系

饭店只有时时通过各方评价以改进自己的不足,才能在激烈的竞争中得以生存,寻求立足之地。所以,对于饭店来说,建立科学的饭店服务质量评价体系也是构建酒店服务质量管理体系的重要内容之一。

1. 评价内容

服务质量管理效果评价的内容既包括服务质量管理标准的执行程度,即饭店各部门、各环节、各岗位员工的工作是否符合质量管理标准和服务规程的要求,也包括宾客物质和心理满足程度,即宾客对饭店服务质量的满意率是否符合饭店星级标准的要求,如员工的素质高低、设施的配套程度、设备的舒适程度、实物产品的适用程度、服务环境的优美程度等。

2. 评价主体

酒店服务质量评价主体应包括三个方面:顾客、饭店和第三方。

(1)顾客。顾客作为评价主体的依据是:顾客是饭店服务的接受者;顾客是饭店服务的购买者;顾客是饭店发展的推动力。顾客评价的形式有:顾客意见调查表、电话访问、现场访问、小组座谈和常客拜访等。

(2)饭店。饭店作为评价主体的依据是:饭店是服务的提供者;饭店是服务产品的相关利益者;饭店质量评价是饭店质量管理的环节之一。饭店评价的形式有:饭店统一评价、部门自评、饭店外请专家进行考评和专项质评。

(3)第三方。第三方指除顾客和饭店组织以外的团体和组织。目前我国饭店服务质量评价的第三方主要有国家及省、市、县各级旅游行政管理部门和行业协会组织。第三方作为评价主体的依据是:独立于利益相关者,实行行业管理和推行行业标准化。第三方对饭店服务质量评价的形式主要有资格认定、等级认定、质量认证和行业组织、报刊、社团组织的评比。

饭店服务质量评价主体之间的逻辑关系是:顾客评价是服务质量评价的最终目的;饭店评价是提高饭店服务质量、进行顾客评价的参考和第三方评价的依据;以第三方为主体的评价则是整个饭店服务质量评价体系的基础。

3. 评价方法

评价服务质量管理效果的主要方法是检查。检查的方式是灵活多样的,如旅游主管部门对饭店的质量检查,特别是星级评定和星级复查、饭店内部的质量检查、宾客满意率调查等。根据评价内容,对照检查结果,饭店管理者应及时找出存在的问题,分析其产生的原因,进而提出有针对性的改进措施,以不断提高饭店服务质量。

三、饭店服务质量管理的方法

(一) PDCA 循环法

PDCA 循环又叫戴明环,是美国质量管理专家戴明博士提出的,它是全面质量管理所应遵循的科学程序,是质量管理的基本工作方法。全面质量管理活动的全部过程,就是质量计划的制订和组织实现的过程,这个过程就是按照 PDCA 循环,不停顿地周而复始地运转的。PDCA 是英文 Plan(计划)、Do(实施)、Check(检查)、Action(处理)四个词首字母的组合。它反映了做工作必须经过四个阶段。这四个阶段循环不停地进行下去,所以称为 PDCA 循环。

1. PDCA 循环法的四个阶段

第一阶段:计划。提出一定时期内服务质量活动的主要任务与目标,并制定相应的标准。

第二阶段:实施。根据任务与标准,提出完成计划的各项具体措施并予以落实。

第三阶段:检查。包括自查、互查、抽查与暗查等多种方式。

第四阶段:处理。对发现的服务质量问题予以纠正,对饭店服务质量的改进提出建议。

2. PDCA 循环法的具体运用

运用 PDCA 循环来解决饭店服务问题,可分成四个阶段。

(1) 计划阶段。

步骤一:对饭店服务质量或工作质量的现状进行分析,找出存在的质量问题。运用 ABC 分析法(ABC 分析法是根据事物的主要特征进行分类、排队,把被分析的对象分成 A、B、C 三类,有区别的实施管理的分析方法)分析存在的问题,从中找出对饭店质量问题影响最大的问题。

步骤二:运用因果分析法分析产生质量问题的原因。

步骤三:从分析出的原因中找到关键原因。

步骤四:提出要解决的质量问题,制定质量问题要达到的目标和计划。提出解决质量问题的具体措施、方法以及责任者。

(2) 实施阶段。

步骤五:按已定的目标、计划和措施执行。

(3) 检查阶段。

步骤六:在步骤五执行以后,运用 ABC 分析法对饭店的服务质量情况进行分析,并将分析结果与步骤一所发现的质量问题进行对比,以检查在步骤四中提高和改进质量的各种措施和方法的效果,同时检查在完成的过程中是否存在其他问题。

(4) 处理阶段。

步骤七:对已解决的质量问题提出巩固措施,以防止同一问题在下次循环中再出现。对已解决的质量问题应给予肯定,并使之标准化。即修订或修改服务操作标准或工作标准,制定或修改检查和考核标准以及各种相关的程序与规范。对已完成步骤五,但未取得成效的质量问题,也要总结经验教训,提出防止这类问题再发生的意见。

步骤八:提出所发现而尚未解决的其他质量问题,并将这些问题转入下一个循环中去求得解决，从而与下一循环步骤衔接起来。

（二）QC 小组法

任何一家饭店都会存在这样那样的问题，能否发现问题是一方面，能否解决问题是另一方面。饭店管理者应学会发现问题，更重要的是能迅速解决问题，找到解决问题的方法。如果有一些问题是“顽疾”，遵循一般的方法和程序难以奏效，就要施用“特效药”。经验证明，QC（Quality Control）小组，即质量管理小组，就是常能奏效的“特效药”之一。具体而言，质量管理小组是指在各岗位上的员工，围绕企业的方针目标和现场存在的问题，以改进质量、降低消耗、提高经济效益为目的组织起来，运用质量管理的理论和方法开展活动的小组。全面质量管理是要求全员参与的管理，通过开展各种形式的全员性质量管理，尤其是开展 QC 小组活动，可充分发挥全体员工的积极性、创造性，这是解决问题、提高质量水平的有效途径。

1. 调查现状

对拟解决的饭店服务质量问题进行现状调查，以保证其真实性。

2. 分析原因

发动全组人员集思广益，灵活运用因果法、关联法等，找出产生服务质量问题的主要原因。

3. 制定措施

针对造成饭店服务质量的主要原因制定相应对策，根据对策安排实施计划，进行管理，加强预测。

4. 实施计划

在实施过程中，应随时把握实施的情况，检测质量趋势，根据分析结果，采用专业技术或管理措施，及时解决遇到的新问题，同时做好详细记录。

5. 检查效果

把实施前后的效果精心对比，看是否达到预定目标，分析达标或不达标的原因，不达标的应重新调查分析。

6. 制定巩固措施

成功通过 3 个月左右的考验，说明问题已基本解决，应将行之有效的方法上升为标准。经有关部门审定后，该标准应纳入饭店有关质量标准的管理文件。

7. 遗留问题处理

对遗留问题加以分析后，将需要进一步解决的问题，作为下一个循环的问题，继续深入开展活动。

8. 总结成果资料

这是自我提高的环节，也是下一个循环的开始。

第二节　饭店定制化服务

定制化服务，顾名思义，指的是饭店在满足顾客标准需求外的深化服务。虽然定制化服务的概念由来已久，真正推行过定制化服务的饭店却不多。此外值得注意的是，定制化服务并不等同于个性化服务。它并非是为适应每位客人的不同需求而进行的设计，而是以大多数客人的普通需求为基础，加之适当的变革与创新，这也是饭店在探索多元化市场需求过程中的重要举措。

一、饭店定制化服务的基本特征

招待所服务模式是在经验管理的基础上形成的，一切都借鉴过去经验；标准化服务模式则是在科学管理理论的发展中摸索出来的，它有一套完整而具体的规程和制度，使服务工作变得有据可循，饭店企业在这一阶段得到了飞速的发展，但是整个市场、消费者、供应者都已成熟的21世纪，标准化已失去了往日的勃勃生机；定制化服务模式将给饭店企业带来新的活力，它建立在现代企业的人本管理理论的基础上，是一种真正的以客人为中心，并充分挖掘员工潜能的新型服务模式。其服务的基本特征主要有以下三个方面。

（一）定制化服务是一种个性化的服务

定制化服务带给客人的是个性的感受，“结果是没有哪两个人能够得到完全相同的体验”。因此，这是一种量身打造、有需有供的活动，它不会出现生产过剩，也不会出现需求抱怨。在标准化服务年代，应该说饭店在制定服务规范和标准时，也是从客人的需求出发的，但是这种需求往往是客人一般的、共同的和静态的需求，以此为基础的服务，在千差万别的客人面前往往很难真正让客人满意。

客人的需求是多种多样、瞬息万变的，具有多样性、多变性、突发性的特点。定制化服务所体现的差异性，要求以客人的需求作为服务的起点和终点，既要掌握客人共性的、基本的需求，又要分析研究不同客人的个性需求；既要注意客人的静态需求，又要在服务过程中随时注意观察客人的动态需求；既要把握客人的显性需求，又要努力发现客人的隐性需求；既要满足客人的当前需求，又要挖掘客人的潜在需求。只有提供差异化的定制服务，做到客人认为是分外的不可能的事，才会让他们在满意的同时，获得一份惊喜。而饭店员工也正是在客人的惊喜中收获自己的喜悦与满足的。

（二）定制化服务是一种人性化的服务

定制化服务所产生的“体验”效应是带给消费者美好的感觉、永久的记忆和值得回味的事物与经历。消费者对这种美好的感受不会独自享有，而会与他人分享，即积极地传播，进而产生放大效应。在标准化服务模式指导下，饭店强调的是规范化，服务人员使用规范性的语言和动作为客人服务，服务人员往往将对客服务视作一种任务，很少顾及客人的反应及对客人的影响。所以往往使人受之乏味，很难领略到人的那份亲情及真挚，同时也缺少了一种自然、自由、宽松的氛围。而定制化服务的核心是人性化，强调的是用心为客人服务，要求充分理解客人的心态，细心观察客人的举动，耐心倾听客人的要求，真诚提供亲切的服务，注意服务过程中的情感交流，使客人感到服务人员的每个微笑、每一次问候、每一次服务都是发自肺腑的，真正体现出一种独特的关注。

（三）定制化服务是一种极致化的服务

在服务结果上，标准化服务强调的是规范，即是否达到了标准。而定制化服务强调的是使客人满意，即客人是否感受到物质上的舒适和精神上的舒心。所以定制化服务是以提高客人的满意度为基本准则，追求的是极致效果，即要求尽善尽美。为达到极致的效果，它要求饭店从业人员必须发扬金钥匙的服务精神，即用心极致的服务精神。在对客服务中，必须做到精心和尽心。精心，就是要求有超前思维，一丝不苟。尽心，就是要求竭尽全力，尽己所能。

雅斯特酒店的定制化服务

1. 顺势而生，率先推行定制化服务

作为中国精选商旅酒店的开拓者，雅斯特酒店坚持以客户需求为导向，不断调整适应新的市场环境，将客户在旅途中产生的中高频需求进行标准化定制，利用移动互联网技术对其进行整合打包，再借助微信入口，由客户自主选择，从而实现了一房多价的标准化定制服务。

雅斯特酒店依据消费者需求，以消费者为核心导向，根据客人的停留时间规划出满足“行、住、游”一站式接待方案。举个例子，某客人在抵达一个城市前，通过雅斯特酒店互联网平台，将此次的接机、客房布置或物品配备、外出游玩票务等信息传递给酒店，由酒店包办。

通过调查，雅斯特发现拥有定制化服务需求的客户占比约 20%，通过此类服务，房价能够增加 80~150 元。以 100 间房规模的酒店测算，为大约 20%的顾客提供定制化服务，可以提高 15~30 元。

相比其他酒店的定制化服务，雅斯特更加注重客户选择的多样性与灵活性。其精选出 10 个以上的定制化服务套餐，供顾客根据自身需求个性选择。只要通过微信平台或官网至少提前一天预订并支付全部消费金额，门店就可根据客户的个性需求进行布置或准备。客户到店消费后进行线上分享，能够获得积分或代金券奖励。从而形成了通过互联网平台等线上预订支付、线下门店标准化定制体验、线上分享与线下体验的闭环分享模式。

2. 以定制化服务塑造企业核心竞争力

优质的定制化服务不仅为消费者带来了良好的入住体验，也解救酒店于激烈的同质化竞争之水火，为饭店开拓了全新的市场空间，称得上是一种相当成功的创新模式。当然，定制化服务与常规服务相比，对饭店的综合实力要求更高。这不仅体现在管理层的理论操作上，更体现在酒店上下服务的质量上。因此，饭店想要从零开始，摸索定制化服务之路，并非易事。

而先于众多同行走上探索之路的雅斯特，显然已熬过了最艰难的转变期。雅斯特酒店集团董事长兼总裁胡竞选说：“当今酒店行业竞争日趋激烈，在服务与产品上通过‘有限定制化’服务形成差异化，提升营收的同时规避竞品间激烈的价格争夺战，为酒店经营寻求新的风口与突破。”标准化的产品和服务只能让客人满足，定制化的产品和服务能给客人带来惊喜，人性化的服务和产品给客感动。未来，雅斯特酒店将继续探索，在定制化服务的道路上进行更多尝试，给消费者带来更多惊喜。

（资料来源：根据网络资料整理）

二、饭店定制化服务的保障体系

为确保定制化服务的落实，饭店应建立定制化服务保障体系。这些保障体系包括以下几方面。

（一）服务信息网络化

信息管理是推行定制化服务的基本依据。只有掌握客人的信息，才能有的放矢，为其提供有针对性的定制化服务。标准化服务模式阶段，计算机系统已经在饭店中广泛地运用。相比标准化时代的饭店信息系统，定制化服务对信息系统有了更高的要求——服务信息网络化。

要提供定制化的服务，就要充分利用信息管理系统，将客人的信息及特殊需要进行记录和储存，建立客史档案，形成信息共享，并根据这些储存的信息提供令人惊喜的服务。各类信息包括客人的社会人口学特征，即职位头衔、习惯、性格、脾气、宗教信仰、消费偏好、文化差异、禁忌、购买行为等。里兹·卡尔顿酒店早在 2004 年就已建立了 240 000 位常客的个人档案，他们成功的秘密就是凭借信息技术和多一点点的用心，丽思·卡尔顿酒店让“宾至如归”不再是一句口号。

此外，我们还应对客人的信息进行分析和统计，注意服务体系中每一个细微环节，找出服务过程中最小的重复性单位，以加快服务速度，提高服务工作灵活性，使客人获得独特定制化服务，又使饭店获得规模经济带来的效益。

（二）组织结构柔性化

为适应定制化服务的需要，饭店必须对客人保持高度的敏感，并使他们的个性化需求得到迅速满足，这就要求饭店具有快速反应的组织体系加以保障。

对客人来说，服务人员是饭店的代表，饭店必须依赖改变传统的金字塔形组织结构，代之以一种新型的组织结构，即扁平化倒金字塔形组织结构。在传统的金字塔形组织结构中，层次过多，等级森严，权力高度集中在塔尖。对客人服务的人员处于整个饭店的最底层。采用扁平化倒金字塔形组织结构要求减少管理层次，提高工作效率，同时传统的中层管理人员将主要成为辅助人员、信息供应人员，并增大一线人员的权力。遇到一线人员无法解决的问题，仍需中层管理人员作出决策。高层管理人员则解决经营管理中的重要问题。香港文华东方集团的管理理念就充分反映了这一思想，他们认为：“如果你不是直接为客人服务，那么你的职责就是为那些直接为客人服务的人服务。”

（三）管理方式人本化

在标准化服务模式中，质量管理的基本方式是制度化，而定制化服务模式则要求人本化。即要求饭店必须运用各种手段，采取各种措施，让全体员工的精神振奋起来，在经营活动中有高昂的士气，感受到一种成就感，让他们充分看到自己在工作中实现人生的价值，从而使他们与饭店形成一种风雨同舟、兴衰与共的情感，实现饭店管理的根本目的。人本管理关键必须抓住以下两大环节。

一是培养员工对饭店的忠诚。传统的企业管理重视的是对物的管理或是以物为中心的管理。到了泰罗的科学管理时代，虽然也开始重视对人的管理的研究，但实际上还是把人作为管理客体来对待的，运用严格的控制手段来管理工人，以达到高效的生产，而要使员工主动参与饭店经营，与饭店同舟共济，就应该把他们看成企业的主体。运用行为科学，塑造良好的人际关系；增加人力资本投入，提高劳动者素质；推进民主管理，提高劳动者参与管理的意识；培育企业文化、企业精神等。所有这些都是为了营造一种良好的工作氛围，增强凝聚力，提高员工对饭店企业的忠诚度。

二是充分把控员工的潜能。企业管理归根结底是对人的管理，是如何调动和发挥员工个人积极性和充分挖掘人的最大潜能的问题，饭店要将提供定制化服务的思想灌输到每一个员工的心中，并在日常工作中表现出来。如北京凯宾斯饭店首创的交接班集体讨论会(Relief Group Discussion，RGD)就是企业调动员工积极性的成功典范，他们将客人资料进行日常规范化的管理。每天下午1:30—2:30早班人员与中班人员交接重叠一个小时，坐在一起讨论饭店前24小时发生的事。将每天每人身上发生的案例全部记录下来，确定最佳处理办法，然后把所有信息用科学化、规范化的方法分类存档，做到信息共享。RGD制度的建立，极大地鼓励了员工主动服务的积极性。一家致力于实施定制化服务的饭店是不会放过任何一个为客人服务的机会的，并会将每一次特殊的定制化服务进行记录和研究，以提高下一次类似服务的效率，降低企业的成本。

（四）重要岗位人员职业化

定制化服务的提供，其主要依靠的就是饭店的重要岗位服务人员。定制化服务是一个全新的服务，它需要员工有高度的自主性和灵活性。我国的饭店企业应努力加快饭店重要人员职业化的进程。这里所指的职业化不是仅仅讲究职业化的仪容仪表，使用职业化的微笑和语言，而是真正具有饭店行业所特有的职业素质，如职业意识、职业思维、职业习惯、职业经验、职业技能等，能够设身处地为客人着想，提供有针对性的定制化服务。

所谓“朽木不可雕”，在饭店重要岗位服务人员的招聘过程中，就应有目的地挑选一些素质良好、有发展潜质的人员。只有素质良好的人员才有可能一点即通、举一反三，才有可能有创造性的思维和行动。同时，必须加强职业培训，如曼谷的东方酒店，对员工有着颇为独特的培训方式，连续十年被评为亚洲最佳酒店之一。凡是进入该酒店的新员工都要接受比较长的培训过程，开始的第一个星期就是学习如何擦皮鞋。该饭店通过这一个星期的擦皮鞋培训，不仅让员工们掌握了擦皮鞋这个简单的技巧，而且训练他们能够通过识别皮鞋的品牌、产地、质地、价位、新旧状况等信息，判断出皮鞋主人的品位、爱好、经济状况等隐含信息。如此培训，自然而然地激发了员工对饭店服务的兴趣，让他们对饭店服务有了一个全新的认识，启发他们可以从不同的角度寻找值得钻研的东西，从而提供客人所期望的定制化服务。

当然，人员的相对稳定也是保证职业化的重要条件。要保持经过各种职业训练、具有较高职业素质的员工的相对稳定，就必须建立一定的激励机制和约束机制。我国足球俱乐部转会制度可谓成功的范例，它既提供了机遇，也给球员的流动设置了一定的障碍，值得我国饭店业借鉴。

（五）服务效果评估满意化

在标准化服务模式阶段，我国许多饭店都已经形成了各自的一套科学而健全的服务质量评估系统。但是，在以标准化为主要模式的阶段，其服务质量的评估往往是建立在是否符合标准、符合规范、符合程序的基础之上。虽然在许多饭店的评估体系中也考虑到客人意见一项，但这并没有成为评估服务质量的核心内容。试想一下，一个急着赶时间的客人得到了服务人员一步一步按照标准化程序提供的规范服务，他也许会觉得烦躁和不耐烦。但是按照传统的质量评估体系所进行的对此项服务的评估，其结果并不会差，但这样的服务真的就是高质量的服务吗？其实不然，当初实行标准化服务的目的之一也是让客人满意，但是设定标准的同时也限制了服务人员的灵活发挥,有时标准化服务甚至会招致客人的不满。在推行定制化服务后,就必须将这个观念转变过来。定制化服务从设计、生产、组合、销售、评估等各个阶段,都应该体现客人导向,真正做到以客人满意为出发点。饭店应该利用各种途径,检验客人接受服务之后的满意程度,如客人意见卡、客人投诉处理、现场观察、拜访客人、客人离店后寄发反馈信件、大堂副理主动收集客人意见、邀请神秘客人暗访等。同时,还必须加以制度化和系统化作为保障。

全面质量管理的典范:丽思·卡尔顿酒店

(一)集团发展概况

丽思·卡尔顿酒店管理公司是一家闻名世界的酒店管理公司,其主要业务是在全世界开发与经营豪华酒店。

丽思·卡尔顿公司的创始人恺撒·里兹被称为“世界豪华饭店之父”。他于1898年6月与具有“厨师之王,王之厨师”美誉的 August Ausgofier 一起创立了巴黎丽思酒店,开创了豪华酒店经营之先河,其豪华的设施、精致而正宗的法餐,以及优雅的上流社会服务方式,将整个欧洲带入一个新的酒店发展时期。随后于1902年在法国创立了丽思·卡尔顿发展公司,由它负责丽思·卡尔顿酒店特许经营权的销售业务,后被美国人购买。

与其他的国际性酒店管理公司相比,丽思·卡尔顿酒店管理公司虽然规模不大,但是它管理的酒店却以最完美的服务、最奢华的设施、最精美的饮食与最高档的价格成了酒店之中的精品。

丽思·卡尔顿的成就概况为:最完美的服务、最奢华的设施、最精美的饮食、最高档的价格。

(二)丽思·卡尔顿全面质量管理的理念精髓

丽思·卡尔顿酒店的成功与其服务理念和全面质量管理系统密不可分。丽思·卡尔顿酒店的服务理念都来源于这个品牌的创始人恺撒·里兹先生,他引入的服务理念对美国豪华酒店的发展提供了一整套新的观念。

今天,“丽思”已经成为豪华和完美的代名词。在《新英汉词典》中,它的中文注释是:极其时髦的,非常豪华的。

丽思·卡尔顿酒店在其服务理念的指导下进行了持续的全面质量管理改造,并于1992年和1999年两度获得马尔科姆·波多里奇国家质量奖。丽思·卡尔顿酒店,作为酒店业中的第一个也是唯一的一个获得了马尔科姆·波多里奇国家质量奖。该奖项是美国商界的完美标准,是成功管理公司的指南。

丽思·卡尔顿的全面质量管理理念精髓包含以下五个方面。

(1)强烈地关注顾客。这里的顾客不仅包括外部购买产品和服务的住店客人,还包括内部顾客。

(2)坚持不断地改进。全面质量管理是一种永远不能满足的承诺。他们的理念是“非常好”还不够,质量总能得到改进。

(3)改进组织中每项工作的质量。全面质量管理采用广义的质量定义,它不仅与最终产品有关,而且与组织如何交货、如何迅速地响应顾客的投诉、如何有礼貌地应答电话等都有关系。

(4) 精确地度量。全面质量管理采用统计技术度量组织作业中的每一个关键变量,然后与标准和基准进行比较,以发现问题,追踪问题的根源,消除问题的原因。

(5) 向雇员授权。全面质量管理吸收生产线上的工人加入改进过程,广泛地采用团队形式作为授权的载体,依靠团队发现和解决问题。

(三) 全面质量管理的保证措施

公司高层管理者要确保每一个员工都投身于全面质量管理过程中。要把服务质量放在酒店经营的第一位。高层管理人员组成了公司的指导委员会和高级质量管理小组。每周会晤一次,审核产品与服务的质量措施、宾客满意情况、市场增长率和发展情况、组织指标、利润及竞争态势等,至少将其1/4的时间用于与质量管理相关的事务。其质量策略之一是"100%满足顾客的需求",之二是"新成员饭店质量保证项目"。

(四) 质量保证的五条指导方针

1. 对质量承担责任

把质量放在第一位,是要求有一种公司文化来支持它,只有公司最高领导层能培育这种文化。因此,全面质量管理的第一步是最高领导层要承担质量管理责任,培育重视质量的文化氛围,特别是公司的总裁、首席执行官。

2. 关注顾客的满意

成功的管理公司必须十分清楚它的顾客到底需要什么,要始终满足和超越顾客的需要与期望。

3. 评估组织的文化

从公司选出一组人来考察、研讨公司的文化行为,评估公司文化与全面质量管理文化是否相适应,改正缺点,确定解决问题的先后顺序。

4. 授权给员工和小组

授予质量小组和员工解决宾客问题的权力,还要培训他们以有效地使用好他们的权力。

5. 衡量质量管理成就

确定质量管理衡量标准,建立信息收集与分析制度,以便于及时发现问题和解决问题。但要注意,全面质量管理主要依靠理性的思考和对问题的及时解决,而不是复杂的统计和其他衡量技术。

(五) 产品和服务的黄金标准:信条、座右铭、三步服务和20条基本准则

1. 信条

在丽思·卡尔顿酒店,"真诚的关心与顾客的舒适"是最高宗旨,他们发誓为其顾客提供最个性化的设施与服务,让顾客享受温暖、放松而高雅的环境。丽思·卡尔顿酒店的经历使顾客充满生机,给顾客带来幸福,满足顾客难以表达的愿望与需要。

2. 座右铭

"我们是为淑女和绅士提供服务的淑女和绅士"(We Are Ladies and Gentlemen Serving Ladies and Gentlemen)。

这一座右铭表达两种意思:一是员工与顾客是平等的,不是仆人与主人,或凡人与上帝的关系,而是主人与客人的关系;二是饭店提供的是人对人的服务,不是机器对人的服务,强调服务的个性化和人情味。这表明了公司以人为本,注重人在公司中的作用以及人对公司生死存亡的重

要性。

3. 三步服务

第一步,热情真诚地迎接,如果可能则称呼客人的姓名;

第二步,预期并迎合客人的需要;

第三步,深情地向客人告别,热情地说声再见,尽可能称呼客人的姓名。

并且告诉员工:“我们不希望你们为本公司工作,而是希望你们成为公司的一部分。我们共同的目标是建立卓越的饭店,控制世界饭店业的高档细分市场,这需要你们大家的帮助,酒店的未来掌握在你们手中。”

4. 20 条基本准则

(1) 要做到使每一位员工都知道、掌握和履行酒店的信条。

(2) 我们的座右铭是“我们是为淑女和绅士提供服务的淑女和绅士”。

(3) 全体员工都应该执行三步服务的程序。

(4) 所有员工必须完成培训证书课程以确保掌握丽思·卡尔顿酒店的服务标准。

(5) 每一位员工都必须了解自己的工作职责与饭店的目标。

(6) 所有员工都要知道内部宾客(员工)与外部宾客(客人)的需求,并要注意使用宾客偏好卡记录宾客的特殊需求。

(7) 每一位员工都要不断地检查整个酒店存在的缺点。

(8) 任何员工接到宾客投诉都应该接受投诉并及时进行处理。

(9) 全体员工要保证使投诉的宾客立即得到安抚。对宾客的问题作迅速的反应,20 分钟后要电话追踪,确认宾客的问题得到满意的解决,尽一切可能,决不失去一个宾客。

(10) 用宾客事件处理表来记录与交流每个宾客不满意的事件,每一位员工都被授权解决宾客的问题以防止问题的重复发生。

(11) 严格遵循清洁卫生标准是每一位员工义不容辞的职责。

(12) “要微笑——我们是在舞台上表演”,要与宾客积极沟通,使用适当的语言。

(13) 店内店外都是饭店的大使,要多作正面的赞许,决不作任何消极的评论。

(14) 店内要为宾客引路而非只指方向。

(15) 熟悉饭店信息以回答宾客的查询,优先推荐饭店的商品与服务,然后才推荐宾客到店外购买。

(16) 使用合适的电话礼节,铃响 3 声必须有人接,要面带微笑,必要时可对客人说“请稍等”。不筛选电话。尽可能不插转电话。

(17) 制服必须整洁,鞋袜要得体安全,佩好自己的名牌,注重个人仪表,要以自己的仪表为骄傲,遵循所有的修饰标准。

(18) 要十分清楚紧急情况下员工的角色作用,知道对火灾、急救的反应程序。

(19) 发现存在危险情况和设备受到损坏时,需要各种帮助时,要立即通告管理人员,要注意节约能源,维护、保养好饭店的设施设备。

(20) 保护丽思·卡尔顿酒店的资产是每一位员工的职责。

以上这些黄金准则,说明了对员工个人的要求、解决顾客问题的方法和财产管理、安全及效率的标准。

丽思·卡尔顿酒店通过培训、日常会议、袖珍卡、张贴物等不断地向员工灌输黄金标准，因此，所有员工都能彻底了解公司的背景、价值和质量目标。

（六）边缘服务规则

1. 记录顾客的个人喜好

为了确保无差错和提供顾客所需要的服务，公司悉心收集住店客人的详细资料。酒店强调每个员工以最快的速度对顾客的要求作出反应，培训员工能识别顾客的反应，辨认其好恶。员工要把顾客的好恶记录在小纸片上，然后保存在中心计算机的顾客档案中。丽思·卡尔顿酒店保存了24万回头客的个人喜好信息。

2. 员工能在个人层次利用顾客反应信息来为顾客提供最优服务

饭店大力推行“信息共享”，每个员工都可以运用与质量有关的资料，如“网上顾客”的偏好、无差错产品和服务的数量、质量改进机会等。因此，每当顾客到来时，员工就知道其个人偏好。正如丽思·卡尔顿酒店质量管理主任Patrick Mene所说：“我们的独到之处是员工能在个人层次利用顾客反应信息来为顾客提供最优服务，我们的管理系统是由一个个的员工驱动的，业务的运转源于最基层。”

当员工发现顾客有什么不快时，饭店允许员工放下正常工作，立即采取积极的措施，不惜一切去满足顾客。任何一线员工可在2 000美元范围内尽可能去满足一个顾客。如果需要其他部门员工协助，其他部门的这些员工就应立即放下手上的正常工作协助满足顾客，这就是著名的饭店“边缘服务规则”（Lateral Service）。

（七）详细的计划管理

在每一个工作领域都制定质量管理的目标和行动计划，并经过公司指导委员会的审核。另外，在每一家饭店里都指定了一位质量领导人，作为饭店质量管理的最终策划人和指导者。为了进一步培养员工的参与性与责任心，每一个工作领域都由三个小组来负责制订管理计划、每一个工作岗位的质量标准和对质量问题的解决。

在美国，曾有一个家喻户晓的故事。华盛顿丽思·卡尔顿酒店的一位客人在离开饭店回纽约的时候，由于航空公司的延误，行李箱仍未送到酒店，行李箱中有他第二天早上8点出庭使用的重要文件。在他离开酒店后不久，行李箱被送到酒店。但是，如果通过联邦快递，客人无法在第二天的早上8点之前收到。于是，一名服务员亲自坐飞机去纽约把重要文件送到客人家中，使客人的工作圆满完成。返回的途中，该服务员一直为自己擅自做主的行为忐忑不安，而且担心此次的800多美元的费用将由他一个人承担。没有想到，当他回到酒店的时候，从总经理到各个主管都在等候欢迎他。

丽思·卡尔顿酒店在1991年一年就获得了来自行业的121项质量奖。这些奖项的获得是由众多的基础的工作铸就的。下面是发生在丽思·卡尔顿酒店的一个感人的故事，它不仅使其中的客人终生难忘，而且在公众中留下了不可磨灭的印象。故事发生在墨西哥丽思·卡尔顿酒店，在一个旅游旺季，一位客人打电话来询问是否还可以订到客房。但是，酒店的客房已经全部被订满。电话的那一端传来一声叹息，接线员不是就此说声再见，挂上电话，而是询问起原因来。对方说，她新婚的丈夫患上了绝症，他们本打算到丽思·卡尔顿酒店度蜜月，以陪伴她丈夫度过一段快乐的时光。听了这位客人的诉说，工作人员很受感动，很想帮助她，但由于是旺季，于是只好安慰她说，要向总经理征求意见才能给予答复。总经理获悉此事后，决定破例接待，他们几经周折,终于为其预订了一套房间。但是,没几天,这位客人又通知该酒店要取消其订房,因为他们没有订到机票。于是,该酒店再次同航空公司联系,帮助他们订上机票,并为他们安排了随后的一系列活动。这对夫妇在丽思·卡尔顿酒店度过了非常快乐的一段日子。两个月后,这位夫人再次打来电话说她的丈夫已经去世了,他们非常感谢丽思·卡尔顿酒店为他们所做出的一切,使她的丈夫在其生命的最后一段时间度过了一段难忘、快乐的时光。

以上两个案例都说明丽思·卡尔顿酒店在日常对客服务中的每一个细节都注重服务质量,而正是有详尽的计划,才指引每一位员工开展日常工作。

(八) 1-10-100 法则

丽思·卡尔顿酒店经营者认为,差错应扼杀在源头。质量问题越早解决越好。问题出现后当天解决只需 1 美元,拖到第二天解决则要 10 美元,再拖几天则可能要 100 美元的成本。"当天的事当天解决"成了丽思·卡尔顿酒店的一条铁规。公司着重训练员工服务时一次到位的能力。

同时,酒店每日写出生产质量报告。其来自酒店 720 个工作区域所提交的质量情况资料,详细记录了所有问题、差错及浪费现象,甚至包括客人排队等候的时间、员工打扫客房的时间等。这一报告提供了认识质量问题的早期预警系统,还有季度性的质量总结。将上述资料结合起来,与事先掌握的顾客期望进行比较来改进服务。

(九) 全面质量管理的成果

上述丽思·卡尔顿酒店一系列"以顾客为中心"的全面质量管理措施,成功地将顾客满意程度保持在很高的水平,使顾客享受到难以忘怀的经历。一家独立的研究机构对丽思·卡尔顿酒店的调查资料反映:顾客对员工的满意程度达 97%,对设施情况的满意程度达 95%。那些首选丽思·卡尔顿酒店的顾客满意率为 94%,而其竞争对手仅达 57%。92%~97%的顾客不仅对丽思·卡尔顿酒店感到满意,而且留下了深刻的印象。

(十) 全面质量管理成功的秘诀

1. 授权

给予每一位员工及时解决宾客的问题的权力。"我们宁愿服务员当场立即解决客人的问题,而不愿意让总是留下来以后让营销总监来解决。"

2. 互助合作

在每一层都设立质量管理小组来共同发现问题和解决问题,并制定防止它们再次发生的措施。每一成员都承担责任,管理者像教练员,培训每一成员掌握如何进行工作的方法。该酒店甚至将不同部门的人放在一个质量管理小组里,讨论如何改进整个饭店的质量管理工作,以培养大家具有整体的互助合作精神。

3. 及时反馈信息

丽思·卡尔顿酒店要大大减少循环时间,这是指认识宾客需要到满足这种需要间隔的时间,要实现使宾客成为 100%的回头客目标。

值得注意的是,丽思·卡尔顿酒店不直接以客房出租率这一传统的目标为经营目标,而是以建立最有效率的制度使宾客满意为目标。丽思·卡尔顿酒店公司的逻辑是:高质量的服务与设施,会产生良好的财务成果。虽然公司不知道这样做是否能保证获得最高的平均房价和出租率。

4. 要求供应商也加入全面质量管理的行列

丽思·卡尔顿酒店公司对供应商发放证书，只有最能满足公司质量改进需要的供应商才能获得证书。对供应商的考察由采购者、会议人员、宾客共同进行，涉及100个问题。

5. 人力资源管理

强调人力资源管理人员与经营业务管理人员融为一体，共同对员工的挑选录用、入店教育、岗位培训和考核评价及发放证书负责。酒店认为，人是任何一个机构中最重要的资源。每家丽思·卡尔顿酒店都有一位人力资源经理、一位培训经理。酒店利用人格预测方法确定工作岗位候选人，这叫"性格特征聘用"。用这种方法使丽思·卡尔顿酒店减少了近一半的人员流动。酒店规定每位员工都要不遗余力地使顾客满意，并与其他员工联系帮助解决问题。员工可以自己决定销售方式，参与本人工作区域内的计划制订。

6. 考核

要求员工对他们所能控制的事情负责。评价依据黄金标准进行。一旦当员工被授予培训合格证书，酒店就采用重新确认员工合格证书方式来进行考核，这样就使培训成为一种与认证相结合的持续过程，使员工不断进取和完善。

（资料来源：王永挺.饭店经营管理案例精粹[M].西安：西安电子科技大学出版社，2017）

本章小结

现代饭店经营中都非常注重服务质量，期望通过服务管理为顾客提供优质的服务。对饭店服务质量的定义、特点、内容的了解和对饭店服务质量管理的含义、方法、程序的把握是进行饭店质量管理的前提。本章旨在让学习者理解饭店服务质量管理的含义，掌握全面质量管理体系，运用全面质量管理的方法、程序解决实际问题，并能按照顾客自身要求，为其提供适合其需求的同时也是顾客满意的服务，即定制化服务。身为饭店管理层，应积极思考与探索提高饭店服务质量的方法、手段、规程等，提升饭店美誉度和知名度，以吸引更多的客源，最终实现经济效益与社会效益。

课后案例

令人惊喜的插座

有一天，饭店客房服务员小徐在清洁套房时，无意中听到客人林总在客厅的卫生间自言自语地说："如果有个能插吹风筒的插座就好了。"其实，套房卧室的卫生间除了配有吹风筒外，还有一个须刨插座和一个备用插座，而林总恰好喜欢使用自己的吹风筒，并在客厅的卫生间使用。小徐想，既然客人有需求，就应该去满足。于是林总离房外出后，小徐立刻联系工程部将客厅卫生间里的备用插座开通了。下午，林总回来在走廊遇见了小徐，小徐微笑地告诉林总，客厅卫生间里也有插座可以使用，如有问题请马上通知她。小徐的一番话令客人发愣了半天，客人对小徐的未卜先知感到不可思议，惊喜之余激动地向小徐连声道谢。

（资料来源：根据网络资料整理）

案例思考题

1. 客人为什么会感到惊喜？

2. 如何提高饭店服务质量？

复习思考题

1. 饭店服务质量的含义是什么？
2. 饭店服务质量的内容和特点有哪些？
3. 全面质量管理的含义是什么？
4. 执行饭店服务质量管理的基本程序是什么？
5. 饭店服务质量管理的主要方法有哪些？
6. 你如何理解饭店定制化服务的特点？
7. 饭店定制化服务保障体系的内容有哪些？

第五章

饭店信息与安全管理

学习目标

1. 了解饭店信息的基本概念及构成。
2. 熟悉饭店管理信息系统的概念、作用和功能。
3. 了解饭店管理信息系统的要求。
4. 掌握智慧酒店的概念及发展情况。
5. 了解智慧酒店的发展趋势。
6. 掌握饭店安全管理的概念、特点、重要性及突发事件的处理程序。
7. 了解饭店安全管理的组织机构及制度。
8. 熟悉饭店危机管理的概念以及危机的预防与处理程序。

课前案例

信息化成为饭店管理的必要手段

多年以后，蔡先生再次来到位于香港尖沙咀的半岛酒店入住，还没进入大堂，门童就已经认出自己，并亲切地称呼："蔡先生，欢迎下榻半岛酒店。"这让蔡先生感到意外，还以为是门童记忆力超强。到了房间以后，蔡先生发现，饭店提供给他用的洗发水、沐浴露都是当年他曾经特别要求过的。他并不知道，作为半岛酒店的会员，自己的喜好以及特别需要，在第一次入住的时候，饭店已经进行了信息化管理。所以，他对这样的服务印象非常深刻。

对于任何一个饭店集团而言，会员的价值不言而喻，而饭店的数据又是其中的重中之重。如何高效地利用这些数据，提升饭店的信息化水平，为客户带来更好的服务，提升消费体验，成了这几年饭店领域越来越热门的话题。

近些年，很多饭店信息化服务的第三方公司纷纷拿到融资，将PMS（饭店管理系统）原来那种单薄的商业模式做进化，使行业看到发展的新希望，饭店信息化的热度也成为媒体关注的热点，而各大饭店集团提升信息化水平也成为战略性的发展目标。那么，饭店信息化到底对饭店的管理和发展意味着什么?

在近期杭州举办的TBO饭店信息化论坛上，众芸信息CEO林小俊认为，信息化不是一个系统，而是一个目标，饭店信息化是要给饭店发展和建设带来实际的收益，提升运营效率，降低成本。利用相关技术手段帮助饭店实现信息化。“从饭店对客户服务方面讲，例如阿里的‘信用住’，帮助饭店跟渠道实现对接和管理；从饭店营销和营收角度看，帮助饭店更好地进行收益管理，营销分析可以利用新的技术手段。”林小俊表示。

从事饭店管理30年的君亭酒店执行总裁甘圣宏认为，真正的信息化不但可以输出订单，还需要实现支持对价格的决策、管理的判断，以及对市场数据的分析。从客户的角度来看，系统能够将大量零碎信息通过平台整理，为客户提供有个性的服务。因此，这需要一个强大的饭店信息化应用界面来完成。

（资料来源：赵正. 酒店信息化：与OTA的深度博弈[N].中国经营报，2015-10-26）

思考题

1. 信息化能给饭店带来什么?
2. 各大饭店集团为什么将提升信息化水平作为战略发展目标?

第一节　饭店信息管理

一、饭店信息概述

（一）饭店信息的概念

对于已经步入信息时代的人们来说，信息这个词应该并不陌生。信息是人类社会重要的财富和资源，是社会经济发展的重要支柱之一，是人类从事各项决策和管理工作的重要基础。关于什么是信息（Information），人们可以从不同的角度进行描述。但在管理信息系统的应用中，信息可以被界定为经过加工、处理，具有一定含义的数据及其意义，这些数据及其意义对决策和管理是有价值的。信息是事物运动、发展及其规律的反映，可以通过文字、数字、声音、图像和符号等形式进行保存和记录。

至于什么是饭店信息，至今还没有一个公认的定义，不同的学者对它有不同的解释。在肖江南和马惠萍编著的《旅游业信息系统管理》一书中将其分为广义的饭店信息和狭义的饭店信息。他们认为从广义上讲，饭店信息既包括饭店企业自身日常业务活动中所产生和输出的信息，也包括饭店经营管理决策所需要的客源市场、原材料市场、各种资源市场、各个竞争对手状况及与此相关的社会经济活动的有关信息；从狭义上讲，饭店信息是指饭店经营管理业务活动中所产生的各种输入、输出信息，如饭店前厅接待过程中的宾客姓名、性别、国籍、结算方式等。

本书认为，饭店信息的概念可以按照信息的概念推演下来。饭店信息就是经过加工、处理的与饭店经营管理相关的数据及其含义，这些数据及其含义对饭店管理者来说是有用的，对饭店的管理决策有重要的现实意义或潜在价值。

（二）饭店信息的特征

1. 客观性

客观性也称事实性，是信息的中心价值，是信息最基本的特征。饭店信息应该真实地反映饭店经营活动的特征、描述饭店的运行状态，如果饭店信息不符合事实，那必然会给人们的决策或行动造成意想不到的危害。因此，人们在根据饭店信息进行决策或行动之前，必须首先研究它的客观性。

2. 时效性

饭店信息的时效性是指从信息源发送信息，经过接收、加工、传递和利用所经历的时间间隔及其效率。时间间隔越短，使用信息越及时，使用程度越高，则时效性越强。饭店信息的时效性通常表现在两个方面：一方面是信息的价值递减性，一般来说，大多数信息的价值会随着时间的推移越来越低。另一方面是信息价值的暂时性，比如天气信息只对当天的客人有价值，过后就失去价值了。

3. 系统性

饭店业务在各部门内部及部门之间是相互联系、相互依赖的，业务体系所形成的业务系统反映在饭店信息层面也同样会形成一个有机的信息系统。

4. 等级性

饭店信息系统和饭店的管理层一样是分等级、分层次的，它一般分为三个级别或层次：战略级、战术级和执行级。战略级信息是饭店高层管理者需要的关系到全局和长远利益的信息，比如行业政策信息、经济金融信息等；战术级信息是饭店各部门负责人需要的关系到局部和中期利益的信息，比如本部门的内部信息、饭店同行相关部门的动态信息等；执行级信息是关系到基层业务的信息，比如客人信息、客房信息等。不同等级的信息在内容、来源、精度、寿命、使用频率、保密程度等方面都不同。一般来说，越高等级的信息，其内容越抽象，精度和使用频率越低，寿命越长，保密程度越高，与外界的联系越大。

5. 动态性

饭店的经营管理活动处于不断发展变化之中，因此饭店信息也具有明显的动态性。

6. 传输性

饭店信息可以通过多种传输渠道、采用多种传输方式进行传递。传输渠道可以是网络、电话、广播、文字或人与人的交谈等。饭店信息的传递存在两面性：一方面它有利于饭店业务的沟通；另一方面可能造成信息的泄露和贬值。

（三）饭店信息的分类

饭店的信息内容繁杂、种类繁多，涉及各个部门的各种业务。要认识饭店信息就必须对其进行分类，使其条理化、系统化。本书将饭店信息分为内部信息和外部信息两大类。具体分法如下。

1. 饭店内部信息

饭店内部信息是指饭店经营管理的内部信息。饭店内部的各个部门、各种业务都会产生信息，各单元需要通过信息的交流来了解业务过程的现状与动态。管理人员也需要通过了解和处理内部信息并做出相应决策来保证饭店的正常运转。

（1）客户信息。饭店需要对宾客资源进行管理，了解客户信息是必不可少的。客户信息不仅包括宾客和客源的基本信息，还包括宾客的需求信息。另外，饭店还可以通过信息系统，实现与宾客的信息互动，实现对宾客的完美服务承诺，从而培养饭店的忠实宾客群体，并通过信息系统处理宾客的信息，使饭店经营者对宾客的动态有所了解，以利于饭店的策略制定和定位。

（2）销售信息。销售信息包括饭店各营业部门的销售信息、销售汇总信息、预订信息以及饭店的各种销售协议信息。销售是饭店经营的命脉，通过销售信息可以分析饭店的经营情况、决定饭店经营的战略战术。作为饭店的主要管理人员，特别是饭店的总经理和营销经理，必须时刻关注饭店的销售动态。由于销售信息有时会涉及一些比如内部价格、协议价格等商业机密，可通过信息系统的权限设置，使管理人员分级查看饭店经营的销售信息。

（3）财务信息。财务是饭店经营的核心内容。财务信息反映了饭店经营的盈亏状况、经营水平，是饭店信息系统中的主要信息。通过信息系统，饭店经营的所有数据都汇入财务部，经过信息系统的处理形成财务信息，供饭店总经理和主要管理人员查看。财务信息包括凭证信息、账务信息、总账、明细账等信息，由信息系统中的专门软件进行处理。

（4）人力资源信息。人力资源管理是饭店经营管理中的主要内容之一。饭店经营必须合理使用人才，发挥每一个员工的作用，激发他们的工作积极性。信息系统可以记录每一个员工的基本信息、培训信息、工资奖励信息、业绩和晋升信息等，并供管理部门查询和公开。因此，人力资源信息是饭店内部管理中的主要信息，它不但可以提高人力资源部门的管理效率，也有利于制定激励政策、查看激励效果、提高饭店员工的工作热情和凝聚力。

（5）设施设备信息。饭店是提供服务产品的综合型物业，包括许多设施设备，这些设施设备的使用和维护会产生很多信息。通过信息系统充分使用这些信息，可以使设备使用和维护处于最佳状态，延长设备的使用寿命，同时可以降低设备的维护费用。设施设备信息包括设备的基本信息、设备的维护信息、设备的资产信息、设备的报修信息、设备的备件信息等。通过信息系统处理设备信息以后，可以产生每周的设备维修清单、设备资产清单，并可以实现设备的计算机报修，记录设备的使用和维护情况，保证设备处于良好的运行环境中。

（6）物资用品信息。饭店的经营过程中需要很多物资用品，这些物资用品存放在相应的仓库里。通过信息系统对物资用品信息进行处理，可以提高物资用品的管理效率，同时提高资金的周转率。物资用品信息包括耗材物品信息、办公用品信息、客房用品信息、饮料食品信息、餐饮原料信息以及商场商品信息等。信息系统记录这些物资用品信息的采购、入库、出库、库存等情况，形成各类采购报表、统计报表、汇总分析报表，使饭店管理中的各类物资商品得到合理的使用。

2. 饭店外部信息

（1）行业政策信息。作为饭店经营的指导，行业政策是饭店在经营过程中必须时刻关注的信息。行业政策信息包括：行业规范、星级标准、安全要求等政策性文件，行业的优惠政策，涉外的管理规范以及一些地方性行业管理政策等。饭店在设计信息系统时，必须考虑这些信息的获取和更新，以便于管理人员查询和使用。

（2）经济金融信息。经济金融信息包括外汇牌价信息、宏观经济指标信息、股票行情信息以及市场变动指数等信息。经济金融信息反映了经济发展的走势。设计信息系统时，必须为高层管理者提供相关的经济金融信息链接,便于其在制定经营管理决策时参考这些信息,有利于饭店经营管理的战略调整。

(3) 相关协作单位信息。饭店的经营离不开相关的协作单位,如旅行社、旅游公司、旅游景点、旅游用品提供商、耗材提供商、餐饮原料提供商等。设计信息系统时,必须随时记录这些协作单位的信息并让管理人员可以方便地查询和处理这些信息。有了这些信息,管理人员就可以方便地比较、联系、咨询以及在线处理相关事务。

(4) 饭店同行信息。饭店经营市场竞争非常激烈,知己知彼才能百战不殆。通过信息系统对同行信息进行收集和整理,饭店管理人员可以随时查看同行的相关信息,了解他们经营的动态。饭店同行信息包括主要竞争对手饭店的设施、价格信息、经营特色、服务承诺以及经营活动等信息。设计信息系统时,要考虑到饭店同行信息的收集、储存、查询、分类处理。

(5) 社会公共信息。饭店在经营过程中也要关注社会公共信息,对宾客提供社会公共信息有利于提高服务质量。社会公共信息主要包括交通信息、气象信息、旅游景点信息、其他饭店信息、本地环境和公共服务设施等信息。设计信息系统时,要提供必要的社会公共信息或链接,供住店宾客和管理人员查询。信息系统不但可以对公共信息进行收集,还可以进行加工、分类、删除等编辑管理,以保证社会公共信息实时有效。

二、饭店管理信息系统概述

(一) 饭店管理信息系统的概念

现代饭店是为客人提供住宿、餐饮、购物、娱乐以及其他服务的综合性服务企业,它所接待的客人来自世界各地,而这些客人的生活习惯、消费水平、宗教信仰等各不相同。随着社会生活水平的普遍提高,人们对于饭店服务不断提出更高、更多样化的要求。在当今竞争日趋激烈的饭店行业中,如何以有限的人力、物力、财力和信息资源服务于客人,满足客人多样化的消费需求,成为饭店企业面临的重要问题。饭店管理信息系统是实现饭店管理工作科学化、规范化和高效化的重要手段。计算机系统的引入将使饭店的信息管理更加高效、准确,可以促进各部门的有效沟通,完善客户关系管理、经营成本分析和人力资源管理等工作,从而提高饭店的管理效率和经营效益以及决策水平等。在饭店业激烈的竞争中,应用饭店管理信息系统,以管理求生存、向管理要市场,是饭店企业不二的选择。

饭店管理信息系统(Hotel Management Information System,HMIS)目前还没有严格的学科定义。仇学琴教授在《现代饭店经营管理》一书中将其定义为:“饭店管理信息系统是由饭店管理人员、计算机硬件、计算机软件、网络通信设备、现代办公室设备等组成的能进行饭店管理信息的收集、传递、存储、加工、维护和使用,并以人为主的对饭店各种信息进行综合控制和管理的系统。”查良松教授在《旅游管理信息系统》中对它的描述更加直观:“饭店管理信息系统是一个利用计算机技术和通信技术对饭店管理信息进行综合控制的、以人为主体的人机控制系统,即饭店管理信息系统=计算机技术+通信技术+饭店信息。”

简单说来,饭店管理信息系统就是用现代的计算机技术帮助人们管理纷繁复杂的饭店信息,使其条理化、系统化,并有效流通,从而提高管理效率、增加饭店收益。

（二）饭店信息化管理对传统饭店管理模式的改进

饭店经营管理活动是很复杂的，包括对外经营和对内管理，涉及预订、接待、询问、客房、餐饮、康乐、电话、人事、工资、财务、库房、设备管理等众多环节。然而，从信息处理的角度看，各种饭店经营管理活动都可以看成信息的输入、处理、输出三个基本环节。针对饭店经营管理全过程中的各个环节，计算机管理系统都有相应的功能模块来方便、快捷和规范地运转。因此，饭店信息化管理必将给传统饭店的业务流程和管理模式带来翻天覆地的变化。

1. 提高饭店的管理效益

饭店管理实质上是对饭店运营过程中人流、物流、资金流、信息流的管理，计算机信息系统管理就其表现形式看就是对饭店大量的常规性信息的输入、储存、处理和输出。因此，饭店信息化管理的引入使信息的处理速度大大加快，经营管理的效率也随之提高。可以说，计算机管理是人工管理的最大协助者。例如每天对客房状况的统计、订房信息、登记信息的记录、提供查询、为宾客提供结算账单等工作的业务量很大，引入计算机管理可以大大提高业务运作的速度和准确性。饭店管理信息系统可以大大简化员工的数据管理操作活动，极大地降低了工作强度，提高了工作效率。对饭店来说，可以节省大量的人力、物力，节约成本，减少管理中的漏洞，提高饭店管理的效益。

2. 降低饭店成本

饭店管理信息系统的各个子系统可以从不同角度促使饭店经济效益的提高，降低经营成本。比如，前台系统不仅包含预订、接待、客房、夜审等传统模块，而且包含财务应收账系统及众多的附加模块和决策支持系统模块，提供饭店有效的控制收益的全过程。这种对数据流的控制和动态分析可以提高饭店利润、降低饭店成本。

另外，在饭店管理信息系统的支持下，饭店管理机构可以得到精简。一方面减少中间管理层次，实现扁平式饭店组织结构；另一方面，工作性质相近的部门可以合并。机构的精简不仅有利于节约人力资源成本，而且简化了饭店经营管理的操作程序，提高了效率。

应用信息化管理还可以控制餐饮、物资用品等方面的成本，最大限度地压缩因饭店物品闲置而造成的价值损失。信息化管理包括对采购和价格的管理、收货发货、库存盘点、厨房菜肴、菜单工程，可以将成本控制与财务应付账的全过程统一管理，对从餐饮备料、一般物品到工程备件等全部物品形成完整的成本控制。

3. 提高资源利用率

饭店产品具有不可存储性，尤其是饭店的客房产品。因此，提高饭店的客房出租率是饭店经营的重中之重。饭店信息化管理提供了房类超预订管理的手段，包括两个实时订房工具：未来房类可用性表（客房销售预测表）和未来房间占用性表，实现了饭店客房资源的最大利用。在旺季时可实现 100%出租率及进行超预订控制。

4. 增强饭店的管理控制

饭店的信息化可以提供操作历史记录管理。饭店经营管理过程中会产生大量的信息传递，这些信息传递的过程中不可避免地会产生错误和疏漏。如果没有操作历史记录，则可能产生推诿责任、相互扯皮的现象。操作历史记录管理可使任何改动房态的操作都有详细的历史记录，如操作员、操作时间、原房态信息等，使前台与房务之间的信息传递有据可查；任何 POS 消费点的转账操作都有详细的操作历史记录，如操作员、操作时账目详细信息等，使前台与餐饮部之间关于餐饮转账的数据有据可查。这些操作历史记录管理增强了饭店的管理控制，也降低了饭店可能遭受的损失。另外，站点的操作权限控制可以使饭店的职能部门只能使用已设置的软件模块，保证了饭店的机密不外传。

5. 提高服务质量

饭店管理信息系统的应用，在提高饭店管理效益的同时也促进了服务质量的改善。计算机处理信息的速度快，可以减少客人入住、结账的等候时间，提高客人所需信息的查询速度，使客人得到满意的答复。餐费、电话费、洗衣费等其他店内消费可实现一次性记账，清晰准确的账单、票据、表格，使客人感受到高效率、高档次的服务，不仅方便了宾客，也提高了饭店的管理水平。完善的客史档案管理可使对客人的个性化服务成为可能。计算机可以对大量的客史资料进行分析，对常客或消费额达到一定数量的客人自动给予折扣；可总结出客人的消费特点和习惯，在安排房间、提供个性化服务时，这些信息会对服务的设计提供很大的帮助，使客人感受到饭店的"心意"。

在进入互联网新经济时代后，饭店的信息可以在集成化基础上进行协同化应用，实现外向型的供应链管理，为顾客提供个性化、定制化的服务。饭店可以通过互联网搭建统一的信息应用平台，将客户、饭店、员工、供应商、合作伙伴等各方联为一个整体，以实现纵览全局的跨行业、跨组织、跨地区，实时在线的、端对端数据无缝交换的业务协同运作，其重点在于各方联为一体直接面向顾客提供个性化服务。

6. 维护客户关系，提高市场定位的精准度

饭店的经营应以客户为中心，因此客户关系的维护非常重要。饭店的信息化管理可以提供全面的合约管理和客史档案管理，这些管理模块不仅保存了宝贵的客户信息资料，而且为分析目标市场、制定销售策略提供了基础。比如，合约中的客户享受的优惠和账户信用等内容可以被所有收银点和前台查询调用；客户在酒店中的消费可以被系统进行统计分析，并可形成消费排行榜，为饭店的促销政策提供依据。另外，通过客史档案的查询，可以快速获得诸如客人的历次消费、平均消费、总消费额、联系信息、历次消费明细表等数据资料，有利于及时分析客源消费状况，确定营销目标市场。

7. 提高饭店决策水平

饭店的信息化管理有助于克服管理者决策的随意性，提高决策的科学性，提高饭店管理者的决策水平。比如，管理层和决策层可以随时在自己的客户端上获得目前饭店的经营状况、销售情况、市场需求情况等数据，了解情况并做出反应。系统可以在管理深层次上对数据流实施控制与动态分析，得出未来一个时期的数据预测。这些都会帮助管理者做出更加正确的经营管理决策。

（三）饭店管理信息系统的功能

在饭店管理信息系统设计之初，设计者需要对饭店的组织结构及业务流程进行认真的分析研究，根据饭店的实际情况，设计、划分符合实际管理流程的功能模块，并确定各功能模块需要完成的基本功能和扩展功能。完整的饭店管理信息系统软件，包含多种子系统功能，各子系统功能之间相对独立又相互联系，构成一个有机结合的整体。

现代饭店的日常经营管理往往依靠一套综合的饭店管理信息系统来完成。这个系统不仅包

含前台对客服务系统、后台的内部管理系统和扩充系统(有的系统中把扩充系统直接包含在前后台系统中),还通过系统接口连接着多个子系统,如图 5-1 所示。

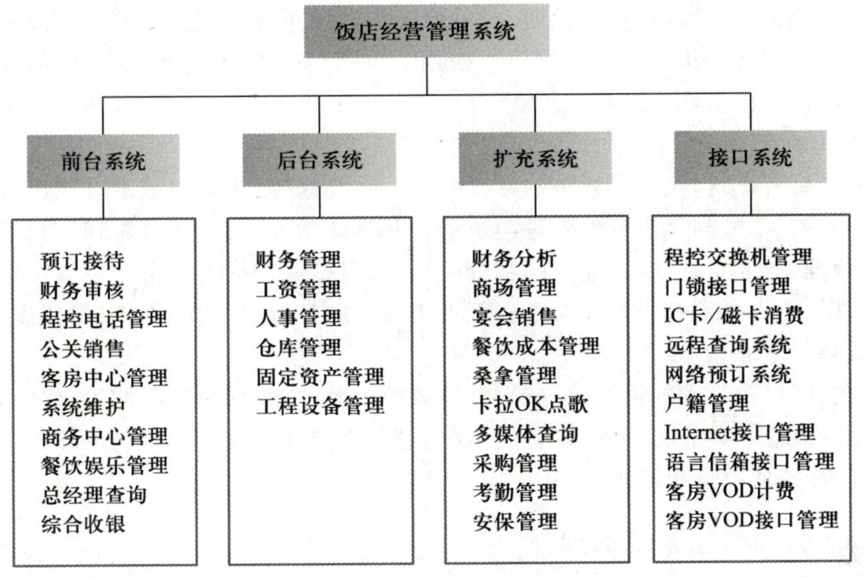

图 5-1 饭店管理信息系统的软件功能结构图

饭店管理信息系统中的几个主要功能模块如下。

1. 预订接待系统

预订是客人与饭店接触的第一步。预订系统为客人提供饭店各项产品及服务的综合预订服务。主要完成对散客、团体的客房预订,会议预订,餐饮、娱乐设施等方面的预订。当预订被取消时,系统需要有预订恢复的功能。

接待系统能为客人提供快捷周到的入住服务。由于有些客人是没有经过预订的临时客人,因此接待系统同时也应该具有预订系统的全部功能。另外,还要能够对散客、团体进行客房分配、加床、退房、拼房、续住等服务,同时记录客人的基本信息、入住信息。

2. 账务审核系统

该模块的主要功能是记录客人在饭店的消费情况,处理散客、团队账务,负责前台收银工作以及夜间审计的工作。具体功能有:客账输入、调整和冲账,各种付款方式的处理,客人结账退房,临时挂账处理,提前结账处理,夜间处理,每日数据备份,外币兑换,应收账务管理,各种账务报表管理等。所有前台宾客从登记入住到结账离店所发生的一切账务均由该系统负责处理。

3. 客房中心管理系统

客房中心管理系统是显示客房状态、客房设备以及客房用品的子系统。它的具体功能有:修改客房状态、客房过账管理、客房耗材管理、拾遗物品管理、客房历史查询、客房维修管理等。前台和管理人员可以通过该系统随时了解客房状态及有关数据,提高了工作效率。

4. 餐饮娱乐管理系统

该系统可实现餐饮、娱乐的预订、收银、库管和成本控制等功能,对住店宾客或有特殊要求的客人进行收费自动过账,实现一次性结账,并可打印各类营业报表及餐饮稽核表。

5. 总经理查询系统

该系统的主要功能是为饭店总经理提供各种数据的快速查询，帮助管理者快速、全面地掌握饭店经营管理的相关情况，以便做出及时、正确的决策。该系统的主要功能有：各种预订、接待信息查询，销售、经营情况分析，质量检查，成本费用查询，客房、餐厅、会议室使用情况查询，人事、工资信息查询以及客源市场信息查询等。

6. 财务管理系统

该系统属于后台系统，主要是管理总账、明细账、分类账等，实现对成本、应收、应付、工资、固定资产、库房、采购、总账与报表等的管理与统计。其具体功能包括：科目管理、期初处理、会计凭证录入、凭证管理、凭证审核过账、输入明细分类账、账目报表查询等。由于该系统存储的数据是饭店的机密数据，所以必须有一套安全数据管理机制，并有灾难恢复功能，以保证该系统的安全。

7. 工程设备管理系统

该系统是饭店后台管理的重要内容，它管理着饭店各种设备的购入、使用、维修和报废，直接影响饭店的经济效益。具体功能有：设备的申购管理、维护管理、报修管理、折旧管理、报废管理、能源登记管理、能源使用分析管理、设备供应商管理等。

（四）饭店管理信息系统的选择

对于饭店管理信息系统，无论是进行开发还是选购，均应对系统本身提出一些设计原则和基本要求，作为饭店选择信息系统时的重要依据。一般来说，饭店管理信息系统的选择应考虑以下方面。

1. 硬件的性能要求

对于饭店的信息系统，关键要考虑硬件的速度、容量和可靠性。硬件的速度，应能满足多个用户同时使用，系统响应速度快。一般若干个工作站同时运行时击键后的平均响应时间应在3.7秒内，当然这是系统包括软件、硬件、使用范围的一个综合结果，是真正使用的响应速度。系统的容量至少应能满足日常操作需要，并能储存3到5年客人的历史资料等数据。

从系统的可靠性看，系统应对本身所承担的负荷量、各种功能的响应时间有检测手段，在某些条件下还应有自我恢复功能，系统中某个模块发生故障时，应不会导致全局的错误。

2. 软件的性能要求

对于软件系统，则要求考虑它能提供多少功能，是否能满足饭店经营管理服务的需要。软件功能的完备在很大程度上决定了系统性能的好坏，要使系统报表反映全酒店运作状况，就必须覆盖所有营业部门。为此，系统必须能覆盖预订、接待、服务、咨询、夜审、餐厅、外币兑换、程控计费及娱乐收费等相应功能。同时，为适应饭店的实际情况，软件还应该具有关联性，所有账务数据应能经得起审核（包括交班审核、夜审、日审等）。此外，系统应该便于员工的操作和应用。不少系统的界面非常友好，提供在线中文提示，大大减少了对操作人员计算机专业知识的要求，并提供快速易学的中文帮助功能以及数据自动处理功能。一般人员只要具备饭店业务知识就可以很容易地进行操作。

3. 性价比

对饭店而言，最重要的是根据自身的经营管理特点，选择一套实用的软件。选择饭店管理信息系统关键在于实用、成熟、安全、稳定、有服务保障，不应盲目追求先进，造成投资过大，导致有些功能或硬件配置远远超过实际需要，或根本不适用。

4. 扩展兼容性

扩展性是指系统在运行中，能够方便地增加其容量、外部功能和工作站点，并且不会引起系统整体的更改。同时，系统的软件还要具有较好的兼容性，能够适应不同的计算机硬件。尤其应注意的是，软件系统要具备必要的通用接口系统，处理与酒店其他自动化设备之间的连接工作。最常用的通用接口系统是程控电话自动计费系统、POS 接口系统、IC 卡接口系统、磁卡接口系统等。

5. 总体供应能力

饭店管理信息系统涉及很多硬件和软件。硬件系统包括主机、外设、通信、布线等，软件系统涉及功能、培训、运行、维护等。因此，饭店最好选择一家专业的供货商进行整体供货。一方面可以保证设备相互的兼容问题以及软件的配套；另一方面可以避免软件供货商和硬件供货商之间相互推脱、互不负责的问题。

6. 维护与支持

为保证饭店管理信息系统的正常运行，供货商所提供的支持和维护是必不可少的。供货商的支持和维护工作主要应考虑以下几个方面。

(1) 技术资料。技术资料包括各类文字说明，如使用手册、维护手册、用户手册等。

(2) 技术力量。供货商应承诺保修期内的维修、维护，以及日后的设备更新和添加，包括软件的修改和升级服务。饭店是 24 小时不间断营业的，因此，供货商的故障响应时间和备品备件的供应能力对饭店来说至关重要。

(3) 培训。饭店管理信息系统涉及饭店的大部分员工，因此供货商提供的培训同样是衡量供货商好坏的重要标准。一般来说，培训应包括系统使用前的培训、使用初期的跟岗培训和日后的临时性培训。

7. 安全性

信息系统涉及饭店管理的方方面面，其中含有大量重要的内部信息，包括各种账务、费率、报表等。因此，在系统管理上，对于有多个数据录入口的用户系统，各工作站点操作员口令、姓名及使用权限等都应有严格的控制。同时，在硬件的配置上，还要考虑意外事故后的恢复措施，为保证数据不丢失，最好采用双主机或双服务器镜像备份。

（五）当前主流饭店管理信息系统简介

1. HIS 饭店系统

饭店业资讯系统（Hotel Informatiom Systems，HIS）有限公司于 1977 年成立，总部位于美国旧金山，在中国香港、新加坡及泰国等处设有分公司，多年来为全球饭店业提供了高质量的应用系统及售后服务。目前 HIS 是美国上市公司 MAI Systems Corporation 的全资子公司，全盛时期在全世界 80 多个国家拥有 4 000 多家用户，如北京中国大酒店、北京长城、上海锦江、上海华亭、上海希尔顿、广州花园、浙江世贸中心等，而香港采用 HIS 的高星级饭店最多时占到了 75%左右。目前该系统已有许多被更换。

2. Fidelio 饭店系统

Fidelio 软件公司在中国的中文名称为“富达软件”。它于 1987 年 10 月在德国慕尼黑成立，成立四年即成为欧洲领先的酒店软件产品，成立六年跃居世界饭店管理供应商之首。后来，该公司合并入美国 Micro 公司。

截至 2002 年 6 月底，Fidelio 已在全球 144 个国家和地区的 14 000 家饭店安装了近 50 000 套系统。用户覆盖了 99 家知名的国际性饭店连锁集团和近 6 000 家独立饭店。

现在国内大部分五星级饭店，尤其是在中国的国际知名饭店管理集团主要使用的是 Fidelio 系统。该系统真正的优势在于集团化数据处理上，可与国际流行的财务系统报表有着无缝接口，因此在跨国集团的管理与应用上比较适用。

3. 杭州西软 Foxhis 饭店管理系统

杭州西湖系统（西软科技）有限公司，简称西软，成立于 1993 年 6 月，前身是浙江大学计算机系人工智能研究所下属的一个课题组，从业历史始于 1988 年。截至 2018 年 12 月 31 日，其推出的 Foxhis 系列产品已成为国内用户数量最多（超过 7 000 家）、高星级用户最多（2 800 家）、用户增加最快的饭店管理信息系统，连续多年被中国系统行业协会评为“中国优秀软件产品”，经过了国家信息安全评测认证中心认证，被认定为国家级火炬计划项目。公司本身也成为中国最大规模的酒店系统供应商，其资产规模、综合实力在国内遥遥领先。公司于 1993 年推出该系统的 DOS 版，1997 年推出 Windows 版，2000 年年底推出 Windows 五星版（专用于高星级饭店）；于 2006 年 12 月被北京中长石基信息股份有限公司以现金方式收购；2014 年淘宝（中国）通过股份认购持有公司 15%股份，携手共同开拓饭店、餐饮 O2O 市场，也标志该系统加速向旅游业信息化服务平台的战略转型。

4. 北京中软好泰 CSHIS 管理系统

北京中软好泰饭店计算机系统工程公司是金士平等自然人与中软总公司合作创建的专业从事饭店计算机管理系统研发、推广及服务的专业化公司，自 1990 年开始推广中软饭店管理系统 CSHIS V1.0 以来，已拥有基于 Windows 与 DOS 平台的两大系列产品，在全国各地拥有 400 余家用户。

CSHIS V1.0 及 CSHIS V2.0 为 DOS 版，建立在 NOVELL 环境之上，用 C 语言开发。CSHIS 96/97/2000 系统采用 C/S 结构，用 DELPHI 开发，采用 Windows NT/2000 平台，使用 MS SQL Server 数据库。

5. 广州万讯千里马饭店管理系统

千里马饭店系统最初由广东劳业电脑系统开发公司于 1993 年推出 DOS 版，1998 年推出 Windows 版（采用 C/S 结构，用 VB 开发，采用 Windows NT/2000 平台，使用 SQL Server 数据库），到 2019 年年初有超过 3 000 家饭店用户，主要分布在广东、湖北、湖南、四川等省市。劳业公司于 1998 年被香港万达电脑系统有限公司收购，改名为广州万讯电脑软件有限公司。

6. 金天鹅饭店管理系统

金天鹅软件创立于 2003 年，专注中小型饭店管理软件的研发，行业首创四维金盾防漏体系，封杀饭店管理漏洞，确保财务安全。金天鹅服务过的客户包括汉庭、维也纳、格林豪泰、华天、尚客优、亿东国际、99 连锁等超过 30 000 家中小型饭店。金天鹅以管理防漏、操作简单、稳定可靠、优质售后服务著称，主要适用于中小型酒店、宾馆，公寓，客栈，主题饭店等住宿类业态，是国内目前中小型饭店宾馆管理系统软件领导品牌。

三、智慧酒店概述

（一）智慧酒店的概念

早期智慧酒店概念由 IBM 公司提出。他们认为，酒店智能化（智慧酒店建设）是以通信新技术、计算机智能化信息处理、宽带交互式多媒体网络技术为核心的信息网络系统，能为消费者提供周到、便捷、舒适、称心的服务，满足消费者个性化服务、信息化服务的需要。

2014 年，原国家旅游局将旅游业发展主题定位为“智慧旅游年”，显示出国家重视计算机和移动互联网等新技术在提升旅游者旅游体验中的作用以及对旅游业发展的重要推动作用。作为旅游业三大支柱之一，酒店业的智慧化建设必不可少。一些地方政府为了规范管理，也对智慧酒店的概念进行了界定。

根据 2012 年 5 月 10 日北京市原旅游发展委员会发布的《北京智慧酒店建设规范（试行）》条例，智慧酒店是运用物联网、云计算、移动互联网、信息智能终端等新一代信息技术，通过酒店内各类旅游信息的自动感知、及时传送和数据挖掘分析，实现酒店“食、住、行、游、购、娱”旅游六大要素的电子化、信息化和智能化，最终为宾客提供舒适便捷的体验和服务。我们可以把智慧酒店理解为：酒店拥有一套完善的智能化体系，通过经营、管理、服务的数字化、智能化与网络化，实现酒店个性化、人性化服务和高效管理。

物联网的概念与应用

物联网的基本思想出现于 20 世纪 90 年代，但近年来才真正引起人们的关注。2005 年 11 月 17 日，在信息社会世界峰会（WSIS）上，国际电信联盟（ITU）发布了《ITU 互联网报告 2005：物联网》。报告指出，无所不在的“物联网”通信时代即将来临，世界上所有的物体从轮胎到牙刷、从房屋到纸巾都可以通过互联网主动进行信息交换。射频识别技术（RFID）、传感器技术、纳米技术、智能嵌入技术将得到更加广泛的应用。

物联网是新一代信息技术的重要组成部分，也是信息化时代的重要发展阶段。其英文名称是 Internet of Things。顾名思义，物联网就是物物相连的互联网。这有两层意思：其一，物联网的核心和基础仍然是互联网，是在互联网基础上的延伸和扩展的网络；其二，其用户端延伸和扩展到了任何物品与物品之间，进行信息交换和通信，也就是物物相息。物联网通过智能感知、识别技术与普适计算等通信感知技术，广泛应用于网络的融合中，也因此被称为继计算机、互联网之后世界信息产业发展的第三次浪潮。物联网是互联网的应用拓展，与其说物联网是网络，不如说物联网是业务和应用。因此，应用创新是物联网发展的核心，以用户体验为核心的创新是物联网发展的灵魂。

（资料来源：根据网络资料整理）

（二）饭店的智慧化建设

随着互联网技术的发展，传统的饭店行业也迎来了移动互联网环境下的技术变革，提供人性化服务的智慧型饭店必将引领高端饭店业突围。过去登录PC端订房查询、拨打前台热线电话咨询的模式，如今已逐渐被移动终端服务替代，智能化的服务让旅行出差的客人不再为到一个陌生城市四处寻找饭店而烦恼。智慧化的体验为商旅者提供舒适宽敞的住宿环境、方便快捷的操作模式、多样化的互动体验和个性化的服务，让旅途疲惫的客人只需轻轻一点，就能快速入住饭店，享受一段安静而舒适的休憩时光。

从目前来看，酒店业主要从以下四个方面来开展智慧化建设。

1. 数字饭店客房系统提升服务水平

该系统由客房中的智能网络电视和后台的软件平台及服务器群组成。可以通过饭店的运营管理系统与客房的空调、门锁、窗帘等自动控制装置集成起来，形成一个完整的智能化饭店网络系统。经营者可以通过互动网页、电视短片等丰富多样的形式与住店客人进行信息沟通，进而提供更加周到的服务，同时为饭店经营者创造更多的商机。饭店客房提供数字化的娱乐选择、有线和无线的宽带接入，并提供能实现饭店和客人互动的服务和数字电视。先进的数字视频点播（DVOD）娱乐系统使视频视觉效果与DVD同样出色，具有饭店特色服务介绍的界面，电视上详细标列饭店服务内容，客人可浏览房间服务菜单及从电视上预订相关服务，浏览个人消费账单或“快速结账”；客人可在电视上直接查阅饭店PMS上的个人信息；范围广泛的娱乐视频内容可供客人付费享用，为客人提供了丰富的选择。

2. 智能化饭店管理系统提高管理水平

智能化饭店管理系统已成为当今饭店发展的核心竞争力之一。面向客人的子系统包括饭店门锁系统、客房控制管理系统、背景音乐及紧急广播系统、KTV点歌系统、卫星及有线电视系统、视频点播系统VOD、综合布线系统、计算机网络系统以及无线网络系统等。

面向饭店管理者的子系统包括楼宇自动化管理系统BAS、餐饮管理系统、饭店一卡通（消费、娱乐、门禁、考勤等）系统以及饭店综合管理平台。这些子系统共同形成资源控制系统，通过控制饭店人、财、物等直接成本或间接成本的支出，降低综合运营成本，提高生产运营效率。

面向饭店经营的子系统包括综合保安（闭路监控、门禁、入侵报警、巡更、停车场管理）系统、触摸查询系统、饭店智能管理系统、程控交换机系统、微小蜂窝数字无绳电话系统、无线通信转发系统、多媒体商务会议系统、机房或UPS电源系统（含接地）以及饭店办公自动化系统等。这些子系统共同形成饭店综合管理系统，通过对饭店内公共环境和运作流程的直接监督和分析，使饭店经营及管理更加高效、先进、科学，时刻处于一个稳定的良性循环中。

3. 饭店大堂的自助式服务柜台降低人工成本

万豪国际集团于2005年夏天在其旗下饭店推出这种服务，让住店客人自助办理登记入住或离店手续。起初，万豪集团是为那些提供全方位服务的饭店设计这套系统的。在得到客人较好的反馈之后，万豪集团开始不断拓展其自助柜台的服务项目，如预订客房服务、设定叫早电话、预订餐厅、预订汽车和为客人打印地图等。其自助服务还可以实现调换房间、铺位以及调整住宿天数的功能，也可以为乘坐飞机的客人在离店时办理登机卡。喜达屋和希尔顿两家集团的一些饭店也推出了类似的服务，并且将进一步推广。

4. 智能化系统减少能耗开支

我国星级饭店每年的电力消耗在100万～1 000万度。电费成本通常是饭店除场地费用和人工成本以外的最大支出。对多数饭店而言，电费也是未被饭店有效控制的一项成本。在饭店的电能消耗中，空调是耗能大户，热水供应次之，而照明用电仅仅排在第三位。客房温度的控制主要由客人自主调节，以满足客人感受为第一要任。但在其余房态下，如空房状态时，空调一般不完全关闭，而是开到1/3的功率，以保证房间内家具的保养和寿命，并维持饭店整体的温度平衡。客人在大堂登记入住时，可通过前台软件和客房控制系统的接口，自动将客房空调打开，并根据不同客人需要将客房温度设置到一个合适度数上；客人离开后系统自动恢复到离开状态。当清洁人员或其他工作人员进入客房时，系统又可根据不同人员的身份及工作内容，将房间的空调等电器设施调整到相应的设定状态。通过这种方式饭店可以有目的地控制客房末端的电器状态，了解客人的习惯，并有效避免"房间内空调常开或因为空调关闭让客人进房时感觉不舒服"的状况发生。

饭店的室内照明场所，大体上可分为营业场所（大厅、餐厅、客房）、内勤办公场所和公共空间（走廊、洗手间）三部分。配合时序控制器于预定的时间自动对照明环境的模式进行切换，无须手动操作。这一设备可避免因忘记关灯而浪费电能，例如，自动点灭照明灯具就可实现这一功能。配合昼光感知器或附亮度检知器，在屋外自然光照充足时，该设备可自动调降可调光型电子安定器的输出功率以及靠窗灯具的亮度，或直接关闭灯具。因此，其电路设计需采取平行靠窗方向来配置，适合于酒店内的办公场所靠窗灯具、靠窗走廊、采光井、夜间室外景观灯等的自动控制。热感开关装置适用于饭店内的小型会议室、会客室、卫生间等场所。热感感知器可自动检测该空间内的人体温度，当室内有人时自动开灯、无人时自动关灯，既方便又可避免浪费能源，目前已广泛应用于国内饭店。整体群控式照明控制系统，如照明中央监控系统、二线式照明控制系统、客房智能照明系统等，可机动配合酒店作息来变动照明需求。

设备区包括洗衣房和设备用房，这些用房通常面积大、空间大、设备多、发热量大，对空气舒适度要求不高，但要求大量的空气流动，带走设备热量，保证人员工作效率，并提高设备使用效率和寿命。停车场对空气质量的要求不高，只要达到室内空气环境品质的正常值或最低值即可。这些区域通过手动或自动方式，根据室内二氧化碳浓度、一氧化碳浓度与烟雾浊度含量等来控制吸排气量，用中央监控系统启停送、排风机电源即可实现。

君澜酒店集团的智慧化建设

2018年1月18至19日，浙江省智慧酒店联盟年会暨2018住宿业智慧化创新峰会在杭州举行。本次大会以"新时代、新智慧、新住宿"为主题，强调旅游业是幸福产业之首，而酒店业是旅游业的物质载体，随着品质生活的到来，人们对物质和精神文化生活提出了更高要求。如何将新时代的旅游和住宿文化用现代智慧更好的呈现，成为酒店人需要面对的重要课题。君澜酒店集团营销中心总经理杨晓允先生就主题文化酒店的"华丽蝶变"提出了自己的看法与见解。

君澜酒店集团抓住中国文化服务的精髓，结合君澜十大品牌内涵放大镜式地进行细化，通过现代信息化技术以及大数据推算，为宾客量身定制智能管家式服务。通过旗下各品牌与不同智慧酒店解决方案供应商的合作，塑造多元的智慧酒店产品。比如，可以实现顾客在线360度选房下订单；采取更加高效的“人脸识别入住”；客人凭信用入住，一切物品都可实现先享后付；智能语音控制灯具、窗帘、电视、空调等电器；动动嘴零食饮料送上房间；在离店时还可享受到免排队、免查房的服务；24小时内一切消费信用结算等等。

“君澜酒店”与“景澜酒店”两个品牌都将引进智慧技术，根据不同的品牌定位，给宾客提供不同的智慧酒店体验。以“君澜酒店”为例，与众荟信息技术股份有限公司合作打造智慧酒店整体解决方案，提供更深层次的智能服务，从终端解决宾客的出行问题。从宾客预订房间起，便为宾客提供吃、住、行、游、购、娱多种线路推荐，在各方面融入“真正的度假在君澜”“更多的关爱在君澜”的君澜式文化服务。以“景澜酒店”为例，景澜酒店与阿里巴巴飞猪合作，引进“未来酒店2.0”的概念，打造极具时代特征的多维社区生活模式酒店，以社区休闲文化为重心。通过智慧科技让每位入住的宾客有归家的轻松自在，展现家的场景和美好，延伸家的意象和温暖，多维度传达盛情美意。

当今世界，科技日新月异。互联网、物联网、通信技术、信息科技、人工智能、大数据、云计算迅猛发展。酒店业创新思潮不断涌现，酒店业的住宿业态、内部结构、盈利模式、资源配比、服务方式等都在发生历史性的变化。酒店利用先进科技，全方位提升客人体验，已经成为共识。

（资料来源：君澜酒店集团搜狐公众号）

四、饭店智慧化的未来发展

随着技术的进步以及互联网特别是移动互联网的普及，智慧酒店建设发生了质的改变，智慧酒店概念的发展方向从设备的智能化朝思维的智慧化、服务的人性化方向转变。互联网时代下的智慧酒店除了在设备上的智能化外，更注重精准的对客营销、去中心化的管理流程再造、增强客人的个性化体验这三个方面的智慧化。

（一）精准的对客营销

当Wi-Fi已经成为住店客人的刚需，当微信变成大众沟通的工具，饭店的Wi-Fi和官网不再仅仅是一个展示的通道，而是一个和客人互动交流的平台。利用互联网技术，饭店可以通过Wi-Fi、官网、微信等工具更好地与客人进行交流和互动，通过社会化的工具实现精准的营销。比如通过Wi-Fi实现点对点信息推送、个性化宣传等，通过微信实现优惠券微营销、摇一摇加粉丝、抽奖互动等个性化的营销方案。这样的链接完全基于社会化工具实现，饭店投入成本极其低廉，而带来的收益却是无比巨大——发展自有会员，实现直销。目前在深圳和北京已经有近百家饭店完成了Wi-Fi和微信系统升级，实现了个性化的Wi-Fi服务和互动的微信营销。

（二）去中心化的管理流程再造

移动互联网给饭店业带来的最大挑战和机遇就是去中心化，移动管理系统的实施，既是对现有饭店业务及管理流程的梳理，也是对整个星级饭店管理标准的挑战，尤其对那些管理团队由20世纪60—70年代出生的人组成的饭店管理层，这不仅是成本投入的挑战，更是思维理解范畴的挑战。深圳的圣淘沙饭店采用移动管理系统后，客人退房时间从原来的8～15分钟缩短到3～5分钟。

目前，万豪面向全球会员推出了手机办理入住、退房的服务，客人可以直接在手机 App 上提前办理入住手续，然后只需在饭店的“手机登记入住”柜台扫描护照或身份证件便可直接入住。

（三）增强客人的个性化体验

良好体验是客人入住饭店的终极需求，也是饭店经营不懈追求的目标，而传统的饭店体验大部分是依靠自有设施及服务来完成的。在“互联网+”时代，饭店可以很好地借助外部资源和力量让客人得到更好的服务体验。比如饭店可以与周边商圈、企业合作实现跨界营销，饭店与景区、商场、第三方专业服务公司等合作增加饭店的服务项目，从而满足客人不断增长的个性化旅居体验需求。这种生态圈链接及整合，对酒店来讲付出的仅仅是一个开放的思维，而增加的却是无限想象的盈利空间。有着“全球最智慧酒店”之称的黄龙饭店，与知名钟表、珠宝品牌亨得利合作推出的精品购物馆，荟萃了全球顶级的钟表和珠宝品牌。这家饭店还将在其西大堂打造一条精品购物街，来自意大利的各种顶级品牌会入驻其中，构成一个小型的“意大利中心”。此外，由世界著名餐饮设计团队 Super Potato 设计的主题酒吧，以文化为主题，给宾客带来味觉、视觉和听觉的多重享受。另外还有邀请马来西亚专业团队打造的精品 SPA 馆，极为注重宾客的感官体验，并注重传递“爱自己”的休闲态度。

伴随着“互联网+”大潮涌动，85 后、90 后逐步成为社会消费的主力，也成为社会发展的主要推动者，整个饭店行业智慧化建设目前所面临的各种瓶颈将迎刃而解。互联网融入生活的各个环节后，单纯的智慧酒店将消失，智慧化成为饭店业发展的常态，每一家饭店都将是一个独一无二的个性化、知晓旅客喜好并加以满足的“智慧酒店”。

“互联网+”的概念与应用

通俗来说，“互联网+”就是“互联网+各个传统行业”，但这并不是简单的两者相加，而是利用信息通信技术以及互联网平台，让互联网与传统行业进行深度融合，创造新的发展生态。“互联网+”代表一种新的经济形态，即充分发挥互联网在生产要素配置中的优化和集成作用，将互联网的创新成果深度融合于经济社会各领域之中，提升实体经济的创新力和生产力，形成更广泛的以互联网为基础设施和实现工具的经济发展新形态。

（资料来源：根据网络资料整理）

第二节　饭店安全管理

饭店安全事件频发，不是“新症”是“旧疾”

继和颐酒店女子遇袭事件后，重庆、上海两地也再次曝出饭店安全事件。饭店安全问题一时引起舆论高度关注。为何饭店一再出现安全问题？

2016年4月6日，重庆市民陈女士在重庆巴南区一品镇桥口坝泳乐中心度假。当她从饭店游泳池回所住的209房时，却听到卫生间传来流水声。待陈女士叫来同伴后发现，竟有一名女性在她的房内洗澡。女子自称是饭店的服务员，以为该房间没人住才进来洗澡，留下一句“不好意思”后匆匆离去。在与前台交涉无果后，陈女士向当地派出所报警。在警方的教育和调解下，饭店接受了陈女士的退房要求并道歉。

记者采访了解到，饭店行业缺乏统一可行的安全管理标准，存在安全管理执行不严情况，是系列问题产生的主因。“目前饭店只对访客来访有登记、离房时间有要求，但在安全管理方面并没有统一、可行的规定。”长期从事饭店行业研究的华美顾问机构首席知识官赵焕焱说，这一问题也导致了部分饭店发生命案等极端情况。除了加强日常管理外，赵焕焱还建议，借鉴国外经验，提升饭店安全等级。“海外饭店星级评定机构会不定期暗访监督，我们可以借鉴这一点，加强行业、社会的不定期监督，督促饭店对安全管理更加重视。”

（资料来源：陈国洲，张玉洁，朱翃. 渝沪再曝酒店安全事件，不是“新症”是“旧疾”[N]. 经济参考报，2016-04-15）

一、饭店安全管理概述

（一）饭店安全的概念

“安全”在《汉语大词典》中有两层意思：一是平安，无危险，没有事故；二是保全，保护。饭店安全应是取其第一层意思，指饭店所涉及的范围内所有人、财、物都平安，没有危险，没有事故。另外，美国著名心理学家亚伯拉罕·马斯洛在其著名的需要层次理论中把“安全需要”列为第二层次的需要，说明安全需要是人们心理上的基本需求。也就是说，安全不仅包括客观现实的安全，还应包括心理层面的安全，即让人们感受到稳定、秩序和受保护。因此，饭店安全应定义为：饭店所涉及的范围内所有人、财、物都没有事故、没有危险，且饭店的所有宾客及工作人员都能感受到稳定、有秩序的不受威胁的安全环境。

通过分析饭店安全的定义，我们可以深入了解饭店安全管理的内涵。

第一，从顾客的角度。饭店安全管理就是要在为顾客提供周到、完善的服务的基础上，保障顾客的人身和财产安全，同时还要充分尊重顾客的隐私，保障顾客的个人信息不外泄，让顾客感受到一个受保护的安全环境，并对饭店产生信赖感。

第二，从员工的角度。饭店安全管理不仅要保障顾客的安全，还要保护员工的安全。保障员工在工作的过程中，不受人身和财产的侵犯，且工作环境、使用的设施设备不存在安全隐患。一旦发生意外事故，饭店应有相应的保险和应急措施，使员工受到的伤害降到最低。

第三，从饭店的角度。饭店安全管理首先是要维护、保养好饭店的基础设施和所有客用、店用的设施设备，使其功能完善，保障饭店各项工作的正常进行。其次，饭店要做好财务安全方面的管理，防止内外部人员的盗窃行为。再次，饭店要做好防火、防盗、防暴等治安方面的管理，保障饭店内人员和财产的安全。又次，饭店要做好食品安全管理工作，防止由于食品问题导致的人身安全事故及饭店的财产损失。最后，在饭店遭遇自然灾害等不可抗力的时候，应该有一套应急措施，尽可能将灾害带来的损失降到最低。

（二）饭店安全管理的特点

1. 管理幅度大

饭店安全管理涉及的范围很广，不仅包括宾客的安全、员工的安全，还包括饭店本身的安全。不仅包含物质层面上的安全，还包括心理层面上的安全。具体范围包括以下几个方面。

(1) 宾客的人身安全、财产安全、隐私安全、信息安全和心理安全。

(2) 员工的人身安全、财产安全、隐私安全、信息安全和心理安全。

(3) 饭店的财产安全和环境安全。包括防止财物失窃、保护设施设备、防止宾客逃账、防止灾害发生、防止治安事件发生、维持饭店正常的经营秩序等。

(4) 饭店的信息安全。饭店的信息系统设计严密、维护得当，防止黑客入侵，防止病毒感染。

2. 管理难度高

由于饭店是一个客源构成复杂、人员聚集的场所，社会上的一些不安定因素难免会进入饭店中来，影响饭店的安全。比如，一些犯罪分子可能伴装成客人混入饭店，伺机作案；一些社会人员也会进入饭店的公共区域，享受饭店为客人提供的免费资源。这些都是饭店安全的隐患。再者，饭店员工的流动率较高，这不仅会影响饭店的服务质量和管理的稳定性，而且会增加饭店内部信息泄露的风险。另外，现代饭店结构日趋复杂，规模日渐扩大，空间向上延伸，装修材料日趋豪华，且饭店内集中了大量的电器设备，电源、火源、气源集中，极易引发各种安全事故。这些都使饭店的安全管理工作更加复杂、难度增大。

3. 政策性强

饭店安全管理涉及范围广，管理内容杂，且管理工作有很强的政策性和法规性。如消防安全管理、食品卫生安全管理、治安安全管理等管理内容都有很强的政策性。饭店在进行安全管理时，应严格按照国家和政府的有关政策进行，不能我行我素。作为饭店安全管理的工作人员不仅应了解《刑法》《民法通则》等基本法，还应了解《行政诉讼法》《合同法》《仲裁法》《治安管理处罚条例》《消费者权益保护法》和《食品安全法》等法律法规以及一些司法解释，以把握饭店安全管理工作尺度，明确罪与非罪，非法、违法和犯法，民事损害和刑事伤害，过失与故意，人为与非人为，正当防卫与防卫过失等的区别。饭店的安全管理，由于有时要涉及海外宾客，所以既要了解我国的诸多法律法规，又要了解一些国际法规和惯例。饭店在研究和实施安全防范措施中，既要遵守我国的法律规定，又要注意内外有别，按国际惯例办事，尽量避免引起海外旅游者的反感和非议。因此，做好饭店的安全管理工作要有很高的政策水平。

4. 服务性强

饭店属服务型企业，在进行安全管理时，既要做到工作到位、不留疑点，又不能破坏饭店整体的服务氛围，不能破坏饭店其他宾客或员工正常的消费心态或工作心态。作为服务型企业，饭店不能因为要进行安全管理就在饭店内步步设“警”，让人感到戒备森严，从而产生心理上的不安全感。因此，饭店的安全管理带有很强的服务性，在安全防范的同时体贴地服务宾客，在服务宾客的同时提高安全意识。

5. 全员、全过程参与管理

饭店是全年无休的服务性接待企业，因此饭店的经营活动是在不断进行的。并且饭店的安全工作涉及每个部门、每个工作岗位及每位员工。这注定了饭店的安全管理工作要全员参与，常备不懈。饭店的安全管理工作虽由保安部主要负责,但各部门需要通力合作,且只有依靠全体员工的共同努力才能完成。只有饭店各级领导和全体员工都增强了安全管理意识,本着“内紧外松”的管理原则,高度重视,饭店安全才能得到保障。

(三)饭店安全管理的重要性

1. 安全管理是饭店生存和开展经营活动的基础

安全是人类生存的基本需求之一,是客人对饭店的基本要求。没有一个安全的环境,客人的人身和财产安全受到威胁,他们根本不会考虑入住饭店。当今世界的许多游客,特别是海外游客把安全列为选择酒店的主要条件,有的甚至还要专门派人考察酒店的安全系统。另外,饭店安全如果得不到保证,不仅无法获得相应的经济利益,而且会因负面舆论导致客源流失、声誉扫地,甚至危及饭店的生存,所以饭店安全是饭店生存和开展正常经营活动的基础。

2. 安全管理是宾客满意和员工满意的重要保证

无论是宾客在饭店消费还是员工在饭店工作,他们都有免遭人身伤害和财产损失的需要,都希望自身正当权利受到保护和尊重。尤其是宾客,他们往往身处异乡,对环境的陌生感使其对安全的渴求更加迫切和敏感。因此,从经营的角度看,为宾客提供安全的消费环境是提高服务质量、争取宾客满意的基础。从管理角度看,为员工提供安全的工作环境,是促使员工积极工作、争取员工满意的基础。

3. 安全管理是饭店提升信誉、争取客源的基础

良好的信誉是饭店树立品牌、争取客源、持续健康经营的基础。而信誉是靠宾客的满意度和良好的口碑积攒起来的。一旦宾客的人身或财产安全受到侵犯,宾客会认为饭店最基本的工作没有做好,会产生很大的不满,导致投诉或者起诉。这种负面影响会给饭店的声誉带来极大的损害。因此,安全管理关系到宾客的基本需求,关系到饭店的声誉,是饭店提升信誉、争取客源的基础。

(四)饭店安全问题的主要类型

现代饭店中的安全问题主要表现为以下五种类型。

1. 偷盗

饭店涉及的犯罪大多为偷盗,可以说盗窃案件是发生在饭店中最普遍、最常见的犯罪行为之一。饭店是一个存放大量财产、物资、资金的公共场所,极易成为盗窃分子进行犯罪活动的目标。饭店客人随身携带的物品往往体积小、价值高,而饭店里的一些公用设施也往往是质量好、实用价值高,加之饭店人流密集、人员混杂、极易隐蔽,这些因素都会诱使犯罪分子把饭店作为行窃的目标。盗窃案件对饭店造成的影响较为严重,不但造成客人和饭店的财产损失,而且可能使饭店的名誉受损,直接影响饭店的经营活动。

2. 火灾

火灾是对饭店危害较大的一种灾害。由于现代饭店建筑费用高、内部设施完善、装修豪华、高档物品较多,且大多地处繁华地段,一旦发生火灾,其直接经济损失较高,社会危害较大。饭店发生火灾的主要原因在于:① 一些饭店的消防安全责任人和管理人法律意识淡薄,在饭店建设过程中不重视消防安全,有些饭店的建筑结构存在先天隐患(比如烟囱效应、疏散通道不足等);

② 员工流动性强，安全意识差，自防自救能力低；③ 电器设备质量差或电器线路问题导致短路，引起火灾；④ 一些宾客的防火意识差，在客房内吸烟（尤其是床上），引起火灾；⑤ 厨房用火不慎，引起火灾。

3. 宾客隐私泄露

客人在入住饭店时，需要扫描身份信息，在入住消费的过程中，也会有意无意地透露出一些个人生活上的习惯、爱好，甚至是一些特殊的癖好。这些都会成为饭店收集的客史资料，以便于日后更好地为客人服务。但是，如果这些客人的个人信息外传，被一些别有用心的人利用，就会对客人造成伤害，轻则造成对客人的骚扰，重则造成客人名誉和财产的损失。饭店也会因此被投诉甚至被起诉，造成饭店的声誉受损。

4. 客人逃账

逃账是饭店宾客的一种不诚信行为，会给饭店带来财务上的损失。在饭店经营管理中，常把客人冒用信用卡、盗用支票、假支票、假钞、逃单等现象统称为逃账现象。因此，饭店经营管理中要设置相应的检查程序，防止此类事件的发生。

5. 其他安全问题

（1）食物中毒或食物过敏。这是由于饮食卫生或食物成分安全警告不到位导致的较严重的饮食安全问题。食物中毒事件的主要原因包括饮食提供者提供的食品或饮品过期、变质、不洁净等。食物过敏事件的主要原因在于商家在提供食物的时候没有标明食物中可能导致过敏的过敏原成分，致使某些宾客出现食物过敏现象。食物中毒和食物过敏事件轻则导致客人投诉，对饭店饮食安全产生不信任感，重则导致客人出现严重的身体损害甚至死亡，使饭店卷入到法律诉讼中，严重影响饭店经济效益和声誉。

（2）打架斗殴。打架斗殴现象多发生在饭店的餐厅、酒吧、KTV 等娱乐场所，主要原因是客人酗酒。打架斗殴现象不仅影响饭店形象和正常经营，而且容易造成饭店财务损失、影响其他客人，所以应予以坚决制止。可以通过保安部对相关人员采取隔离措施，严重者可以报警求助。

（3）黄、赌、毒。黄、赌、毒是指在饭店房间或娱乐场所发生的卖淫嫖娼、赌博、吸毒等严重损害人们身心健康的不法活动。这类活动属于国家明令禁止的活动，属于违法活动。在饭店内，一旦被公安机关查处到此类活动，不仅会使饭店遭受诸如罚款、通报批评，甚至停业整顿的处罚，而且会对饭店的形象造成极坏的影响。另外，此类活动也会对其他客人产生影响，使其他客人觉得此饭店不是正当的消费场所，从而饭店会失去正当消费的客源。

二、饭店安全保障系统

（一）饭店安全管理机构的设置

1. 保安部

为了确保饭店安全管理工作的有效开展，饭店应设立专门的安全管理机构，即保安部。该部门是执行总经理直接领导下的一个重要的职能部门，服从执行总经理的指令，保卫本饭店的治安，配合公安部门和消防部门做好安全保卫工作和安全防火工作，预防各类不安全事件的发生，处理各类突发事件，保障宾客、员工和饭店本身的安全。

保安部的规模结构和具体岗位设置由饭店根据自身的情况来确定。一般常见的保安部组织结构如图 5-2 所示。

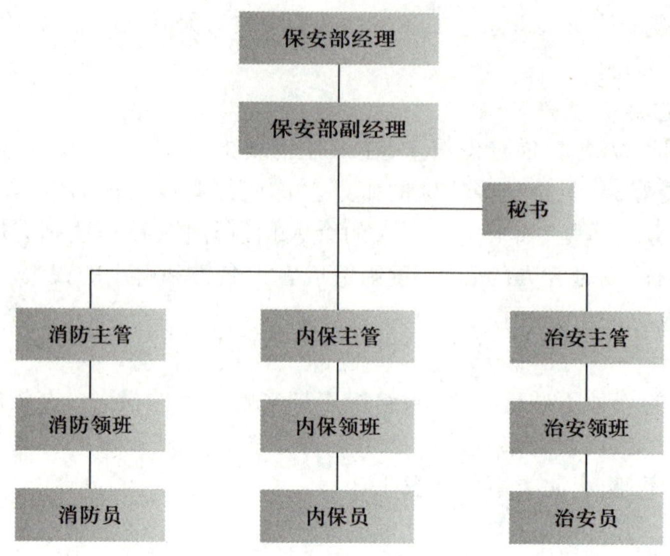

图 5-2 饭店保安部组织结构图

饭店保安部的工作职责通常包含以下三方面内容。

第一,负责制定安全制度。

负责制定饭店的各项安全管理制度。如治安管理制度、防火制度(消防作战行动方案)、保密制度、安全管理奖罚制度等。

协同各部门制定安全生产岗位责任制度,进行安全生产的培训,考核及落实检查制度。

制定特别安全管理制度。如重要接待任务的安全措施,重大节假日的安全管理制度。

拟定并不断完善酒店各项安全制度、规定,报请总经理批准后发布实行,并监督落实。

第二,负责饭店的安全保卫工作。

在饭店范围内,注意防止犯罪。若发现饭店内有犯罪活动,要及时报告总经理及公安部门,并配合公安部门调查侦破各类案件。若店内员工在店外犯罪,同样要配合公安部门调查侦破案件,打击违法犯罪分子的犯罪活动。

负责饭店范围内的治安管理和警卫工作。根据国家安全法规和饭店里的安全制度督导和检查责任人和部门的执行情况。

负责督导和检查各部门的安全防火措施,加强对饭店消防设备、器材的检查与管理。

负责管理饭店住客户籍、证件、贵重物品,及访客登记。

负责管理饭店有关治安工作的档案、资料。

对查出的安全隐患,提出解决意见,通知有关部室限期整改或采取专业措施予以解决。对已发生的安全事故查明原因,提出处理意见。

保卫取送公款工作。

做好重大宴会活动和来店重要宾客的内部保卫,并配合公安部门搞好安全警卫工作。

第三,负责对饭店员工的安全教育、培训、宣传工作。根据形势和饭店各时期的中心任务,负责对职工进行治安知识、安全意识及法制观念的教育及宣传工作。

组建酒店义务消防队，根据酒店的实际情况定期对专职和义务消防人员、管理人员进行培训及考核。

对新入店的职工进行岗前安全培训，对在岗职工进行安全知识教育与安全素质考核。了解和掌握饭店员工的各种思想和表现情况，配合各部门做好违法乱纪(特别是违法青少年)人员的教育转化工作，防止犯罪。

2. 饭店安全管理委员会

如前所述，饭店的安全工作具有全员、全过程参与管理的特征，所以单靠保安部一个部门十几个人的努力是不可能全面做好饭店安全工作的。因此，饭店应树立“安全工作事关人人”的观念，坚持“群防群治”的原则，建立饭店安全管理委员会，共同参与安全管理工作。

安全管理委员会是饭店安全管理工作的领导机构和群众性组织，它在总经理的领导下，由各部门选派一名管理人员组成。饭店的领导既是表率，又是制度落实的保障。领导一方面需要传达安全工作的重要性，任命部门安全责任人；另一方面要确保安全资源的提供，布置对员工的安全教育培训，督促落实安全管理目标、进行安全生产评审，持续改进安全管理体系。全体员工的充分参与可以使安全工作更有保障。比如火灾，厨房、客房都可能是重灾区，所有当值人员都要能预防，会应急处理。一般地，安全管理委员会可根据饭店的实际情况，下设包括员工治安小组、员工义务消防队在内的若干小组。饭店保安部是安全管理委员会的常设办事机构。

(二) 饭店安全管理制度

饭店安全管理制度有两个层面的含义：一是饭店企业要逐级落实安全岗位责任制，权责明晰并制度化，建立健全安全管理、检查、培训体系；二是具体的专项制度(管理标准)要全面成套，其编制和出台要经过较充分的研究和讨论，并在实践中不断改进、优化。比如说，每项制度的出台都应经过完备的程序，每年对制度(文件)是否完善、合理、到位等方面进行评审等。

饭店安全管理制度需要涵盖各个方面，既要有总体要求，也应有具体要求。比如说，某些饭店可以直接采用DB44/T 711—2010《旅游安全管理 旅游(星级)饭店》的标准作为总体要求，具体的专项制度一般应涵盖安全投入保障、安全例会、安全生产检查、安全评估和隐患整改管理、安全生产事故管理和报告、安全生产教育和培训、安全生产记录、入住登记管理、总台安全防范、房门钥匙管理、食品和卫生安全管理、危险品安全管理、特种设备管理、财物保管等各个方面和细节。

瑞兴酒店财物保管制度

一、为保障顾客携带财物的安全，防止失窃、扒窃等治安案件发生，实行贵重物品寄存制。

二、酒店设立财物保管专用柜，顾客的贵重物品请寄存在总服务台。

三、寄存物品时，由总服务台填写财物寄存单，并由顾客签字确认后，交顾客一份，总服务台留存一份。

四、顾客凭寄存单、房间钥匙(门卡)、物品牌领取物品，签字确认无误后领取。

五、对顾客寄存的物品，酒店应妥善保管，防止遗失、被盗、损坏。

六、严禁将易燃、易爆、剧毒、腐蚀性、放射性等危险物品及淫秽物品、管制刀具、毒品、吸食毒品的器具等违禁物品带入酒店。酒店发现违禁物品后应及时报告公安机关,发现客人携带枪支、弹药等物品应立即报告公安机关。

七、对顾客遗留物品,应设法归还原主,无法联系到顾客的要送交公安机关,由公安机关协助查找归还。

(资料来源:根据网络资料整理)

三、饭店危机(突发事件)的预防与处理

(一)饭店危机管理概述

1. 饭店危机的定义

危机是指在任何组织系统及其子系统中,因其外部环境或内部条件的突变而导致的,对组织系统总体目标和利益构成威胁的一种紧张状态。这种具有不确定性的重大事件,可能对组织及其相关成员、产品服务、资产和声誉造成巨大的损害。根据这一定义,饭店危机是指由于突发性重大事件的发生而对饭店造成重大破坏和后续不良潜在影响的状态。

2. 饭店危机管理的含义

饭店危机管理,是指对即将可能发生的危机或已经发生了危机,经过事前有目的的评估及防范、事中过程控制和事后善后处理等措施,使饭店的正常经营活动免受干扰,并将危机带来的损失降到最低的一种系列管理活动。从宏观角度来看,危机产生的原因主要有国家经济体制改革、法律规章制度的调整、科技发展进步、社会收入水平变动等;从微观角度来看,危机产生的原因主要有企业的管理水平的高低、服务人员素质优劣、经营设备的好坏,经营决策能力的强弱等;还有一些危机是自然灾害、恐怖袭击等不确定因素造成的。这些因素都会对饭店的经营活动产生重大的影响,需要饭店管理者予以重视。

3. 饭店危机的一般形式

饭店可能面对的危机事件主要有以下几种形式。

(1) 自然灾害。如地震、洪水、泥石流、沙尘暴、大雾、雷电等。

(2) 火灾事故。如 2004 年,吉林市"2·15"中百酒店火灾事件,死亡 40 人;2013 年 4 月 14 日,湖北省襄阳市一景城市花园酒店发生火灾,共造成 61 人伤亡,其中 14 人遇难;2017 年 2 月 25 日早上,南昌市红谷滩新区的一家星级酒店发生火灾,造成 10 人死亡。

(3) 群体性突发事件。如房屋拆迁可能引发群体事件,导致对酒店等的打、砸、抢、烧等。

(4) 公共卫生突发事件。如曾经肆虐我国的非典型肺炎、禽流感等公共卫生事件对酒店带来的影响。

(5) 黄、赌、毒等治安事件。如 2010 年 6 月 23 日晚,重庆五星级希尔顿酒店被重庆警方以"涉黄"进行查封,给酒店的声誉带来不良影响。

(6) 恐怖袭击、邪教活动。如印度孟买发生的爆炸事件等。

(二)饭店危机的处理

危机事件跟其他事物一样具有两面性。这类事件如果处理得好,可使企业损失降到最低,甚

至可能提高企业的知名度和美誉度,带来长远的经济利益;反之,则有可能使企业一蹶不振,就此衰落下去,甚至倒闭破产。因此,饭店要重视突发事件的管理,研究饭店危机管理对策,掌握处理危机事件的能力。

1. 危机发生前,建立危机的预警机制

危机管理理论认为,最重要的是预防危机的发生并预见可能蔓延的危机。越早认识到危机存在的威胁,越早采取适当的行动,就越有可能控制危机的走势,在危机不可避免地发生时能从容应对,把损失降到最低。因此,危机管理的重点应当放在危机发生前的防范,而非危机发生后的亡羊补牢。饭店应建立一套规范、全面的危机预警系统,把一些潜在的危机消灭在萌芽状态,把必然发生的危机损失减少到最小的程度。

(1) 成立危机管理机构。要有效地应对危机,饭店需要建立一个危机管理机构,负责制订危机管理计划、危机处理程序和组织协调危机的处理。饭店危机管理机构的具体组织形式,可以是独立的专职机构,也可以是一个跨部门的管理小组,还可以在饭店战略管理部门设置专职人员来负责,但必须明确主管领导和成员职责。常见的危机管理组织结构如图 5-3 所示。

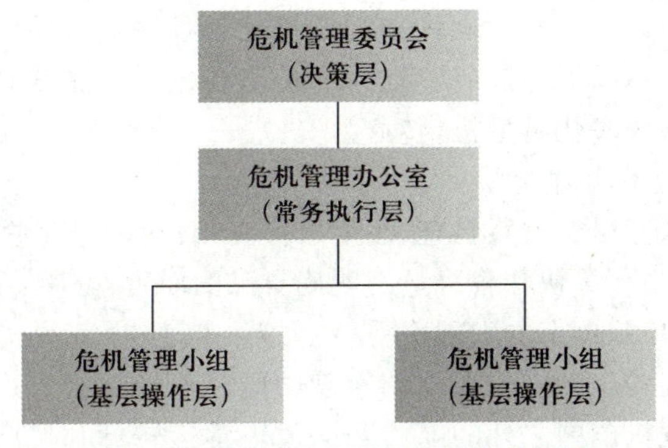

图 5-3　现代企业危机管理组织结构图

饭店危机管理机构主要承担饭店危机的日常检测、诊断、评价和预警控制工作,对预测的危机提出应对措施,向公众表明饭店应对危机时认真负责的态度。

危机预警系统的建立有助于捕捉危机预兆,做好危机防范工作。预防危机需要重点做好以下信息的收集与监测工作:① 了解国家经济政策的变化,掌握饭店行业信息,研究和调整饭店的发展战略和经营方针;② 随时收集宾客对饭店产品、服务的反馈信息,对可能引起饭店危机的各种因素和表象进行严密的监测。对监测到的信息进行鉴别、分类和分析,对未来可能发生的危机类型及其危害程度做出预测,并在必要时发出危机警报;③ 研究饭店竞争对手的现状、潜力、经营策略和发展趋势,进行同行业实力对比,做到知己知彼;④ 通过暗访和日常监督管理,了解饭店内部的质量信息,定期或不定期聘请外部专家对饭店作出客观诊断和评价,并进行自我诊断,找出饭店经营的薄弱环节,力争最大程度消除饭店危机隐患。

(2) 做好公众沟通方案,确立"发言人"制度。沟通是危机管理的中心环节。随着信息技术的高度发展,社会舆论逐步成为影响饭店形象、声誉的重要因素。饭店应该维护好与消费者、新闻媒体、社区公众、政府机构的良好关系,为饭店赢得外部公众的支持与信赖。"发言人"制度的建立和运行可以有效地引导舆论,使之朝有利于饭店的方向发展,避免谣言四起。饭店发生危机事件时,绝不能以各种借口回避公众,尤其是新闻媒体的采访。否则,更是欲盖弥彰。因此,饭店应选择思维敏捷、口才好、熟悉饭店情况的中高层领导作为饭店的新闻发言人,及时将事件发生的真相、处理进展传达给公众,以正视听,杜绝谣言、流言,稳定公众情绪,争取社会舆论的支持。沟通对危机带来的负面影响具有良好的化解作用。因此,饭店必须树立强烈的沟通意识,在危机面前,通过预先做好的沟通方案和发言人的主动沟通,引导舆论方向,维护饭店的企业形象。

(3) 建立各种应急预案,并定期进行演练。饭店应针对饭店内常见的危机事件拟定各类危机处理应急预案。针对饭店内常见的各类突发事件(如宾客钱物丢失、火灾、诈骗犯罪、打架斗殴、抢劫凶杀、食物中毒、突然死亡、自然灾害、非法经营、恐怖威胁等),饭店应拟定相应的处理程序,并以手册的形式对员工进行培训。一旦出现类似情况,即可在第一时间启动相应的应急程序,避免出现临危混乱或手足无措的情况。

另外,对各种危机的情景式模拟训练,是饭店提高员工处理危机能力的最有效方法之一。通过进行定期的危机模拟演练,一方面可以提高饭店危机管理组织的应变能力,强化员工危机意识;另一方面可以对饭店拟订的危机管理计划和危机处理程序进行检测,以便及时调整和完善。有针对性的危机模拟演练,可以促使饭店管理者和员工在危机真正来临时团结一致、积极应对,采取果断有效的处理措施,及时化解危机,转危为安。

2. 危机发生时,及时做出应对

饭店在危机发生之初,应尽快进行自查,厘清事实真相,掌握处理危机和宣传报道的主动权。同时,立即启动应急预案,必须尽快让各级员工明确自己的职责、分工、工作程序。只有提高饭店自身的反应速度才能及时控制事态的发展,一旦失去第一反应时间,饭店很可能陷于被动应付的状态,从而失去了危机管理的主动权。在强调速度的同时不能忽视饭店的整体协调。饭店要明确危机涉及的范围,确保危机范围之外的部门和岗位正常运转,同时进行必要的人员隔离,明确处理危机的基本成员,不能任何人员都借口危机处理而擅自中断服务工作。总之,在面对各种形式的危机时既要分工明确,又要协调一致,这样才能保证危机的整体处理效果最优,才能从根本上维护饭店的声誉。

3. 危机发生后,总结经验,提高应对能力

危机总结是整个危机管理的最后一个环节。危机既已发生,就不可避免地给饭店的声誉和经营造成一定程度的影响。但若能从中汲取教训,抓住危机中的机遇也可能使饭店迈向一个全新的台阶,至少在下次处理同类型危机时,会更有经验、更加完善地处理各种关系。决不能心存侥幸地认为此种危机不会再发生,得过且过,应对发生的事件及时梳理,对管理中存在的问题和不尽完善的地方及时总结。危机总结一般可分为三个步骤。

(1) 调查事态全貌。对危机产生的原因、发生时的情况、涉及的相关人员、影响和后果,以及各方人员的处理过程进行全面的梳理。

(2) 评价处理过程。对危机发生前预警系统发挥的作用和危机处理过程中预案的实施、应变决策以及具体人员的做法进行仔细的评价。分析危机预案、应变计划的合理性和针对性。

(3) 提出整改措施。对危机处理过程中发现的各种问题综合归类,分别提出整改措施,并责成相关部门落实,确保下次类似事件的处理更加完善。

（三）饭店可能发生的主要突发安全事件及其防范

1. 火灾

(1) 预防。关于火灾的预防，饭店的消防管理工作除了要严格遵守国家有关的法律法规外，还应制定适合本饭店特点和要求的消防安全管理措施。我国消防条例规定：消防工作实行“预防为主，防消结合”的方针，把重点放在防火上。因此饭店应使各岗位都明确防火的工作程序、岗位职责、注意事项和规章制度，建立防火安全检查制度，并制订灭火计划。灭火计划包括以下几方面。

① 绘制消防安全总平面图。要注明楼层布局、给水管网络、消防栓的位置、给水管尺寸、电梯间、防烟楼梯间位置等。

② 绘制饭店内部消防设备位置图。应注明自动灭火设备安装地点、室内消防栓布置图、进水管路线、阀门位置等。

③ 绘制灭火行动平面图。绘制该图应首先考虑利用楼梯作为抢救人员、物质及清理火场的通路。其次考虑如果楼梯被堵，是否有其他备用行动方案。

(2) 事故处理。任何人在饭店闻到烟味、发现烟火，或者发现其他紧急情况时，都有责任及时报警。处理方法如下。

发现火情时先向店内消防中心报警，报警时要讲清起火具体地点、燃烧何物、火势大小、报警人姓名和身份及所在部门和部位。

视火情大小，有可能的话应先灭火，如火情危险，应立即打碎墙上的报警装置报警，并立即组织客人撤离，同时报公安消防队。

发现火情时不要慌张和高声喊叫，应该一边采取灭火措施，一边迅速报告饭店总指挥，由饭店主管消防的领导决定是否通知消防队。

2. 治安事件

治安事件是危及客人和员工生命、财产安全，以及危及饭店财产安全的犯罪活动，以盗窃案件为主。

(1) 预防。关于饭店治安事件的预防，主要是做好防止外来人员偷盗、防止员工偷盗和防止客人偷盗、逃账的行为。

防止外来人员偷盗。饭店应加强宾客出入口、员工出入口、电梯入口、楼层走廊及其他公共场所的安全监控，不仅要设置安全监控设备，而且要有安全值班人员巡逻，对可疑人员携带的可疑物品要弄清情况后才能放行。另外，安全的门锁以及严格的钥匙管理是宾客安全的重要保障。饭店管理机构应设计出一个符合本饭店实际情况、切实可行的客房钥匙编码、发放及控制程序，以保证客人人身、财物的安全。

防止员工偷盗。员工偷盗行为与员工的个人素质、道德水平密切相关。饭店应在用人上把好第一关，并在员工守则上注明相关要求并严格执行。对有诚实表现的员工进行鼓励，对有不诚实行为及偷盗行为的员工视情节轻重予以处理。另外，还应通过各种措施减少员工偷盗的可能。例如，在员工出入口的安全值班人员如发现员工携带物品异常，应采取恰当措施检查控制；完善员工领用物品的手续；严格控制仓库储存的物质；限制存放在收银台的现金额度；严格财务制度，实行财务检查等。

防止客人偷盗、逃账。为防止客人混淆可以带走的房间内消费品、纪念品和不可以带走的房间内装饰品、摆放品,饭店应使用明确标志加以说明。在客人离店结账时,应对房间的设备、物品加以清点,如发现有物品丢失或损坏,应立即通知前台工作人员加以追回或索赔。另外,为防止客人逃账,一定要在客人入住时核实身份,并请其缴纳定金。各营业点的收款员应及时将客人赊账单转入总服务台,以防止漏账。对于签单消费的宾客,应确定其消费额度,再允许其签单。

(2) 事故处理。对于治安事件的处理,通常是要求员工首先报告饭店保安部,由保安部视情节轻重决定是否转交公安部门处理。

当店内发生盗窃、打架斗殴、流氓、毁坏公共财物等治安案件时,员工一经发现应立即报保安部并保护好现场,保安部接到报案后,应迅速赶到现场,进行调查处理,并视情况紧急程度决定是否转交公安部门处理。

对于住店宾客向大堂经理及值班经理投诉中提出的各类案件,大堂经理必须让客人填写报案表,同时在五分钟内向保安部报案。

对于员工中发生的各类纠纷和治安案件,应在向本部门领导报告的同时向保安部报案,如属于失窃、丢失事件,应及时向保安部报案。

应提醒员工:报案应及时,因超过报案时限而导致贻误办案时机的,应视情节给予一定的处罚。

3. 食物中毒

(1) 预防。饭店在提供食物时,应仔细检查食品原料是否被污染或变质,如果发现有被污染或变质的可能,应及时更换。饭店在向其他食品生产单位购进半成品、成品食物时,应严格检查食品的外包装和保质期,尽量与有诚信的食品商家长期合作。另外,对于一些有可能引起过敏的食物,饭店应加以标明,防止由于客人自身生理原因而导致的食物过敏、中毒等反应。

(2) 事故处理。食物中毒以恶心、呕吐、腹疼、腹泻等急性肠胃炎症状为主,发现客人同时出现上述症状时,应立即报告总经理、客房、餐饮、保安等有关部门经理。各有关部门经理接到报告后,按以下规范处理:① 由店内医生对中毒者进行诊断和紧急救护,病情严重者,及时送往医院抢救。进行食品取样、化验,确定中毒原因;② 餐饮部对可疑食品及有关餐具进行专门控制,以备查证,同时防止其他人中毒;③ 由餐饮部负责,保安部协助,对中毒事件进行调查,查明中毒原因、人数、身份等;④ 根据店领导的指示,通知公安机关和卫生防疫部门。保安部和餐饮部要分别做好接待工作,并协助相关部门进行调查;⑤ 由客房部和销售部通知中毒客人的接待单位或家属,并向他们说明情况,协助做好善后工作。对于内部员工的食物中毒事故,人事部负责做好善后工作。

4. 客人意外受伤、病危

(1) 预防。为防止客人意外受伤,饭店应在可能产生意外的位置设置提醒标志牌,为卫生间、洗浴间设置防滑垫,保持各种家具、摆放品的稳定和牢固,并在房间内放置《安全须知》,说明房间内的设备与装置以及发生各种紧急情况的处理办法。另外,为防止客人在住店期间突发重大疾病危及生命,饭店应视自身情况设置规模不等的医疗点、医疗室及专业医护人员。如没有专业医护人员,也应选择合适的员工接受相关的专业训练,并配备简单急救设备和急救药品。

(2) 事故处理。遇到客人意外受伤或发现客人病危的情况,员工应立即通报大堂经理、保安部和部门经理。通常由大堂经理或饭店值班经理统一指挥此类事件的处理工作。通常的处理步骤如下：

接到通知后各方派人到现场协助处理，必须有医务人员（或经过专业医疗训练的员工）、服务部门的人员在场，以了解情况、相互配合。

初步诊断受伤及病危人员的状况，如果不严重，可由医务人员就地治疗；情况严重的，应采取急救措施后及时送往医院治疗。

大堂经理需要记录下有关情况，写出伤病事件报告。

保安部负责送客人离开饭店，备齐客人的有关资料送至医院；请示值班经理，决定需不需要通知客人所在单位及亲属；办理住院手续，并在客人单位及亲属未到之前派专员看护危险期内的病人，以防病情恶化。

5. 客人死亡事件

客人在饭店死亡有多种原因，从性质上可分为正常死亡和非正常死亡两类。生病死亡属于正常死亡。意外事故死亡、自杀、他杀或其他不明原因死亡均属于非正常死亡。饭店在发生客人死亡事件后，应按以下步骤进行处理：

员工在发现客人死亡情况后，应立即报告保安部经理、大堂经理。保安部应迅速派人去保护现场。

保安部经理、大堂经理和驻店医生应立即前去现场，检查客人是否真的已死亡。如客人尚未死亡应积极抢救，并与医院急救中心联系。如客人已确认死亡，应及时向公安部门报告，并保护好现场。

饭店应积极配合公安机关开展调查工作，同时饭店公关部要做好家属接待工作以及配合家属做好遗体处理工作。

若客人属非正常死亡，且客人死亡事件造成较大影响，饭店应立即采取必要的隔离措施，不要影响对其他宾客的服务接待工作。同时，配合公安机关向社会公布事件调查进展，由饭店发言人主动、坦诚地解说事件真相，引导社会舆论，维护饭店的形象和利益。

保安部负责把客人死亡及处理的全过程详细记录并存档。

本章小结

首先，本章对饭店信息的概念、特征和类型进行了分析，认为饭店信息具有客观性、时效性等特征，包括饭店内部信息和外部信息。并且，对饭店管理信息系统的概念和功能进行了阐述，对比了饭店管理信息系统使用前后饭店管理体系的改进，并简单阐述了如何选择饭店管理信息系统，介绍了当前市场上主流的饭店管理信息系统。

其次，本章介绍了智慧酒店的概念及酒店智慧化建设的几个方面，指出了酒店智慧化未来发展的方向，即除了设备智能化外，更注重精准对客营销、去中心化管理流程再造、增强客人的个性化体验这三个方面的智慧化。

再次，本章介绍了饭店安全管理的概念、特点、重要性以及饭店安全管理的管理机构和管理制度，认为饭店安全管理是饭店经营活动的前提和基本保证，是饭店业务得以顺利进行的基础，应以预防为主，内紧外松，常抓不懈。

最后，本章介绍了饭店危机的概念、通常的危机处理程序以及几种主要的饭店突发事件的预防及处理措施。饭店应建立危机的预警机制，以便在危机发生时及时做出应对，并在危机发生后及时总结经验，提高危机应对能力。

课后案例1

互联网酒店是大势所趋

店面多、覆盖广是众多经济连锁酒店品牌重要战略，千家店应该是衡量该品牌是否成功的一个标准。在经济型酒店巨头们追逐千家店梦想的进程中，如家用了九年，“7天”用了六年，这些无疑已是国内知名且成功的经济型连锁酒店的代表。除此之外，居然还有一家名不见经传的连锁酒店品牌只用了五年时间，成为2009年后酒店业新品牌唯一规模超过千家的品牌，它就是尚客优。从知名度来看，尚客优不如布丁、“7天”，论发展时间，也比如家、汉庭等品牌晚了五到七年，尚客优做到了，专注三四线市场和全面拥抱互联网是其成功的秘诀。

在尚客优创业初期，一二线城市经济型酒店市场已经趋于饱和，而随着一二线城市物价的疯涨、人力成本的急剧上升，经济型酒店在一二线城市利润率急剧下滑，“7天”、如家等品牌也纷纷转身向三线城市下沉。而此时，尚客优已经探索出一套成熟的适合三线城市消费、投资特点的产品和管理模式，稳坐三线城市酒店行业第一把交椅。

当然，全面拥抱互联网对于尚客优而言也功不可没。随着行业竞争的日趋激烈，酒店行业整体利润空间也速度下滑，在行业巨头们在为如何降低成本提高利润率头疼时，尚客优率先提出“免费住酒店”这一互联网基础异常浓烈的概念，全力推行一个生活分享平台。从顾客进入尚客优酒店大堂、客房开始，酒店大堂的沙发、灯具、各种装饰，客房的床垫、靠枕、床单、小摆件、毛巾、浴巾、洗浴用品、水杯、家具甚至壁纸，只要是顾客体验后喜欢的，都可以通过用手机扫描二维码下单购买。顾客只要购买同等房价的物品，就免房费。

显然，不论是腾讯、盛大，还是奇虎360，基础服务免费+增值服务收费的模式都被证明是非常成功的商业模式，这种模式也成为互联网思维的代名词之一。但是酒店业作为传统行业，假如让顾客不花钱住酒店显然会导致酒店业亏本运营。而尚客优通过体验+购买的多元化产品运营模式，实际上打造了一个平台，获得了更大的运营自由空间，因此能实现“羊毛出在猪身上”，将互联网的经典免费模式运用在酒店业。除此之外，尚客优新近还与海尔、中国工商银行、阿里旅行·去啊、红星美凯龙、云柚科技等行业巨头强强联合，通过信用住、无息贷款、投资扶持、微信开锁等政策及互联网智能体验，立足B2B2C的互联网运营模式，为连锁酒店行业在移动互联网时代的发展探索新的发展契机。

可以说，尚客优已然在以创新践行“互联网+”概念，但总裁马英尧却并不满意，他认为这还算不上是真正意义上的互联网酒店。在陆续推出尚客优连锁酒店、优悦SPA精品酒店、橙客公寓、购物免费住以及假日美地酒店后，马英尧决定将不再做任何自由的酒店品牌，而是全力做一个基于互联网和移动互联网的线上酒店平台，吸引其他各具特色的中小连锁酒店平台入驻，同时支持和孵化中小型连锁酒店创业团队，从而重新做创业者，但这次是站在创业者背后的创业者，这才是真正的互联网酒店，也是未来经济型连锁酒店的大势所趋。

（资料来源：陈杰.互联网酒店是大势所趋[N].科技日报，2015-07-01）

案例思考题

1. 尚客优是如何利用“互联网+”稳坐三线城市经济型连锁酒店第一把交椅的？其成功对你有什么启示？

2. 你认为当前大多数饭店的信息管理和智慧化建设存在哪些不足？

课后案例 2

近期，上海市一件酒店纠纷的旧事再度浮出水面。2016 年 2 月，一女子入住上海市中心一家全季酒店后丢失 2 800 元现金，监控显示保洁员曾为一男子打开过当事人所住房间的门。事后，全季酒店管理方华住酒店集团表示，有员工未按流程操作，酒店方面确实有“不可推卸的责任”。当事人表示，虽然酒店已经补偿其 3 000 元现金，但她仍要求酒店方面给出诚恳道歉。原来，当事人与后进入房间的男子原系男女朋友关系，因闹分手，女子投宿酒店。男子到酒店后，在入住楼层称“忘带房卡”，说服酒店工作人员为其打开房间，查看女子是否在内。事后，上海市消费者权益保护委员会曾就整起事件进行调解，最终因“双方无法达成一致”，调解终止。

（资料来源：陈国洲，张玉洁，朱翃. 渝沪再曝酒店安全事件，不是“新症”是“旧疾”[N].经济参考报，2016-04-15）

案例思考题

1. 谈谈案例中饭店服务人员的安全意识。为什么饭店承认有“不可推卸的责任”？

2. 你认为饭店应从哪几个方面加强安全管理？

复习思考题

1. 什么是饭店管理信息系统？
2. 饭店信息有哪些特点？
3. 饭店信息包含哪些内容？
4. 谈谈饭店管理信息系统对传统饭店管理模式有什么改进。
5. 什么是智慧酒店？酒店如何开展智慧化建设？
6. 饭店智慧化未来的发展趋势如何？
7. 饭店安全管理的特点和重要性如何？
8. 饭店安全问题的主要类型有哪些？
9. 什么是饭店危机管理？
10. 饭店危机管理的步骤是什么？
11. 如何进行饭店消防管理？
12. 如何进行饭店治安管理？

第六章

饭店的投资与筹备管理

学习目标

1. 了解饭店投资的概念及特征。
2. 熟悉饭店投资可行性研究步骤。
3. 掌握饭店投资具体内容。
4. 了解饭店筹备的组织机构设置原则。
5. 掌握饭店筹备工作的主要内容。

课前案例

酒店业投资倾向“大型市场玩家”

洲际酒店集团2018年3月宣布以3 900万美元现金收购丽晶酒店及度假村51%的股份。同时,洲际酒店集团拥有在2026年以后分期收购剩余49%股份的权利。据介绍,51%的股份收购资金将分三笔,每笔1 300万美元现金支付。首笔付款在交易完成之初兑现,第二笔在2021年完成,第三笔在2024年完成。同时,洲际酒店集团还宣布,2020年年初迎来全面装修翻新的香港洲际酒店,将会在2021年年初重新开业时更名为香港丽晶酒店。

洲际首席执行官柏思远表示:“作为奢华酒店的先锋,丽晶的加入极大强化了洲际的品牌组合。新创立的豪华酒店业务板块将由业界最富经验的专业人士组成,以推动洲际在豪华酒店领域的发展,确保已有的豪华酒店品牌持续升级,并引入更多新品牌,夯实品牌组合。”目前洲际酒店集团旗下特许经营、出租、委托管理或拥有的酒店逾5 300家,共有近80万间客房,遍布全球近100个国家和地区,并有近1 700家在建酒店。尤其在中国,洲际酒店在加速扩张。网络公开数据显示,2016年洲际酒店集团大中华区开业酒店共271家,在建酒店222家。截至2017年三季度,已有316家开业酒店,另有285家酒店在建。

近年来酒店业资本投资越来越倾向大型市场玩家。例如,安邦收购黑石旗下希尔顿逸林酒店,中邦集团和上海连合房地产投资有限公司1.4亿澳元购悉尼双湾洲际酒店等等。当下国际高端酒店市场几乎是饱和状态,酒店也在寻求转型之路,可以预见未来国际饭店业会有更多的投资整合。

(资料来源:根据网络资料整理)

思考题

1. 请思考饭店投资的概念。

2. 为什么饭店业的投入资本和投资规模会越来越大?

第一节 饭店的投资管理

一、饭店投资管理概述

随着中国旅游市场受宏观经济持续高速增长的影响,中国饭店行业得到迅速发展。加之2008年北京奥运会、2010年上海世博会和广州亚运会等重大节庆活动的影响,国际众多知名饭店管理集团进入中国,中国饭店业进入了一个崭新的时代,也使行业投资持续升温。

在传统的饭店投资管理战略中,绝大部分投资人并未对资本投入进行很好的规划。主观臆断和粗略估计使得上千万元的资本在高度的风险中运行。其实,饭店的成功不但取决于产品质量、服务质量和管理水平,还有一个非常重要的,那就是优化资本投入。优化资本投入在饭店经营战略中起着至关重要的作用,超越市场承载量的资本投入会让饭店背负沉重的成本负担。而不能满足目标客户群体需求的低资本投入,会造成销售与市场脱节,同样让饭店背负沉重的成本负担。

(一)饭店投资管理的概念

饭店投资管理是一项复杂的系统工程,它是饭店决策者以饭店战略目标为中心,在全面分析饭店投资机会、投资环境与可支配资源的基础上,对饭店未来投资方案进行规划设计、评估论证、方案实施等工作,以获得预期收益的一系列管理活动。

(二)饭店投资的特征

1. 风险性

饭店的投资行为是对未来的一种预测,存在一定的不确定性,投资的实际结果与预期结果会产生偏差,偏差程度越大,风险就越大。因此投资会带来风险,但投资风险也会给投资者带来额外的报酬。饭店投资管理要综合分析饭店投资的风险性,如投资项目的前景预测、项目资金的筹措渠道,尽可能把握风险程度,有效规避一些风险,努力把风险控制在一定的范围内,为饭店创造更大的效益。

2. 动态性

饭店投资的动态性是指饭店投资从产生到发挥作用有一段时间,有些长达数年,初期的投资预算随着时间的推移和环境因素的变化,可能产生追加投资或减少投资情况,甚至投资方向也会发生变化。动态性要求饭店投资者密切关注投资的影响因素,做好投资论证,尽可能按照投资预期方案完成投资,同时也要注意投资的优化完善,尽量避免投资方向的较大变动。

3. 时效性

饭店投资的时效性较强，投资者只有把握最佳的投资时机，才能取得较好的投资回报。例如，遇到世界经济危机时，饭店业也难逃一劫。但危机中也孕育着巨大的机会，饭店可以利用这个生意相对清淡的时期，进行大规模投资与改造，在这个时期，投资成本也会低很多，一旦市场回暖，则具有较强的竞争力。另外，饭店的硬件设施一般 5~7 年需要更新改造一次，饭店对更新改造投资要提前做好计划。饭店产品和特色要不断创新，也需要饭店把握时机，及时进行投资。

二、饭店投资的可行性研究

（一）饭店投资可行性研究的含义

饭店投资的可行性研究是饭店投资建设前期工作的重要组成部分，是指对饭店某一建设项目在建设必要性、技术可行性、经济合理性、实施可能性等方面进行综合研究，推荐最佳方案，为饭店建设项目的决策和设计任务书的编制、审批提供科学的依据。

（二）饭店投资可行性研究的基本原则

饭店在进行投资的可行性研究时，应该遵循以下基本原则。

第一，饭店投资应符合社会需求。无论何种投资，只有符合市场需求才能有效益可言。因此，除了投资前要积极了解、收集有关市场信息外，还应该充分研究国家有关的投资政策，使饭店投资符合国家产业结构发展的要求。

第二，饭店投资项目应具有长远投资利益。饭店在进行项目投资时，应该从自己长远的利益出发，正确处理长期投资与短期投资之间的关系，特别是有些项目在短期内可能会有较好的效益，但是会影响饭店的长远利益，对于这些项目的投资应该慎重。

第三，饭店投资应满足投资的边际收益与边际成本相等的原则。或者说，饭店增加一笔投资带来的收益至少应该大于或等于这笔投资增加的成本。遵循该原则有助于饭店在投资活动中实现利润最大化。

第四，在投资活动中应重视投资风险的评估。

（三）饭店投资可行性研究的阶段与层次

第一阶段——饭店投资机会研究。该阶段的主要任务是对饭店投资项目或投资方向提出建议，即在一定的地区和地域内，以资源和市场的调查预测为基础，寻找最有利的投资机会。投资机会研究比较粗略，主要依靠笼统的估计而不是详细的分析。该阶段投资估算的精确度为正负 30%，研究费用一般占总投资的 0.2%~0.8%。如果饭店投资机会研究认为可行，就可以进行下一阶段的工作。

第二阶段——饭店项目初步可行性研究。初步可行性研究，亦称预可行性研究。在饭店投资机会研究的基础上，进一步对饭店项目建设的可能性与潜在效益进行论证分析。初步可行性研究阶段投资估算的精确度可达正负 20%，研究费用占总投资的 0.25%~1.5%。

第三阶段——饭店项目详细可行性研究。详细可行性研究，即通常所说的可行性研究。详细可行性研究是饭店开发建设项目投资决策的基础，是分析项目在技术上、财务上、经济上的可行性后作出投资与否决策的关键步骤。这一阶段对建设投资估算的精确度在正负10%,所需的研究费用方面,小型项目占投资的1.0%~3.0%,大型复杂的项目占投资的0.2%~1.0%。

第四阶段——饭店项目的评估和决策。按照国家有关规定,对于大中型项目和限额以上的项目及重要的小型项目,必须经有权审批的单位委托有资格的咨询评估单位就项目可行性研究报告进行评估论证。未经评估论证的建设项目,任何单位不准审批,更不准组织实施。

(四)饭店投资可行性研究的步骤

饭店投资可行性研究按五个步骤进行:接受委托;调查研究;方案选择与优化;财务评价和效益分析;编制饭店投资可行性研究报告。

可行性研究报告写作模板

饭店投资建设可行性研究性写作模板

第一章　项目概况

一、建设地址

二、项目建设规模及建设内容

三、总体规划设计理念

第二章　市场调研及前景预测

一、市场调研

1. 宏观环境

2. 微观环境

二、前景预测

第三章　项目定位

一、市场环境分析

二、目标客户定位

三、价格定位

第四章　营销管理策略

第五章　投资概算与资金来源

一、投资概算

1. 实物资产投资

2. 流动资产

二、资金来源

第六章　财务评价

一、财务评价依据

二、销售收入、销售税金和附加估算

三、财务效益分析

四、不确定性分析

五、财务评价结论

第七章 结论

一、研究结论

二、建议

(资料来源:中商产业研究院.2016年版中国酒店地产项目可行性研究报告)

(五)饭店投资经营策划与可行性论证的类型

饭店投资经营策划与可行性论证有四个类型。类型不同,策划与分析论证的内容也不同。

1. 饭店投资策划

饭店投资策划是对饭店项目的投资进行可行性分析与论证,撰写投资可行性论证书。通常业主在进行饭店投资项目决策前,都需要委托专业策划人士进行投资可行性分析。策划者通过对委托的项目的区位、市场、资金等方面的分析与论证,提交投资可行性论证书供业主做投资决策。

2. 饭店筹建策划

饭店筹建策划是对拟建设的饭店项目进行策划,撰写筹建策划方案说明书,供饭店项目的设计单位进行饭店建筑设计时参照和考虑。饭店筹建策划是饭店经营管理者从饭店经营管理角度对饭店建筑设计在空间布局、功能项目设置、水电动力系统、环境氛围、装潢装饰等方面的要求说明。建筑设计单位进行饭店的建筑和装饰设计,以满足饭店经营管理者对经营管理的需要。

错位的设计

南宁某饭店的会议中心旁设计有露天小花园,便于会议客人在会议期间休息时小憩片刻。设计本意不错,但距离厨房的烟道过近,花草全被热烟烤枯了,需要不断地更换。北京某酒店靠近环城路,而设计者偏偏将大堂大门、多功能厅等放在了酒店的西北角,秋冬北风劲吹时,大堂、多功能厅温度非常低,中央空调根本发挥不了作用,工作人员和客人都很不舒服。

(资料来源:林壁属.现代饭店管理概论[M].东北财经大学出版社,2016)

3. 饭店承运策划

饭店承运策划是饭店经营管理者对拟承接经营管理的饭店的各项事宜进行策划,并通过承接与开业筹划书来体现。饭店承运策划内容包括:承运标的选择、承运方式选择、承运介入时段确定等承运前期的策划;承运关系策划、承运责任议案、承运合同制定等饭店承运的责任与合同策划;饭店章程拟定、证件办理计划、保险计划、组织机构议案、定岗定编和人员招聘议案、劳工制度、设备用品配备与采购计划等承运过程的策划;资金管理与运作策划、岗前培训与开业准备议案、运作程序和制度建立议案、开业前营销计划、开业典礼策划等承运后期的策划。

4. 饭店经营管理策划

饭店经营管理策划是饭店经营管理者进行饭店日常运作的经营管理方案书。

（六）饭店投资可行性分析的具体内容

饭店投资策划是对饭店项目的投资进行可行性分析，撰写投资可行性论证书。通常业主在进行饭店投资项目决策前都需要委托专业人士进行投资可行性分析。饭店投资可行性分析包括以下几个方面的分析与论证。

1. 项目概况及用地情况说明

饭店投资可行性分析首先应对业主投资的饭店项目概况及用地情况进行详细的说明。项目概况包括拟投资饭店的类型、规模、等级、地理位置等基本情况。用地情况包括用地的类型、地形地貌和地形图等。

2. 区位分析

区位对于饭店的投资决策起着决定性的作用，它是指饭店所处的位置，以及该位置所处的社会、经济、自然的环境和背景。这里所说的位置包括宏观位置和微观位置。宏观位置指饭店所位于的城市或地区，微观位置则指饭店的左邻右舍，即饭店所在的社区。区位分析主要包括以下几个方面的内容：地理位置、社区环境、自然条件与气候等。

（1）地理位置。地理位置与拟投资的饭店类型关系密切，饭店是处于旅游景区、中心城市、工业区，还是处于度假地等不同的地理位置，将影响饭店的投资类型，进而影响饭店的设施及服务项目的位置。例如当地理位置为度假地时，则投资的饭店多为度假型饭店，那么该类型的饭店所配备的设施和提供的服务以适应度假型的旅游者为主。对于不同类型的度假地，如海边度假地、森林度假地、草原度假地的饭店，其建筑风格、建筑材料及装修风格也都会有较大的区别。

（2）社区环境。饭店的位置和周围环境的好坏对饭店的经营有极大的影响，周围环境对客人有无吸引力也将影响饭店的营业额。优美舒适的周边环境、高品质的社区氛围不仅能大大降低饭店的投资成本，还能增加饭店的市场吸引力。社区环境主要包括交通状况、社区经济、民俗风情以及饭店周边的环保、绿化情况。

（3）自然条件和气候。自然条件和气候与饭店所处的地理位置密切相关。自然条件和气候一方面影响饭店类型的确定，另一方面影响饭店建筑材料、装饰材料的选择。例如，处于风景优美的山体度假区，则该饭店在风格、材料的设计上应与周围环境相协调；处于海边度假区则应考虑建筑与装饰材料的防腐蚀性；处于地震多发区的饭店应考虑其抗震度。不考虑社区自然条件与气候，会大大提高饭店的投资风险，并给饭店今后的经营带来不必要的损失。

3. 市场分析

市场是有维度的，市场的规模与消费水平也是有限的，市场的供给与需求规模的大小决定了拟投资饭店的营业额与利润额。因此，饭店的投资建设必须经过充分的市场分析与论证。市场分析与论证的内容应包括以下几方面。

（1）竞争对手分析。饭店的竞争对手主要包括现实存在的饭店及替代性产品、新的市场进入者以及潜在的市场进入者。竞争对手分析是为确定和分析竞争者与互补者的地位及优势所进行的研究。竞争对手的经营思想和理念、目标市场、住客率、日均房价、可利用率和服务的种类、设施的年限和运作状况、人力资源状况、市场份额和公司的从属关系都是竞争对手分析的内容。通过竞争对手分析，饭店投资者可以找到自身的优劣势，并通过彰显优势、规避劣势做好市场定位，在市场定位的基础上进行饭店产品设计与市场开发。

(2) 市场规模与消费水平分析。市场规模与消费水平对于饭店规模与档次的确定至关重要。一般来说,市场的规模越大、消费水平越高,则饭店的规模也就相对越大,经营档次也就越高,但这种情况也不是绝对的。市场规模与消费水平分析的考察指标主要有人流量、人均消费水平以及平均停留天数等。

(3) 消费群体(市场)分析。饭店的消费群体根据其规模大小可分为目标消费群体、辅助消费群体和潜在消费群体。消费群体分析主要考察以下四个变量:人口属性(包括年龄、性别、宗教、受教育程度、职业、家庭规模与结构等)、心理模式变量(性格、社会阶层及生活方式等)、购买行为变量(利益追求、购买动机、时机、频率、品牌忠诚度等)以及地理环境变量(区域、气候、地理环境等)。在以市场为导向的竞争年代,消费者的需求、行为特征对于饭店经营的成功与否具有举足轻重的作用。因此,拟投资的饭店应对消费群体进行分析,并根据自己的经营目标和资源能力,确认自己的目标市场,即确认自己的主流消费群体、辅助客源市场和潜在的消费市场。

(4) 市场定位。饭店市场定位是以消费者的需求和利益为出发点,充分地考虑饭店目标市场的竞争形势和饭店自身的优势与特点,确定饭店在目标市场中的地位,即饭店为使其产品在目标市场顾客心中占据独特的地位而作出的营销策略。市场定位是在考察了竞争对手规模及主要产品、市场规模及消费需求特征等要素的基础上作出的。处于筹备期的新饭店主要依据饭店所属的地理位置及投入营业后的设施、服务、经营理念与特点等自身富有竞争力的定位要素进行市场定位。新饭店的市场定位有以下几个步骤:确定饭店的目标市场,进而研究目标市场顾客的需求和愿望,以及他们的利益偏好;充分考虑竞争对手的优劣势,发掘自身的竞争优势,突出饭店自身与众不同的特色;设计饭店的市场形象;通过各种营销手段和宣传媒体向目标市场有效而准确地传播饭店的市场形象,以使饭店形象深入顾客心中,从而确立饭店的竞争地位。

4. 饭店产品类型、规模与档次的分析

(1) 饭店产品类型分析。饭店产品类型分析主要分析论证饭店向市场提供何类产品、产品风格如何等产品理念问题。如同其他任何新产品一样,当市场中存在以下一种条件时,投资饭店产品很可能成功:该产品现在不存在,但对该产品的潜在需求可能非常大;该产品存在,但是需求很大且竞争不太激烈;该产品存在,虽目前需求不大,不过预计未来对它的需求会越来越大;该产品存在,但现存产品地处偏远,且设施设备的质量较差、管理不当。

(2) 饭店产品规模分析。饭店产品规模分析主要分析论证拟投资饭店的产品规模,即确定饭店的建筑面积、客房数量、餐位数以及其他设施设备的产品规模。饭店作为一种固定资产投资,应考虑一定的超前性并具有前瞻性,在产品规模确定的过程中除了应考察饭店现有的客源市场外,还应分析当地的经济发展水平、客人需求的变化以及潜在客源市场的产品规模对饭店产品规模的影响。饭店产品规模对于饭店的经营与发展是十分重要的,科学合理的产品规模能使饭店在今后的经营中充分利用资源,避免因淡季过淡造成的设施设备和人员闲置与旺季过旺而造成的设施设备和人员的超负荷运转等情况发生。

(3) 饭店产品档次分析。拟投资饭店的档次主要根据现实和潜在目标市场的消费水平并结合投资者的经济实力来确定。目前饭店的档次大多以国家制定的《旅游饭店星级的划分与评定》GB/T 14308—2010 为标准。

5. 投资回报分析

投资回报分析也称收益分析,是投入与产出的分析,这是饭店投资者最关心的问题。投资回报分析包括投资额估算、投资回收期计划、年营业额预算、效益分析等内容。分析方法有保守分析法与乐观分析法两种。

(1) 投资额估算。投资额也即投资建设饭店所需支付的成本,主要是初期开发成本(包括建造饭店购买设施设备以及进行饭店装修等)和饭店的经营成本。初期开发成本还包括向所在社区提供基础设施所需要的设备,诸如公用事业设备、建设停车场和车库、建设围墙等方面所需的成本。饭店类型、规模、档次、地理位置不同,投资成本也不同。一般而言,投资者会花费总预算成本中的10%~30%用于购买土地,50%~53%用于建设,13%~14%用于购买家具,13%~18%用于杂项费用。

(2) 投资回收期计划。投资回收期又称还本期,指某一个新建饭店方案,其投资总额以该饭店开业后的利润来补偿的时间。投资回收期的值越小,饭店投资的经济效益就越大。其计算公式为:投资回收期=投资额/(每年的盈利+税金)。饭店应根据收益、费用分析来预测饭店的投资回收期,并制订相应的实现计划。投资回收期计划为饭店确定了利润目标和还本期限,对于饭店日后的经营具有较大的参考价值和指导意义。

(3) 年营业额预算。年营业额预算必须包括客房收入、餐饮收入、康乐收入及其他部门的收益,这些预算只有在对每年的住客率和客房价格进行正确估计之后才能进行。

(4) 效益分析。效益分析又称经济评估,也就是饭店投资的可行性分析,分析投资者从所投资的饭店经营活动中获得的总收入与投入总成本相比较是否有盈余。目前饭店多数采用计算内在收益率(IRR)的方法来分析项目的可行性,这是一种根据投资所产生的回收率对资本预算决策进行评估的方法。

寂寞的五星级饭店

巴勒斯坦西南部最大城市加沙坐落着当地的首座五星级饭店——马希塔尔饭店。该饭店是由当地的亿万富翁马希塔尔投资兴建的。尽管地处权力冲突的中心地带,又面对以色列的长期封锁政策,但饭店在克服了重重难关后终于营业,总投入2 900万美元,兴建耗时13年,饭店内共有220个房间。自2011年营业以来,该饭店入住率不足10%,更多的时候200多个房间无一人入住。

(资料来源:根据网络资料整理)

案例思考题

马希塔尔饭店出现的经营问题是由于在进行投资可行性分析时忽略了哪些因素?

第二节　饭店的筹备管理

皇冠假日酒店的筹建

某市皇冠假日酒店自2015年4月奠基以来,已经历了整整两年时间。按酒店行业的常规,该酒店应进入营业准备期。但令人遗憾的是,该酒店至今仍然处在建筑方案的深化阶段(注:过去一年做的方案因不切实际而被推翻重做)。

造成这一结果的主客观原因较多,但最根本的原因在于酒店筹建开始之前没有明确设定筹建宗旨和使命,而且缺乏明确的、切合实际的建设目标。在这种情形下开始了筹建工作,经过一年后发现:将来建成的酒店会在造价上失控;经营项目设置上不符合当地市场实际;编制的酒店经营预测属纸上谈兵,不可能实现。如果按此情况继续下去,业主的投资失控,更严重的是酒店将来非但无利可图,反而成为业主将来的一个经营包袱。为此,经过冷静地反思,业主最终做出了果断决定:推翻原方案,重新进行酒店规划和建筑设计;聘请国际知名的咨询公司进行可行性研究,引进国际知名酒店品牌,调整筹建班子,更换筹建总经理,并对原方案进行重新审视和彻底修改。

该酒店因属市政府标志性项目,因此,带有较浓的政治任务色彩。最初为了能满足市政府接待工作的要求,市政府领导提出诸如酒店客房不少于400间、多功能厅不小于1 200平方米等要求。很显然,这与企业管理的首要任务不吻合,因为这些要求只能满足政府需要,但与当地的客源市场(如商务、会议等)的需求不符。为此,摆在业主面前实际上是一个大难题,即如何平衡好市政府的要求与酒店投资经济效益之间的关系。经过不懈的努力和沟通,最终形成了一个新的酒店规划方案:将酒店原总建筑面积54 900平方米调整为43 500平方米的酒店和10 000平方米的酒店式公寓,客房从400间减为301间,取消或调整多项不符合当地市场需求的经营项目(如夜总会、西餐厅等)。

(资料来源:根据网络资料整理)

一、饭店筹备的概念及组织机构设置原则

(一)饭店筹备的概念

饭店筹备管理与饭店经营管理同属饭店管理一个体系,都是饭店管理整体组成的重要部分,饭店筹备管理是饭店经营管理的基础,为饭店的经营管理提供了固定的营业场所、设施设备,确立了饭店服务理念和企业文化的发展方向,确定了饭店产品的市场定位和客源主体。

饭店筹备是指饭店从申请立项到饭店举行开业典礼正式开业这一段时间的运作过程。筹备期的运作管理是现代饭店管理中的一个重要环节,它具有先期性,运营的好坏直接影响饭店的正式开业,也会影响饭店今后的正常经营管理。但是在实践中,筹备期管理的重要性又往往容易被人忽视,以致给饭店的经营管理带来不便。

(二)饭店筹备管理的意义

(1)饭店筹备管理是21世纪我国饭店业健康发展的必然要求。我国饭店数量与日俱增,应对饭店筹建与筹备管理进行科学的、全面的和系统的规划。

(2)饭店筹备管理是饭店市场进入的主观要求,其特点和目的是其必要性的决定因素:① 饭店固定资产投资大;② 饭店筹建与筹备期长;③ 由于饭店筹建与筹备设计规划、设计、施工、监理、饭店经营管理诸专业领域的协同作业,导致其本身的系统性与复杂性。

(3)饭店筹备管理是饭店经营管理的客观要求,它关系到饭店开业后的产品生产、质量控

制、维保改造等诸多问题,其管理缺位会干扰饭店开业后的正常运营,降低其经营业绩。

(4) 饭店筹备管理是饭店投资管理的必然要求。现阶段我国星级饭店市场已趋饱和,饭店市场日益细分的趋势十分明显,对饭店的档次、类型、市场、特色等专业化程度很高的决策,必然要求依照科学的程序进行。

(三) 组织机构设置原则

1. 成本控制原则

现代饭店筹备期组织机构设置要充分遵循成本控制原则,科学地安排各类员工进入饭店的时间。如果员工进入饭店过早,饭店的工资成本将会大大增加,从而降低饭店的经济效益。如果员工进入饭店太晚,他们接受培训的时间就会减少,饭店正式经营后的工作效率将得不到保障,也会影响饭店的经济效益。

2. 权责分明原则

饭店筹备期组织机构设置要遵循权责分明原则,每个管理人员和普通员工要有自己的权力与责任,分工明确,各司其职,做到每个人都有事做,每件事都有人去干,这样才会形成流畅的工作路线,有效避免混乱发生。

3. 统一管理原则

饭店筹备期的组织机构设置要遵循统一管理原则,整个机构实行统一领导、直线控制,各个系统的内部事务互不干扰。同时整个机构是个统一的有机体,必须在高层的统一领导下协作运行。

二、饭店筹备的主要内容

饭店在做完前期的投资可行性分析和饭店设计后,主要的筹建工作就是饭店的施工建设、开业准备工作和试营业。

(一) 饭店的施工建设

在饭店筹建过程中,涉及大量的招投标工作。招投标工作不仅是在选择设施设备、用品用具、项目承担,也是在选择筹建的伙伴。就工程质量和水准而言,饭店工程承建商的选择至关重要,而很多单位对此不够重视,在实际操作上也多有失误。在此,我们着重强调招投标的重要性。

1. 招投标的必要性和重要性

饭店筹建招标,主要包括设计招标、工程招标、设备招标、用品招标、管理招标等形式,也可以分为审查性招标、采购性招标等。

在饭店筹建过程中,加强招投标管理十分必要,也十分重要。在饭店筹建或改扩建过程中,无论是设计与施工力量选择、设施设备及各种物品的采购还是其他方面,无一不是通过招投标来进行的。在饭店筹建过程中,工程负责人(或筹备负责人)需要巧妙地处理各种关系,避免与复杂的社会关系网发生正面碰撞,又要能有效避免滥竽充数、淘汰劣质产品和没有实力的单位,有效地控制投资成本和把握工程质量,公开进行招投标是一个常用的好办法。

采用招投标方法进行交易活动的最显著特征,是将竞争机制引入了交易过程,与采用供求双方“一对一”直接交易等非竞争性的采购方式相比,这种方法具有明显的优越性。招标方通过对各投标竞争者的报价和其他条件进行综合比较,从中选择报价低、技术力量强、质量保障体系可靠、具有良好信誉的供货商或承包商作为中标者,与其签订采购或工程施工合同,这显然有利于节省和合理使用采购资金,保证采购或工程项目的质量。招投标活动要求依照法定程序公开进行,有利于堵住采购活动中行贿、受贿等腐败和不正当竞争行为的"黑洞"。

招投标也是饭店筹建办公室正确行使业主权力的一个重要的体现。招投标的质量直接影响项目的工程质量、工期、工程投资等。因此,筹建办公室的全体人员,特别是总负责人要高度重视招投标的组织和落实工作。

2. 饭店施工建设合同

标准的施工建设合同包括:所要完成工作的完备描述(建筑文件被用于此目的);饭店管理人员、承包商以及设计公司责任和义务的描述;工程费用及付费方法;开始日期和完成日期;承包人工作的最后完成和验收的条件。

在签订合同之前,饭店管理人员通常会从若干个承包人那里获得投标。在私人企业中,可以挑选参加投标的承包人。明智的做法是预先选定有资格的承包人,列出有能力投标的公司,这个工作通过会面和评价各公司的技术及资金能力就可以完成。

每个获得了资格的投标人都会收到投标材料包,其中包括建筑文件、计划的建筑合同复印件和投标表格。投标表格要求承包人提供完成建筑文件中要求工程的费用和时间,承包人递交签字表格,证明本身能够并愿意在规定的时间内按报价进行施工,且遵守合同条款。

在签署合同时,饭店应听取相关的法律建议。合同中应包括惩罚和奖励条款以防止承包人窝工。另外,还应商定相关的保险条款,这些条款可能增加一些费用,但如果没有这些条款,开发商可能遭受严重的损失。保险条款还应包括争议解决条款,并在需要时指定一个仲裁人。使用罚款或奖金条款来鼓励承包人按时完工。这些条款以及好的设计文件可以确保工程及时完成并避免纠纷或诉讼。

3. 饭店建设施工管理

(1) 依法管理。依法管理的灵魂是施工质量管理,没有对施工质量的管理和监督就没有合格的项目。国家颁布了《建筑装饰装修工程质量验收规范》和《建筑内部装修设计防火规范》等有关施工的政策法规,而饭店委托设计单位编制的各种设计、施工图纸及说明、与施工单位签订的施工合同和施工方案等,也都是具有法律约束力的文件。在施工现场管理中必须以有关政策法规和法律文件作为管理的基本依据,确保工程达到设计和合同规定的质量标准。

(2) 专项检查。饭店应强化对施工单位进行各种专项检查和监督,按施工图纸、工艺要求、用料标准等进行专项核查,杜绝施工单位偷工减料、以次充好、私自改变设计方案和施工工艺等。对在专项检查中发现的问题,应及时提出,责令施工单位立即纠正。对施工工程的各个环节,如建筑面积、门窗、玻璃、墙面、楼层、涂料刷浆等要进行专项检查,完成一项,预验收一项。在整体工程完成前,应对各个单项工程的质量进行检查,并和有关部门专家、设计人员、施工单位进行会审,为最后的验收打下基础。饭店对施工单位的施工调度和质量检测进行全方位的控制和监督,以保证各施工单位按施工程序有条不紊地进行施工。

(3) 工程协调管理。饭店应成立专门的施工办公室,统筹管理和协调工程项目。每天下班后,施工办公室应召开由项目参与各方代表参加的全体会议,由当天值班巡视人员通报工程进度、质量和工程协调等情况,然后共同研究,甚至可到现场处理问题及采取措施,使工程项目保质保量按时完成。

(4) 安全管理。施工队进驻施工现场前,饭店应与各施工单位负责人签订安全责任书:保证施工现场禁止吸烟,禁止施工人员袒胸露臂、穿拖鞋或不戴安全帽等进入施工现场,施工人员不得进入非施工区域等。同时要求施工队把施工人员的照片和姓名等有关资料交送饭店,由饭店制作并发给每个施工人员带照片的胸卡。施工人员必须佩戴胸卡按指定通道出入施工现场。易燃易爆施工材料必须集中管理,由专人看管,并配备消防器材。施工单位动用明火必须提前申报。施工期间,饭店应制定现场巡视制度,加强对施工现场的防火防盗工作。

4. 饭店施工建设的注意点

施工图纸总是会发生变化的,所有变化都应该记录下来,并由每一位参与方代表签字,这样的程序可以把冲突减到最小。施工中有一些矛盾是不可避免的。对于设计师来说,预见所有可能出现的意外并说明施工的每一个细节是力所不及的。业主、项目经理和承包人必须懂得,施工图纸表达了设计师的意图,但不可能展示每一个微小的细节,设计图纸和技术规范中的疏漏或错误要依靠项目的具体负责人来合理、恰当地解决。一般工程的不可预见费用为在编人员费用的5%~10%。

如果在饭店施工中参与各方都能理解自己的角色并完全懂得所要完成工作的范围,那么大部分的矛盾是可以避免的。饭店管理人员必须明白,他们不能告诉承包人和分包商要做什么,除非通过指挥系统。施工人员必须懂得,他们不能为减少费用或追赶进度而任意地改变设计。如果项目参与各方互相理解,团结成一支队伍,那么饭店的施工工作一定可以在预算内按时、高质量地完成。

(二) 饭店的开业准备

饭店筹建完成后就进入开业准备阶段。在筹备施工直至竣工和试营业前,有计划、有步骤地将饭店开业时所需要的文件证照、组织架构、管理制度、资金设备以及各类员工都安排到位,打下一个良好的资源基础,是饭店能够成功试营业的前提。按照时间的推移,开业准备的前期基础工作重点是抓好工作启动阶段、工作规划阶段和工作行动阶段的工作。

1. 饭店开业准备工作启动阶段

这个阶段的任务主要是报批各类证照、确定管理模式和设计饭店组织架构。

(1) 报批各类证照。企业在开业前都必须经过主管部门的批准同意,办理一系列不同的证照。饭店因其经营管理的特殊性,证照的办理比较复杂,缴投的险种也不同于一般企业。

为减轻饭店开业前的负担,部分许可证或审批手续可以由施工单位申请办理,但须在合同中明确,如电梯使用许可证、锅炉使用许可证、环保排污批准证书等。

饭店投保的保险通常有社会保险、财产保险和公众责任保险。社会保险属于员工法定福利范畴,包括养老保险、医疗保险、失业保险、工伤保险和生育保险。财产保险是饭店在开业伊始为保障日常经营,确保饭店财产安全,向保险公司缴投的保险,是饭店管理者在筹备阶段就必须考虑到的。

(2) 确定管理模式。由于饭店投资耗费庞大,通常拥有多个股东,加上旅游市场的国际化,有财力的业主不一定有经营能力,于是出现所有权和经营权的分离,在不同程度上产生了并购经营管理、委托经营管理、特许经营管理等多种经营管理模式。

确定管理模式后,就可以开始按照饭店筹建进度来组建其经营班子。通常总工程师、行政管家等经营管理人员最先介入饭店筹建过程,及早介入不仅使经营者能够在饭店的用途、功能、布局、平面概念设计等方面贯彻其经营思想,而且能使经营者在饭店筹建中提出的建设性意见得到采纳,避免不必要的设计更改和资金浪费。

(3) 设计饭店组织架构。总体战略确立了饭店的目标和行动方案,管理模式决定了饭店的组织形式,在筹建启动阶段还应该形成饭店的组织架构。饭店的组织架构必须有利于提高饭店组织的工作效率,保证各项工作能协商有序地进行。

2. 饭店开业准备工作规划阶段

这个阶段的任务是:组建以管理班子为骨干的饭店筹备小组,提交开业工作计划书和费用预算;建立各级管理制度及规范运作程序;详细调查研究市场情况和定位,制定开业前的营销总体规划;制定饭店人力资源规划;制订开业前的资金使用计划和采购清单;确定首年度总体经营预算。

(1) 提交开业工作计划书和费用预算。制订饭店开业计划和费用预算是保证饭店开业前工作正常进行的关键。开业工作计划书有多种形式,饭店通常采用倒计时法保证开业准备工作的正常进行。

(2) 建立各级管理制度及规范运作程序。结合饭店的实际情况和特点修订人事架构,并以此为基础建立营运制度,编写饭店各部门工作手册,提供系统全面的饭店各部门政策与程序,编制完善的工作职责和工作规范,指导员工的招聘、培训和考核工作,为日后饭店管理的标准化和规范化提供依据和基础。

(3) 制定开业前的营销总体规划。在这一阶段需要详细调查研究市场情况和定位,制定开业前的营销总体规划。规划应包括形象策划、产品设计、价格制定及市场推广的具体计划和行动步骤。

(4) 制定饭店人力资源规划。科学技术的发展、产业结构的调整、饭店间竞争的加剧使得人力资源的转移加速,而人力资源规划能够加强饭店对环境变化的适应能力,避免员工的流失;能够优化内部人力资源配置,改变人力分配不合理状态;能够帮助满足员工需求,调动员工积极性,为饭店的经营和发展提供人力保证;有利于更好地控制人力成本。因此,在饭店的筹备规划阶段就对未来人力资源供需状态准确预测并制定一个3~5年的应对措施,无疑会使饭店和员工都得到长期的利益。人力资源规划通常包括3~5年总体规划、配备计划、补充计划、培训计划、绩效与薪酬方案、职业计划、劳动关系等主要内容。

(5) 制订开业前的资金使用计划和采购清单。根据饭店的经营决策和开业预算,结合市场的最新情况,准备详细的物资采购清单和说明,提交开业资金使用计划,并得到业主的批准。在制定饭店各部门采购清单时,应考虑以下问题。

① 饭店的建筑特点。采购的物品种类和数量与建筑的特点有着密切的关系,例如,清洁设备的配置数量要考虑楼层的客房数量,餐饮部收餐车的规格要考虑能够直接进到洗碗间,按摩床的尺寸要能够进按摩间的门口等。

② 行业标准。原国家旅游局发布的《星级饭店客房客用品质量与配备要求》行业标准,是客房部经理制定采购清单的主要依据。

③ 饭店的设计标准及目标市场定位。饭店管理人员还应考虑目标客源市场对客房用品的

需求、对就餐环境的偏爱，以及在消费时的行为习惯。

④ 行业发展趋势。饭店管理人员应密切关注本行业的发展趋势，在物品配备方面应有一定的超前意识，不能过于传统和保守。例如，饭店根据客人的需要在客房内适当减少不必要的可用物品就是一种有益的尝试。

⑤ 其他情况。在制定物资采购清单时，有关部门和人员应考虑其他相关因素，如出租率、饭店的资金状况等。采购清单的设计必须规范，通常应包括下列栏目：部门、编号、物品名称、规格、单位、数量、参考供货单位、备注等。部门在制定采购清单的同时，必须确定有关物品的配备标准。在开业计划书、人力资源规划和资金使用计划都得到确认后，制定首年度总体经营预算。

3. 饭店开业准备工作行动阶段

饭店开业准备工作行动阶段是对规划阶段各项计划的落实，是决定能否成功开业的关键阶段。这个阶段的主要任务是人员招聘和开业前培训、设备用品的采购安装以及前期市场营销，以保证开业所需要的人力资源、设备资源、市场资源和公众资源。

（1）人员招聘和开业前培训。招聘和培训是饭店的一项经常性的工作，对于新饭店尤其如此，只有拥有足够数量和质量的员工才能开张营业。

饭店开业准备工作行动阶段的招聘工作应有计划、有目标、有步骤地开展。具体程序是：① 制订招聘计划。包括部门、工种、所需要员工人数、职业要求、人员来源渠道和对应的招聘方式、招聘实施的具体方案（地点、参与人员、规模、经费预算等）。新开业的饭店往往倾向于选择旅游职业学校、职业介绍所、报纸和网站等招聘渠道。② 制定并公开招聘启事或简章。通常选择介绍会、报纸广告或专业网站进行宣传，效果比较显著。③ 对报名者进行初选。通过对大量个人资料的评价或约定时间的目测后，确定初次面试人员，经过简短的面试筛选和笔试淘汰，向用人部门提供初选名单。现在饭店用人比以往更加谨慎和严格，表现在不仅重视知识和经验的考量，更重视应聘者心理素质的测评，在选拔过程中也开始使用各种心理测验方式、评价中心技术等。④ 进行部门考核。录用部门与初选合格者进行广泛而详细的面谈并做最后鉴定。⑤ 人力资源部门对部门考核合格者进行背景调查。合格者安排身体检查，通过者签订劳动合同，进入培训阶段。

饭店筹备期间的培训对于开业后服务质量的提高和业务的发展都起着至关重要的作用，它要为即将开业的饭店培养一支专业知识、服务技能和工作态度均符合经营要求的员工队伍。这个期间的培训按内容分为两大部门：一是迎新培训，旨在饭店行业知识、企业文化理念、饭店工作人员的素质和职业道德、团队合作精神等方面进行培训与培养，以增进员工对饭店的归属感和对工作的信心；二是专业培训，通常分部门进行，要求员工在上岗前掌握业务规则、程序、标准、技术和方法，以便能立即适应并胜任开业后的工作。

（2）设备用品的采购安装。从设备用品规划选型、订购采买、安装调试到完全投入试运行，这些前期管理工作将为日后设备的运行、维修和更新改造奠定基础。在规划阶段经过诸多方案的论证和筛选后，就进入行动阶段，即购置设备的实质性阶段。工作程序如下。

① 成立购置班子。饭店筹备阶段的采购工作量是巨大的，这就要求购置班子包括相关部门经理，他们应密切关注并适当参与采购工作，确保所购物品符合要求。

② 深入调研。直接采购人员应广泛收集货源信息，如产品样本、产品说明书、电视广告、国

内外报刊广告、展销会、订货会、产品用户、制造厂家等，并利用计算机对收集的货源信息进行整理，详细了解设备的各种性能参数、效率等是否符合饭店经营需要。

③ 订货。订货通常要遵循三个步骤：订货申请、询价和报价、签订订货合同。

④ 设备验收。验收前做好对安装、操作人员的培训，通常由设备供应商负责培训，这一点可在订货合同中注明；设备用品到店时，购置班子要进行外观及开箱检查验收，进口设备用品还须由海关开箱，按合同、报关单、品名、规格、数量进行检查，由出入境检验检疫局出具检验报告。对开箱检验中发现的质量缺陷和问题，应当场由买卖双方查看和确认，并如实记录，随后提出索赔。

⑤ 设备安装。设备的安装质量直接关系到日后的运行效果，因此从做好安装准备工作、安装地点的找平到安装后填写设备安装验收交接报告单，每一道工序都要认真对待。

⑥ 设备的调试和验收。设备安装后必须进行调试，这也是对设备安装质量的检查。调试合格、试运转成功后，即可进行安装设备的最后验收。验收合格后，填写"设备移交验收单"，将设备移交使用部门，将所有技术文件、图纸签收归档。固定资产记账，备件入库建账，使用设备编号归口责任管理。

(3) 前期市场营销。前期市场营销工作在很大程度上决定了饭店试营业和开业后的营业收入。以市场为导向的今天，饭店的营销已经成为决定企业成败的关键。它始于饭店企业产品和服务的最初计划，并贯穿于整个经营管理活动的始终，因此开业前的营销管理更是关系到饭店今后营销工作的成败。

第一，开业营销程序：① 市场分析。市场分析是饭店营销管理的重要内容之一，是饭店经营决策的前提。② 市场定位。新饭店在进行市场定位时要客观、谨慎，选择对手比较薄弱的环节做文章，并针对目标市场喜好进行市场定位，突出新奇和创造性。③ 营销策略的选择与确定。根据自身经营特点、经营目标和相关市场要求情况制订自己的营销计划，包括开业前的销售计划、开业前的传播计划。④ 开业营销的开展与效果测定，包括制定开业营销活动控制表、制定营销预算、实施营销活动、评价营销效果。

第二，开业广告。广告是营销的重要组成部分和手段，新饭店应根据市场定位确定广告目标，选择正确的广告策略，充分利用广告的功能进行宣传促销。

（三）饭店的试营业

饭店试营业的目的在于经过一段时间（半年到一年）的调试磨合，使饭店各部门达到正常的、有效的、步骤一致的科学运转，初步实现内部管理科学化，并形成自己的个性化特色。成功的试营业能为饭店的顺利开业和稳健经营奠定基础，所以大部分饭店在正式开业前都会有一个试营业阶段。

饭店前期资源准备工作和市场营销工作的质量和效率对于饭店的试营业有着重要的意义。由于这两项工作范围广、时间长，因此有必要在临近确定的试营业日期之前，再次集中核查各项准备工作，确保饭店顺利进入试营业阶段。

1. 饭店试营业前的工作重点

(1) 确定饭店各部门的管辖区域及责任范围。试营业前，饭店各部门经理都应到岗，并根据实际情况，最后书面确定其管辖区域及各部门的主要责任范围。特别是饭店的清洁工作，要按专业化的分工要求归口管理，这有利于标准的统一、效率的提高、设备投入的减少、设备的维护和保养及人员的管理。

（2）确保试营业所需的各项设备、物品到位。饭店各部门经理要定期对照采购清单，检查各项物品的到位情况，而且检查的频率随着试营业的临近而逐渐增高。

（3）确保员工的数量和质量达到要求。不仅员工的数量要满足试营业的需要，而且员工的培训工作必须达到预期的效果。否则走形的工作程序和服务标准极易令刚刚营业的饭店陷入混乱。

（4）饭店装饰工程验收合格。饭店各部门的验收一般由基建部（业主方）、工程部和相关部门共同参加。这样能在很大程度上确保装潢的质量达到饭店所要求的标准。在参与验收前，应根据本饭店的情况设计一份各部门验收检查表，并对参与的部门人员进行相应的培训。验收后，部门要留存一份检查表，以便日后的跟踪检查。

（5）饭店开荒工作完成。饭店开荒工作即基建清洁工作，包括饭店所有对客区域和后台区域的清洁卫生。试营业前开荒工作的成功与否，直接影响着对饭店成品的保护，无视这项工作将会留下永久的遗憾。各部门应与饭店最高管理层及管家部/客房部共同确定基建清洁计划，然后由客房部的公共区域卫生组对各部门员工进行清洁知识和技能的培训，为各部门配备所需的器具及清洁剂，并对清洁过程进行检查和指导。

（6）部门的模拟运转合格。饭店各部门在各项准备工作基本到位后，即可以进行部门模拟运转。这既是对准备工作的检查，又能为正式的运营打下坚实的基础。客房部的开业准备工作清单如表 6-1 所示。

表 6-1　客房部试营业前准备工作清单

时间	试营业前 1 个月
工作清单	1. 按照饭店的设计要求，确定客房的布置标准 2. 制定部门的物品库存等一系列标准和制度 3. 制订客房部工作钥匙的使用和管理计划 4. 制定客房部的案例管理制度 5. 制定清洁剂等化学药品的领发和使用程序 6. 制定客房设施设备的检查、保修程序 7. 制定制服管理制度 8. 建立客房质量检查制度 9. 制定遗失物品处理程序 10. 制定待修房的有关规定 11. 建立 VIP 房的服务标准 12. 制定客房的清洁程序 13. 确定客衣洗涤的价格并设计相应的表格 14. 确定客衣洗涤的相关服务规程 15. 设计部门运转表格 16. 制订开业前员工的培训计划

续表

时间	试营业前20天
工作清单	1. 审查洗衣房的设计方案 2. 与清洁用品供应商联系,使其至少能在开业前一个月将所有必需品供应到位 3. 准备一份客房检查验收单,供客房验收时使用 4. 核定本部门员工的工资报酬及福利待遇 5. 核定所有部件及物品的配备标准 6. 实施开业前员工培训计划
时间	开业前15天
工作清单	1. 对大理石和其他特殊面层材料的清洁保养计划和程序进入复审 2. 制定客用物品和清洁服务器的供应程序 3. 制订其他地面清洗方法和保养计划 4. 建立OK房的检查与报告程序 5. 确定前厅部与客房部的联系渠道 6. 制订员工激励方案(奖惩条例) 7. 制定有关客房计划卫生等工作的周期和工作程序(如翻床垫) 8. 制订所有前后台的清洁保养计划,明确各相关部门的清洁保养责任

2. 试营业期间的质量管理

开业前的试营业往往是饭店最忙、最容易出现问题的阶段。对此阶段工作特点及问题的研究,有利于减少问题的出现,确保饭店从试营业到正式营业的顺利过渡。饭店管理人员在开业前的试营业期间应特别注意以下问题。

(1) 持积极的态度。饭店进入试营业阶段,很多问题会显露出来。对此部分管理人员会表现出急躁情绪,过多地指责下属。正确的方法是持积极的态度,即少抱怨下属,多对他们进行鼓励,帮助其找出解决问题的方法。在与其他部门的沟通中,不应把注意力集中在追究谁的责任上,而应研究问题如何解决。

(2) 经常检查物资的到位情况。前文已谈到了各部门管理人员应协助采购、检查物资到位的问题。实践中很多饭店往往会忽视这方面的工作,以至于在快开业的紧要关头发现很多物资尚未到位,从而影响部门开业前的工作。常被遗忘的物品有:工作钥匙链、抹布、报废床单、云石刀片等。

(3) 重视过程的控制。开业前各部门的清洁工作量大、时间紧,虽然管理人员强调了清洁中的注意事项,但服务员没能理解或走捷径的情况仍普遍存在,如用浓度很强的酸性清洁剂除迹、用刀片去除玻璃上的建筑垃圾时不注意方法等。这些问题一旦发生,就很难采取补救措施。所以,管理人员在布置任务后的及时检查和纠正往往能起到事半功倍的作用。

(4) 加强对各种设备设施及成品的保护。对饭店内地毯、墙纸、家具等成品的最严重破坏往往发生在开业前这段时间,因为这个阶段店内施工队伍最多,大家都在赶工程进度,而这时各部门的任务也最重,容易忽视保护,且与工程单位的协调难度往往很大。尽管如此,各部门管理人员在对成品保护的问题上不可出现丝毫的懈怠。具体措施有:合理安排装修顺序;加强与装潢施工单位的沟通和协调;尽早接管楼层,加强对楼层的控制。

（5）加强对钥匙的管理。开业前及试营业期间部门工作特别繁杂，容易忽视对钥匙的管理工作，通用钥匙领用混乱及钥匙丢失是经常发生的问题，这可能造成非常严重的后果。因此首先要对所有的工作钥匙进行编号，配备钥匙链。其次要对钥匙的领用制定严格的制度。例如，领用和归还必须签字，使用者不得随意将钥匙借给他人，不得使钥匙离开自己，不得将通用钥匙当取电钥匙使用等。

（6）确定物品摆放规格。确定物品摆放规格的工作应该在样板房确定后就开始进行，但很多管理人员却忽视了该项工作，以至于直到要布置餐厅和客房时才想到物品摆放规格及人员的培训问题。而此时恰恰是部门最繁忙的时候，其结果是难以进行有效的培训，造成客房布置不规范，服务员为此不断地返工。正确的方法是将此项工作列入开业前的工作计划，尽早开始设计各类物品的摆放标准，并将其拍成照片，进而对员工进行培训，部门经理要把好质量关。

衣柜事件

某饭店正处于工程筹备期间，饭店的主体工程和部分装修已经搞好。不久，一批应摆放在客房里的衣柜被运到饭店，工作人员把这些衣柜运往客房的时候，却发现客房的门太小了，衣柜无法抬进去，最后只能把衣柜拆了，零散地搬进客房，再进行安装。

（资料来源：尹光华.现代饭店管理[M].北京：北京大学出版社，2014）

案例思考题

为什么会出现衣柜拆装事件？谁应该对衣柜拆装事件负责？该事件对饭店的筹建工作有哪些启示？

（7）注意工作重点的转移，使部门工作逐步过渡到正常运转状态。开业期间部门工作繁杂，但部门经理应保持清醒的头脑，将各项工作逐步引导到正常的轨道上。在这期间，部门经理应特别注意以下问题：其一，按规范要求员工的礼貌礼节、仪表仪容。由于饭店尚未开始大规模接待客人、做基建清洁时灰尘大、制服尚未到位等原因，此时管理人员可能还未对员工的礼貌礼节、仪表仪容做较严格的要求，但随着开业的临近，管理人员开始重视这些方面的问题，尤其要提醒员工做到说话轻、动作慢、走路轻，培养员工的良好习惯。试营业期间对员工习惯的培养，对今后工作影响极大。其二，建立正规的沟通体系。部门应开始建立内部会议制度、交接班制度，开始使用表格，使部门间及部门内的沟通逐步走上正轨。其三，注意后台的清洁、设备和家具的保养。各种清洁保养计划应逐步开始实施，而不应等问题变得严重时再去应付。

（8）确保提供足够的、合格的客房。国内大部分饭店开业总是匆匆忙忙，抢时间布置的客房也大部分都存在一定的问题。常出现的问题是前厅部排出了所需的房号，而客房部经理在检查时却发现所要的客房存在这样那样的一时不能解决的问题，而再要换房，时间又不允许，以至于影响客房的质量和客人满意的态度。有经验的客房部经理会主动与前厅部经理保持密切的联系，根据前厅的要求及饭店的客房状态，主动准备好所需的客房。

（9）使用计算机的同时，准备手制应急表格。不少饭店开业前由于各种原因，不能对使用计算机的部门进行及时、有效的培训，进而影响饭店的正常运转。为此，有必要准备手工操作的应急表格。

(10) 加强安全意识培训,严格各种事故发生。试营业期间要特别注意火灾隐患,发现施工单位在楼层动用明火要及时汇报。此外,还须增强防盗意识,要避免服务人员过分热情,随便为他人开门的情况。

加强对饭店设施设备使用注意事项的培训。很多饭店开业之初常见的问题之一是服务员不完全了解客房设施、设备的使用方法,不能给客人以正确的指导和帮助,从而给客人带来了一定的不便。如房内冲浪浴缸、多功能抽水马桶的使用等。

本章小结

本章讲述了如何进行一家饭店投资的可行性分析,如何进行饭店的规划与设计,饭店开业应该做哪些准备。饭店的投资与筹备,是决定一家饭店经营管理是否成功的非常重要的因素。一家饭店筹备是否成功,决定着这家饭店开业后的经营管理是否成功。因此,慎重立项、严谨分析、细心设计、精心施工、细致准备,才可能成功建设一家合格的饭店,也为其日后经营管理的成功打下坚实的基础。

课后案例

你必须知道的酒店筹备"十大核心问题"!

酒店就像一台创造经济价值和社会价值的巨型机器,我们在参与制造这种巨型机器的时候,怎样堵住那些遗留的黑洞。我们在操作这种巨型机器的实践中,能不能推出填补酒店漏洞的升级版技术?怎样才能使酒店更具有科学性和先进性呢?酒店筹备,不是盖房、招人、买东西这么简单,而是要让一个固体的庞然大物活起来,让大楼里面活动的小社会繁荣起来,出现欣欣向荣的景象,给社会创造出更多的价值,因此你需要解决酒店筹备的"十大核心问题"。

第一,如何降低未来成本?第二,如何提炼更高的劳动力价值?第三,如何实现酒店管理制度及操作程序的超前性?第四,如何完善筹备工程问题?第五,如何列采购物品清单?第六,如何实现表格单据设计及印刷品的合理性?第七,哪些收费项目必须要考察当地市场?第八,如何落实物品到位情况?第九,怎样办理证照?第十,哪些问题是酒店试营业必做的功课?

(资料来源:甘涌酒店人·甘涌专栏)

案例思考题

1. 谈谈你对你酒店筹备的"十大核心问题"的理解。
2. 如果让你来筹备一个酒店,你将如何考虑?

复习思考题

1. 阐述饭店投资管理的定义。
2. 阐述饭店投资可行性研究的含义。

3. 饭店投资可行性分析包括哪几个具体方面的内容？
4. 阐述饭店筹备管理的定义。
5. 饭店筹备的主要内容包括哪些？
6. 饭店试营业前的工作重点应包括哪些？

参考文献

[1] 王天佑.饭店管理概论[M].3 版 .北京:清华大学出版社,2010.

[2] 蒋丁新.饭店管理[M].3 版.北京:高等教育出版社,2010.

[3] 郑向敏.酒店管理[M].2 版.北京:清华大学出版社,2010.

[4] 马勇.饭店管理概论[M].北京:清华大学出版社,2006.

[5] 刘名俭,唐静.饭店管理[M].武汉:华中科技大学出版社,2009.

[6] 孟庆杰,陈学清,谢中田.饭店业导论[M].北京:中国旅游出版社,2009.

[7] 叶昌建,李民田.饭店管理概论[M].北京:北京理工大学出版社,2010.

[8] 曲静.饭店经营与管理[M].北京:经济科学出版社,2011.

[9] 海斯,奈米尔.饭店经营管理[M].彭青,曾国军,译.北京:北京大学出版社,2013.

[10] 陈福义,生延超.饭店管理学[M].北京:中国旅游出版社,2006.

[11] 吴文学,梁晔.旅游饭店投资与管理[M].北京:中国旅游出版社,2006.

[12] 贺政林. 酒店财务部经理案头必备手册[M].北京:中国纺织出版社,2014.

[13] 陈文生. 酒店经营管理案例精选[M].北京:旅游教育出版社,2007.

[14] 叶鹏. 现代酒店经营管理实务[M].北京:清华大学出版社,2010.

[15] 赵英林,李梦娟. 酒店财务管理实务[M].广州:广东经济出版社,2006.

[16] 王群. 酒店管理与经营[M].杭州:浙江大学出版社,2012.

[17] 祁欣. 酒店经营与管理[M].北京:对外经济贸易大学出版社,2010.

[18] 林志扬. 管理学原理[M].厦门:厦门大学出版社,2009.

[19] 段正梁. 酒店投资决策分析方法与应用[M].北京:水利水电出版社,2011.

[20] 袁继荣. 饭店人力资源管理[M].北京:北京大学出版社,2006.

[21] 曹洪珍,刘翠萍.饭店管理概论[M].广州:广东旅游出版社,2013.

[22] 冯艳芳.前厅客房服务与管理[M].北京:机械工业出版社,2015.

[23] 赵庆梅.餐饮服务与管理[M].上海:复旦大学出版社,2016.

[24] 苏枫,郭娟.康乐服务与管理[M].广州:广东旅游出版社,2013.

[25] 韩军,谢璐.饭店前厅客房服务与管理[M].广州:广东旅游出版社,2013.

[26] 周宇,钟华,颜醒华.餐饮企业管理与运作[M].北京:高等教育出版社,2010.

[27] 程旭东,陈超.现代酒店管理[M].北京:人民邮电出版社,2011.

[28] 张利民,王素珍.酒店管理概论[M].北京:北京大学出版社,2008.

[29] 王秀荣,宋大为.饭店管理概论[M].大连:大连理工大学出版社,2009.

[30] 胡敏.饭店服务质量管理[M].北京: 清华大学出版社,2015.

[31] 陈江伟.现代酒店经营管理实务[M].北京: 中国人民大学出版社,2013.

[32] 徐桥猛. 饭店经营与管理[M].南京:南京师范大学出版社,2013.

[33] 仇学琴.现代饭店经营管理[M].北京:北京师范大学出版社,2010.
[34] 孙成阳.饭店质量管理[M].北京:旅游教育出版社,2008.
[35] 郑向敏.饭店质量管理[M].北京:旅游教育出版社,2005.
[36] 梁玉社,陶文杰.饭店服务质量管理[M].上海: 格致出版社,2010.
[37] 王永挺. 饭店经营管理案例精粹[M].成都:电子科技大学出版社,2017.
[38] 谢礼珊,彭家敏,关新华. 服务管理[M].北京:清华大学出版社,2016.
[39] [澳]坎达姆普利.服务管理:酒店管理的新模式[M].程尽能,等,译.北京:旅游教育出版社,2006.
[40] 李彬,孙怡. 酒店服务质量管理:理论、实践与案例[M].北京:旅游教育出版社,2017.
[41] 李雯. 酒店服务精细化管理全案[M].北京: 人民邮电出版社,2015.
[42] 陈的非. 饭店服务与管理案例分析[M].北京:中国轻工业出版社,2010.
[43] 官小全,裴劲松,武贯兰.旅游管理信息系统[M].北京:清华大学出版社,2014.
[44] 肖江南,马惠萍.旅游业信息系统管理[M].福州:福建人民出版社,2004.
[45] 查良松,陆均良,罗仕伟.旅游管理信息系统[M].北京:高等教育出版社,2010.
[46] 李伟清.酒店经营管理原理与实务[M].北京:中国旅游出版社,2012.
[47] 王起静.现代饭店成本控制[M].广州:广东旅游出版社,2009.
[48] 王利平.管理学原理[M].3 版.北京:中国人民大学出版社,2000.
[49] 戴斌,束菊萍.经济型饭店:国际经验与中国的实践[M],北京:旅游教育出版社,2007.
[50] 朱承强.现代饭店管理[M].2 版. 北京:高等教育出版社,2011.
[51] 尹光华.现代饭店管理[M]. 北京:北京大学出版社,2014.
[52] 方法林,姚如国,李钊.饭店全面预算管理实务[M].北京:旅游教育出版社,2007.
[53] 魏卫.现代饭店经营管理[M].广州:中山大学出版社,2009.
[54] 曹洪珍,刘翠萍.饭店管理概论[M].广州:广东旅游出版社,2013.
[55] 陈涛,徐晓林,吴余龙.智慧旅游[M].北京:电子工业出版社,2012.
[56] 翟向坤.酒店危机管理[M].北京:经济科学出版社,2014.
[57] 孟芳.中外饭店集团发展状况对比[J].北京第二外国语学院学报,2000(5).
[58] 宋蓉.关于饭店网络营销的几点思考[J].饭店现代化,2013(5).
[59] 赵焕焱.智慧酒店点评[J].低碳世界,2012(1).
[60] 徐林强.互联网思维开启智慧酒店建设新路[J].旅游学刊,2016(6).
[61] 昝宏波.旅馆饭店的火灾特点及防火对策[J].山西建筑,2012(28).
[62] 陈学章,马勇.旅游饭店安全管理标准化初探[J].标准科学,2010(7).
[63] 王静.饭店危机管理刍议[J].管理纵横,2010(24).
[64] 朱磊. 浅析加强酒店危机管理的必要性[J].价值工程,2012(1).
[65] 殷华华. 浅析酒店危机管理预警机制的构建[J].北方经济,2011(3).
[66] 李荐.旅游饭店星级申报与评定系统研究[D].成都:电子科技大学,2014.
[67] 陈文生.酒店管理经典案例[M].福州:福建人民出版社,2011.
[68] 洪文艺.生态饭店的理论构想及实现途径研究[D].长沙:中南林业科技大学,2011.
[69] 陶李.杭州香格里拉饭店:用心做好“服务”这道菜[N].中国旅游报,2016-10-20.

[70] 孙丽萍,等.我国企业品牌战略实施研究[J].东北财经大学学报,2000(3).
[71] 杨建华.企业如何实行品牌营销[J].商业经济文荟,1999(3).
[72] 仇学琴.论情感分享与饭店营销[J].旅游管理,2001(5).
[73] 邹益明,等.品牌经营[J].旅游管理,2001(2).
[74] 吕建军.关于酒店与名牌的思考[J].旅游科学,1998(2).
[75] 黄前进.论饭店集团品牌战略的实施[J].商业研究,2000(3).
[76] 黎洁.我国饭店企业品牌营销刍议[J].旅游学刊,1998(2).
[77] 林洪岱.中国旅游业的品牌化诉求[N].中国旅游报,2000-06-26.
[78] 赵焕焱.重视酒店业本土品牌和文化特色建设[J].旅游行业导刊,2001(5).
[79] 周鹏.综合营销实务[M].北京:电子工业出版社,2006.
[80] 王文慧.酒店营销新视野[M].北京:企业管理出版社,2010.
[81] 苏枫.酒店管理概论[M].重庆:重庆大学出版社,2008.
[82] 黄建宏.酒店成功管理[M].北京:冶金工业出版社,2008.
[83] 尹杰.酒店管理必备全书:现代酒店管理实务指南[M].呼和浩特:远方出版社,2008.
[84] 孙丽钦.酒店基础知识[M].青岛:青岛出版社,2008.

免费教学支持说明

为帮助广大院校教师不断提升教学质量和水平，我们将向采用本教材的教师免费提供教学课件。

为尊重课件作者的知识产权，确保本资源仅为教学所用，请填写如下证明，盖章后发送至本书责任编辑(拍照或扫描后传真、邮寄、发邮件、发 QQ 等均可)，我们收到后将立即免费赠送本书配套教学课件。

证　　明

兹证明＿＿＿＿＿＿＿＿＿＿＿＿＿＿＿＿学院＿＿＿＿＿＿＿＿＿＿＿＿系/院第＿＿＿＿学年(□上/□下学期)开设的＿＿＿＿＿＿＿＿＿＿＿＿＿＿课程，采用高教社的＿＿＿＿＿＿＿＿＿＿/＿＿＿＿＿＿＿＿(书名/作者)为教材。

任课教师为＿＿＿＿＿＿＿，职称：＿＿＿＿＿＿＿＿，授课年限：＿＿＿＿＿＿年，学生＿＿＿＿＿个班，共＿＿＿＿＿＿人。

电话(手机)：＿＿＿＿＿＿＿＿＿＿＿＿　E－mail：＿＿＿＿＿＿＿＿＿＿

地址：＿＿＿＿＿＿＿＿＿＿＿＿＿＿＿＿邮编：＿＿＿＿＿＿

系/院主任：＿＿＿＿＿＿(签字)

(系/院办公室章)

年　月　日

责任编辑：张卫
高等教育出版社　高等职业教育出版事业部　综合分社
地　　址：北京朝阳区惠新东街 4 号富盛大厦 1 座 19 层
邮　　编：100029
联系电话：010－58582742　　传真：010－58556017
E－mail：zhangwei6@hep.com.cn　　QQ：285674764
旅游专业 QQ 群：612412804

旅游专业 QQ 群

扫一扫
下载电子表格

教师使用教材意见反馈表

高等教育出版社 高等职业教育出版事业部 综合分社以“铸传世精品、育天下英才”为目标。为不断锤炼精品，我们期待您使用教材的宝贵意见和建议。您可以填写本教材使用意见反馈表，并发送至本书责任编辑。

一、您的基本情况

您现正使用的教材：____________________/__________(书名/作者)

姓名：________，职称：______，授课年限：______年，班级：____个，学生数：____人

您的电话(手机)：____________________ E－mail：________________

地址：______________________ 邮编：______________

二、问题反馈(请举例说明，如不够可以另附页)

1. 教材中是否有格式、文字、科学等方面的错误？(□是/□否______________________________)

2. 教材的编排设计是否科学合理？(□是/□否______________________________)

3. 教材的内容与课程的理念及要求是否相符合？(□是/□否______________________________)

4. 教材内容是否体现产教融合，贴近最新的应用实际？(□是/□否______________________________)

5. 教材配套的教学和学习资源制作水平和质量如何？是否够用？(□是/□否______________________________)

6. 教材的表达方式和呈现方式等是否有不合适的地方？(□是/□否______________________________)

7. 您在使用教材时遇到的最大问题是什么？您是怎样解决的？

____

8. 与同类教材相比，您有何建议与意见？您觉得在哪些方面还可以有所创新？

____

____